博雅国际汉语精品教材

A COURSE FOR MANDARIN CHINESE GRAMMAR

现代汉语语法教程

（第二版）

丁崇明　著

北京大学出版社
PEKING UNIVERSITY PRESS

图书在版编目 (CIP) 数据

现代汉语语法教程 / 丁崇明著 . — 2 版 . —北京：北京大学出版社，2024.1
博雅国际汉语精品教材
ISBN 978-7-301-34734-8

Ⅰ . ①现… Ⅱ . ①丁… Ⅲ . ①现代汉语 – 语法 – 对外汉语教学 – 教材 Ⅳ . ① H146

中国国家版本馆 CIP 数据核字 (2024) 第 002357 号

书　　　名	现代汉语语法教程（第二版）	
	XIANDAI HANYU YUFA JIAOCHENG (DI-ER BAN)	
著作责任者	丁崇明　著	
责 任 编 辑	崔　蕊	
标 准 书 号	ISBN 978-7-301-34734-8	
出 版 发 行	北京大学出版社	
地　　　址	北京市海淀区成府路 205 号　100871	
网　　　址	http://www.pup.cn　　新浪微博：@ 北京大学出版社	
电 子 邮 箱	zpup@pup.cn	
电　　　话	邮购部 010-62752015　发行部 010-62750672　编辑部 010-62754144	
印 刷 者	河北文福旺印刷有限公司	
经 销 者	新华书店	
	787 毫米 ×1092 毫米　16 开本　27.5 印张　433 千字	
	2009 年 1 月第 1 版	
	2024 年 1 月第 2 版　2025 年 1 月第 2 次印刷	
定　　　价	98.00 元	

第二版说明

本书2009年出版，已重印5次，国内一些大学把本书作为本科留学生高年级"现代汉语"课程的教材，也有的把它作为语言生的教材，也有的把它列为语言学及应用语言学对外汉语教学学术硕士和国际中文教育专业硕士的阅读书目之一，美国克拉克森大学（Clarkson University）主要培养美国K-12中文教师的中文教学硕士项目（Master of Arts in Teaching Chinese Program）把本书作为研究生专业教材。

近十多年来汉语语法研究取得了一些进展，我自己从类型学视角研究汉语方言语法，对汉语普通话语法也有了一些新的认识。作为一本以第二语言学习者及汉语教师为对象的语法书，有必要及时地把学科的进展和自己的研究成果吸收进来。增订本书的总体指导思想是：反映汉语语法研究的新进展，让读者通过本书对汉语语法有一个更加全面和深入的了解，增加一些最需要的语法知识，删去个别不太重要的部分。具体增加部分及删除部分见以下说明：

增加了新的一章"现代汉语基础单句句式"。20世纪80年代牛津大学出版社的*Oxford Advanced Learner's Dictionary of Current English*（《牛津高阶学习者当代英语词典》）把英语的常用句式归纳为25个大类，含49个小类。该词典1995年第四版把英语的常用句式归纳为33种。我认为现代汉语的句式也可以概括为数量不太多的一些句式。根据常用性、代表性、实用性、适量性的原则，我主要基于句法，并一定程度上从语义及类型学视角归纳描写了43种现代汉语普通话的基础单句句式，并归纳了其中一些句式的表义功能，目的是让学习者对现代汉语基础单句形式有一个概括性的认识，也让他们大致了解某些句式在什么情境下使用。

把原书中的"动态"一章改为"体范畴"，比较详细地介绍了现代汉语普通话的七种体范畴及其用法上需要注意的问题（其中包括四组思考与练习）。

在"部分特殊句式"一章中增加了"主谓谓语句"和"是……的"强调句及相应的"是……的"特指疑问句两节，把原来放在"形容词及比较句"部分的"比较句"移到了"部分特殊句式"中，把原来放在"介词及与介词相关的句式"一节中的"连"字句也移到了"部分特殊句式"这一章。

每一种语言的疑问句无疑都是第二语言学习者学习的一个难点，本书增加了"疑问句"一小节，把现代汉语普通话的疑问句分为三大类八种，分析各种疑问句的形式及其功能的差异，简要归纳了各种疑问句的使用情境。

考虑到"比况短语"是不太常用的语法项目，删去了这一节的内容。

附录中的"标点符号的用法"根据2011年颁布的国家标准做了必要的修改。

为方便大家查找术语及书中专门介绍的一些重要的词的用法，增加了"索引"部分。

第二版增加的部分内容对于有的外国学生来说，学习难度有所增加，建议教师根据学生的汉语水平选择适合学生的部分讲解。

在本书修订的过程中，我得到了很多老师和学生的帮助。青岛大学王晖教授及其他老师在教学过程中发现了本书一些不太妥当的地方，给我提出了一些十分宝贵的意见。王晖教授多次与我在微信上探讨本书修改的一些具体问题，使我受益匪浅。对外经济贸易大学的曹晋和美国克拉克森大学的段鹍教授给本书提出了一些建设性的意见。北京语言大学张美霞教授在使用本书讲授"汉语语言学"课程之后提出了一些修改意见，并与我在微信中就概数表达的某些问题做过一些讨论。这些年我在北京师范大学为国际中文教育学院语言学及应用语言学硕士研究生讲授"语法学"等课程时，鼓励研究生为《现代汉语语法教程》挑毛病，帮助我修改本书，有的研究生也发现了个别不妥之处。我在研究汉语的疑问句时，向北京大学项梦冰、陕西师范大学邢向东、湖南师范大学彭兰玉、中国社会科学院语言研究所夏俐萍、北京邮电大学杨晓明、对外经济贸易大学曹晋等教授以及姜自霞、刘梦彬博士请教，并与他们探讨方言是非问及正反问的问题，这对我确定普通话疑问句的分类很有帮助。在修订过程中，我常常与北京师范大学荣晶教授探讨其中的语法问题。责任编辑崔蕊博士非常认真地审读了书稿，发现了少数错误，并提出了一些具有专业水准的意见或疑问，对此我经过深入思考，一一答复，对提得合理的，我都采纳，做了修改。崔蕊博士所做的工作帮助我提高了书稿的质量。在此特向所有帮助过我的各位表示诚挚的谢意！

我真诚地希望各位老师和读者发现本书的问题及时给我提出来，以便今后重印或修订时及时修改，使得本书不断完善。

丁崇明

电子信箱：dchm@bnu.edu.cn

初版前言

　　本书是为外国来华留学的汉语言本科专业大学生所写的一本汉语语法书，是我在北京师范大学为汉语言本科专业四年级上学期的留学生教授"现代汉语（下）"所写的教材（每周四课时）。在中国大学中文系为中国学生讲"现代汉语（下）"应讲两个部分，一部分是语法，另一部分是修辞。我开始为留学生讲授此课之前，向原来为留学生讲授该课程的老师了解往届学生的学习情况。据她调查，外国留学生对修辞部分不感兴趣。根据这一情况，考虑到课时有限，每周仅有四节课，更重要的是我认为留学生学习本课程的主要目的在于提高汉语水平，所以我决定为留学生讲授"现代汉语（下）"时只讲语法，不讲修辞。因此本书定名为《现代汉语语法教程》。

　　本书不同于为汉语为母语的中国人写的语法书，本书有以下主要特点：

　　第一，我认为外国学生学习语法主要目的在于提高汉语水平，其次才是学会分析汉语语法结构。本书不把分析句子成分或者短语的结构层次作为重点，只是对其进行一般性的介绍，重点介绍外国人学习汉语语法的难点、重点及其中应当注意的一些问题。本书用很大篇幅讲各种实词和虚词的用法以及外国学习者运用中应当注意的问题。

　　第二，本书花了比较大的篇幅介绍汉语的特殊句式和特殊结构。例如，"把"字句种类多，使用情况复杂，很多外国人由于不知道汉语各种"把"字句的使用情景，所以不会使用或者回避使用"把"字句。本书除了描写各种"把"字句的构成之外，还介绍了这些句式的使用情境，并通过句式变换来展示这些句式与其他相关句式的关系，目的在于帮助外国学生学会使用这些特殊句式。

第三，重视介绍外国人学习汉语过程中一些比较难掌握的语法功能词。例如汉语"就""也""才""都"等副词的用法以及汉语的动态的表达方式（动态助词、虚化的趋向动词以及某些副词等）等我们花了一定的篇幅来介绍。

第四，为了帮助外国学生提高汉语水平，我们设计了一定数量的练习，让学生用学过的句式或者特殊的格式造句或造短语；也设计了一些练习帮助他们掌握用法复杂的副词和一些重要的虚词。练习中既有相当数量用初级汉语词汇来完成的语法练习，也有从《人民日报》上选择的原始语料编制成的语法练习，目的是让学生把阅读中国报刊真实语言材料与语法学习结合起来。一方面通过练习掌握语法难点，一方面通过练习提高阅读水平，这样可以使学生获得一些成就感。

第五，书中的例句既有相当数量的初级词汇的语法例句，后面也有一些选自现当代作家作品中的例句。这样做一方面是考虑到语法书一般应尽量使用简单的词汇说明语法规律和词的用法，另一方面也希望学习者能够在语法学习的过程中接触到风格多样的作家的语言，体验到汉语文学语言的魅力，同时给语法学习增加一些情趣。

第六，本书所使用的语法体系是比较通行的教学语法体系，同时也尽量与《高等学校外国留学生汉语言专业教学大纲》在术语上保持一致。例如很多为中国人写的语法书把不能做谓语的形容词（即非谓形容词）独立出来，称为"区别词"，而本书则仍然把它们归入形容词中，只是在讲形容词时，首先介绍形容词的分类，然后在讲形容词的用法时说明各种不同类别的形容词在语法功能上的差别。

本书把标点符号用法作为附录放在后面，一是考虑到标点符号的用法实际上与语法密切相关，另一方面，有的留学生曾专门要求我在语法课中给他们讲授标点符号的用法。2008年我赴西班牙进行教师培训之前，就有多位西班牙汉语老师要求讲授标点符号的用法。这说明外国学生和汉语老师有学习标点符号知识的需求，所以我把它作为附录放入书中。

另外，我想对使用本书为外国学生进行教学的教师提一个建议。让外国学生比较系统地学习语法主要是想让他们在语法学习的过程中提高语言能力，通过学习把他们过去学过的零散的语法知识更加系统化、进一步深化。所以我建议重要的部分要边讲边带学生操练，通过操练来掌握汉语语法。这样学生才学得扎实，才能让他们把充满理性但又有些枯燥的语法知识变为他们自己的知识和语言技能，另外学习中也会有一些乐趣。

本书不仅可以作为外国学生的汉语语法教材，也可以作为汉语教师的培训教材，还可以作为汉语教学的参考书。在最近的四年中，本书有的章节我在国家留学基金委和国家汉办在北京师范大学举办的暑期外国汉语教师进修团中讲授过，在2006年国家汉办举办的赴新加坡中小学华语教师培训班以及2007年北京国际汉语学院中小学对外汉语教师培训班上也讲过。2008年5月，国家汉办派遣我和北京大学的施正宇副教授赴英国曼彻斯特大学孔子学院、西班牙瓦伦西亚大学孔子学院、马德里孔子学院举办的汉语教师培训班进行教师培训，我负责讲授汉语语法及其教学，本书中有的章节是我讲课的主要内容。神州学习网和上海侨务网等多家网站上报道国家汉办在西班牙举办汉语教师培训班的消息时主要引用的是西班牙《欧华报》的报道，其中有这么一句话："20日上午，来自北京师范大学的丁崇明教授给大家讲解了非常有用的语法知识。"2008年7月国家汉办让我到廊坊清华科技园为即将出国任教的60多名汉语教师讲授54课时的"汉语知识"课程，其中语法部分大部分讲的就是本书内容。很多老师在汉办的调查表中，把我讲的课列为对他们最有用的课程。

本书也可以作为语言学及应用语言学专业对外汉语教学方向硕士研究生和汉语国际教育硕士专业学位研究生的参考书。我在北京师范大学为对外汉语教学方向硕士研究生讲授硕士学位基础课"汉语语法学"（北京师范大学硕士研究生精品课程）以及为汉语国际教育硕士专业学位研究生讲授"汉语语言学导论"时，也讲授了本书中的部分内容。虽然大学本科为中文系的研究生大多数都在本科学习过"现代汉语"课程，但是其中的语法部分不会像本书这样讲得那么细，所以本书对于这些研究生日后教外国人学习汉语是有帮助的。

著　者

2008年10月

目　　录

现
代
汉
语
语
法
教
程
（
第
二
版
）

语 法 概 说

1.1　什么是语法

　　语法是语言基本单位的结构规则。语言的基本单位包括语素、词、短语和句子。词由语素构成，短语由词构成，句子由短语或词构成。每一级单位的构成都有一定的结构规则，这些结构规则就是语法。没有一种语言可以随意地连词成句，任何语言都有语法，语法是语言必不可少的要素。人们运用语言必须遵守语法规则，否则对方就难以理解话语的意思，也就达不到交际的目的。语法一方面指导人们造出正确的句子，另一方面指导人们正确地理解句子。例如，从句子构成的角度看，"买""我""字典"这三个词，根据汉语的语法规则，一般只能组合为"我买字典"，只有在特殊的语境下才能组合为"字典我买"，例如可以说"字典我买，别的我不买"，而"买字典我"和"字典买我"都不能成立，因为它们都不符合汉语语法规则。从理解句子的角度来看，"门开着。"与"开着门！"两个句子虽然所用的词都相同，但意思却不一样。前一句表示的是"门是开着的"这一事实，是一个陈述句，而后一个句子表达的意思是让别人不要关门，让门开着，是一个祈使句。

1.2　语法单位

　　语法单位分为从小到大的四级单位：语素、词、短语和句子。

1.2.1 语素

语素是语言中最小的声音和意义的结合体。汉语的语素绝大多数是单音节的。例如：

丽　习　历　器　符　语　务　均　固　麦　伟　司　悄　柔

汉语的语素也有少数多音节的。例如：

逍遥　　犹豫　　徘徊　　滂沱　　踌躇

克隆　　沙发　　沙拉　　浪漫　　法西斯

"逍"单独拿出来用几乎没有意义，"遥"也一样，它们合起来才有明确的意义，所以合起来才是一个语素。上面所举的例子中的第二行都是外来语素，这些语素中单个的音节都没有意义，几个音节合起来才有意义，构成一个语素。第二行中的每个汉字单独拿出来都有意义，代表一个语素，但在这些外来语素中都没有意义，仅代表一个无意义的音节。如"克"单独看代表一个语素，有意义，但在外来语素"克隆"中它仅代表"kè"这个音节，没有意义。

从词的构成的角度来分析，语素是构词的单位。从能否单独成为一个词来看，语素可以分为两种，一种是成词语素，另一种是不成词语素。成词语素如"水、人、去、了、的"，又如以上所举的"克隆"那一行外来语素，它们本身既是一个语素，又是一个词。不成词语素如以上所举"丽、习、历、器、语、伟、悄"。

1.2.2 词

词是能够独立运用的最小的语言单位，是比语素高一级的语法单位。所谓能独立运用包括两种情况：第一，能进入句子充当一般的句子成分（一般的句子成分有主语、谓语、述语、宾语、定语、状语、补语、中心语）；第二，虽然不能做一般的句子成分，但可以进入句子，在句中起语法作用，充当辅助性的句子成分。

词可以分为两大类：实词和虚词。实词能单独进入句子做一般的句子成分。例如"来、走、学、干净、满意、刚才"。虚词虽然不能做一般的句子成分，但能进入句子，在句中起语法作用。例如"的、了、吗、呢"。

现代汉语的词按音节可分为：

单音节词：开 问 光 安 我 和 是 的 着 斤 才

双音节词：健康 伟大 国家 漂亮 理发 能够 开始 姐姐

　　　　　刚刚 奶奶 偏偏

三音节词：电视机 推销员 大学生 数学家 办公室 语言学

四音节词：资本主义 发达国家 恒生指数 公共厕所 轻轨列车

五音节及以上的词：发展中国家 道琼斯工业指数 布宜诺斯艾利斯

现代汉语中双音节词占70%以上。

1.2.3　短语

短语是两个或两个以上的词按照一定的方式组成的语言单位。短语是比词高一级的语法单位，又称为词组。例如：

买票 栽花 风俗习惯 很有意思 去丽江玩 看一场奥运会比赛
一本介绍中国风景名胜的书

1.2.4　句子

句子是能够表达一定意义，能单独运用，具有一定语气语调，末尾具有一个较大停顿的语法单位。句子是最高一级的语法单位。例如：

（1）生活真像这杯浓酒，不经三番五次的提炼呵，就不会这样可口！（郭小川）

（2）人，只要有一种信念，有所追求，什么艰苦都能忍受，什么环境也都能适应。（丁玲）

（3）改造自己，总比禁止别人来得难。（鲁迅）

（4）巨大的建筑，总是由一木一石叠起来的，我们何妨做做这一木一石呢？（鲁迅）

1.3　四级语法单位的关系

语素是最小的语法单位，是构词的单位。语素只有具备了词的资格才能进入短语和句子。语素中的成词语素本身就是一个词，可以直接用来组成短语或句子。不成词语素必须与其他语素合起来构成词以后才能使用。例如"利"要构成"利益""利害""锋利""胜利"等词以后才能用来组成短语或句子。

短语是比词高一级的语法单位。一般说来，短语中间能加进别的成分，词中间不能加进别的成分（也有少数词可以加进别的成分，如离合词"理发"可以变为"理一次发"，但后者变为短语了）。例如"白菜"不能说成"白色的菜"，"黑板"不能说成"黑色的板"，所以它们是词。"买票"可以说成"买飞机票"，所以是短语。当然，汉语有些词与短语也很难区分。

句子与词和短语的区分不在于词的多少，而主要在于句子有一定的语调和语气，句子是语言的一个基本表达单位，而词和短语只是备用材料。许多实词和许多短语只要表达了一定的意义，具备了一定的语调和语气，就是一个句子。短语不论有多长，没有一定的语调和语气，仍然只是短语。书面语句子末尾的标点——句号、问号、叹号表示停顿和不同的语气。例如下面的例子中有句末标点的是句子，没有的只是短语。

（1）虎！

（2）我的。

（3）谁？

（4）我的事用不着你管。（曹禺）

（5）这首诗在艺术上也颇为成功，很有特色。（褚斌杰）

（6）文学的最高境界是无技巧，不是玩弄什么花样，靠什么外加的技巧来吸引人，要说真话。（巴金）

（7）朱自清原本是一位诗人，曾认真研究过现代诗，且有很高的造诣，因此在散文创作中自然也不失其诗人的本色。

（8）文学作品的艺术风格

（9）产生出追求美好生活的愿望

语法的四级单位之间存在着等级关系。语素构成词，词与词构成短语，短语加上一定的语气语调，有的再加上个别虚词构成句子。有的实词加上一定的语气语调，有时再加上虚词也可以构成句子。

语法单位可分为备用单位和使用单位。备用单位是静态的单位，而使

现代汉语语法教程（第二版）

用单位是动态的单位；备用单位与现实世界没有直接的关系，而句子这种使用单位与现实世界有着直接的关系。例如："他""书""的"在词库里是备用单位，不与现实世界的任何一个人或事物发生关系。但组合为自由短语时，"他的书"这个自由短语就是使用单位了。如果在一定的语境中，甲问："这是谁的书？"乙回答："他的书。"这时就是一个句子，它与现实世界的某一个人及事物有着指称关系。

　　语素和词都是词法单位，固定短语已经凝固化了，不能随便更改，功能与词相当，也是词法单位；自由短语和句子是句法单位。词法单位的数目不论有多大，都是有限的，理论上都是可以编入词典的，所以辞书中收入词和固定短语。自由短语和句子是无限的，词典不收它们，只把它们作为解释词和固定短语的例子。

1.4　语素和汉字的关系

　　语素和汉字不是同一层面的概念，语素是语法层面的概念，汉字是文字学上的概念。两者有区别，但是又有联系，它们之间的关系十分复杂。文字是记录语言的书写符号系统。汉语用汉字来记录，汉字是记录汉语的书写符号。汉语是单音节语言，一般一个语素就是一个音节，用汉字记录下来就是一个汉字。但同一个字常常有很多的意义，很多单个的汉字是多音字，在不同的词中往往读音不同。有的同一个汉字声调不同，有的韵母或者声母不同，有的汉字代表着声母、韵母、声调完全不同的语素；有的读音虽然相同，但是代表不同的词。它们的关系大体上有下面几种情况：

　　一、一个汉字代表不同的语素。这又有以下三种情况。

　　第一，同一个汉字在不同的词中读音不同。例如：

好：好（hǎo）人——喜好（hào）

大：大（dà）学——大（dài）夫

少：少（shǎo）数——少（shào）年

乐：快乐（lè）——音乐（yuè）

第二，一个汉字读音完全相同，但是代表不同的语素、不同的词。例如：

下：下（动词）车——灯下（方位词）——拍一下（量词）

第三，汉字"儿"在有的词语中甚至不代表一个音节，只是表示发音过程中的卷舌动作。例如：

花儿（huār）　　　　茶馆儿（guǎnr）

二、有的汉字并不代表一个有明确意义的语素，只代表一个音节，是一个有一定表义因素、要与其他的汉字组合起来才能代表一个语素的特殊汉字。我们认为它有一定表义因素，是因为这些词中的字不能换用其他同音字，它们中的部分字的形旁还有一定的表义功能。这主要有两种情况：

第一，联绵词。例如：蹊跷　窈窕　逍遥　彷徨

第二，叠音词。例如：姥姥　猩猩　悄悄　纷纷

三、还需要注意的是，有的汉字在汉语非外来词中是语素，在纯音译词中不是语素，没有意义，只是一个表音的符号。如"巧克力、沙发、奥林匹克、萨其马"中的汉字都是这样的字。又如：

克：克服（语素）——克隆（非语素）

探：探听（语素）——探戈（非语素）

另外有一点需要说明的是，有的常用汉字代表的语素构词能力很强，所以学会这些汉字并掌握它们的语义，对掌握汉语的词很有帮助。例如"水"字构成的词就非常多，《现代汉语词典》中就有160多个合成词开头的语素是"水"，如"水笔、水表、水兵、水草、水产、水车、水道、水稻、水分、水汪汪、水龙头、水电站"等；还有许多合成词后面

现代汉语语法教程（第二版）

的语素是"水",如"潮水、茶水、洪水、风水、钢水、淡水、胶水、口水、苦水、泪水、泉水、露水、开水、油水"等;还有一些合成词中间的语素是"水",如"淡水湖、潜水艇"等。

思考与练习(1)

一、什么是语法?

二、为什么要学习语法?

三、语法有哪四级单位?

四、什么是成词语素?什么是不成词语素?

五、句子与词和短语有什么区别?

六、请在下列句子中的词下面画横线。

　　1. 这是我们新来的经理。

　　2. 孔子是中国古代一位伟大的思想家和大教育家。

　　3. 中华民族是一个古老的民族,具有四千年文字可考的历史。我们勤劳、勇敢而智慧的祖先,在漫长的历史发展过程中,创造了灿烂的古代文化,为丰富人类的科学、文化宝库,做出了很大贡献。

　　4. 艺术应该对社会改革、人类进步有所帮助,要使人们变得善一些、好一些,使社会向光明前进,我就是为这个目的才写作的。(巴金)

七、请用下列语素至少组出三个词。

　　1. 具

　　2. 规

　　3. 思

　　4. 旅

　　5. 体

　　6. 古

　　7. 敌

　　8. 必

八、请在下列词的前后分别加上别的词,组成三个短语。

　　1. 实现

　　2. 增加

3. 文化

4. 心情

5. 了解

6. 新闻

7. 漂亮

8. 未来

9. 结束

10. 完成

11. 科学

九、请分析下列语句不能成立的原因，然后把它们修改成能够成立的句子。

1. 迈克的一个中国朋友问他："你最喜欢的体育运动是什么？"迈克回答说："体育运动中，我最喜欢游。"

2. 在一篇文章中，迈克看到这样一个句子："中国有些农村数百年以来就有习武强身的传统。"迈克看到学校里也有人练武术，自己很想学，他对一位教武术的先生说："我也想习武，您能教我习吗？"

1.5　现代汉语语法的特点

1.5.1　现代汉语主要的语法特点

与印欧语系语言相比，汉语较为缺少形态变化。现代汉语最主要的语法特点是：表示语法关系和语法意义不依赖严格意义的形态变化，而是借助于语序、虚词等其他语法手段。

英语，尤其是俄语和德语等形态比较发达的语言，有的词在不同的语法位置上有不同的形式变化。英语代词的主格和宾格词形不一样，名词有"数"的变化。同一个英语动词用于不同的人称、时态等时形式有差别。以动词be为例，它有八种不同的形式：

be，is，am，are，was，were，been，being

（1）Today is Monday.（今天是星期一。）

（2）Yesterday was Sunday.（昨天是星期日。）

德语的名词有"性、数、格"的区别。相比之下，汉语的语法主要是隐性的，很少通过不同的形式来表示不同的语法意义。

汉语的语序是比较突出的语法手段。同样的词语，改变语序，语法关系常常发生变化。例如：

老师理解（主谓关系）——理解老师（述宾关系）

房间干净（主谓关系）——干净房间（偏正关系）

仔细看（偏正关系）——看仔细（中补关系）

汉语虚词在汉语语法中具有重要的作用，主要体现在以下两方面：第一，确定语法结构中的结构关系；第二，表示不同的语法意义。虚词的重要性具体表现为：

第一，有的句法结构中虚词的有无可能形成不同的句法结构。例如：

爷爷奶奶——爷爷的奶奶   爸爸妈妈——爸爸的妈妈

鲁迅先生——鲁迅的先生

整理书——整理的书   租房子——租的房子

第二，有的句法结构，加或者不加某个虚词，虽然语法关系没有改变，但是，语义的变化却非常明显。例如：

德国朋友——德国的朋友   听清楚——听得清楚

北京饭店——北京的饭店   吃下去——吃得下去

第三，有的句法结构，加虚词或者不加虚词，虽然结构关系没有明显差别，但是，它们在语义上还是有细微的差别，在实际语言中出现的环境也有差别。例如：

认真学——认真地学   仔细听——仔细地听

聪明孩子——聪明的孩子   好好学——好好地学

1.5.2 汉语的词类和句子成分之间不存在简单的对应关系

印欧语系的很多语言，词类与句子成分之间存在明确的、较为简单的对应关系。一般说来，名词跟主语、宾语对应，动词跟谓语对应，形容词跟定语对应，副词跟状语对应。这种简单的对应关系可以用以下示意图来表示：

汉语的词类和句子成分之间不存在简单的对应关系，而是一对多的关系：

汉语有些词类不止充当一种句子成分，可以充当多种句子成分。例如名词主要充当主语和宾语，但不少名词还可以充当定语，有的还可以充当谓语，少数的还可以充当状语。如"历史"就可以充当多种句子成分：

（1）历史是一面镜子。（主语）

（2）王强专门研究历史。（宾语）

（3）这是一本历史书。（定语）

（4）我们要历史地看待这个问题。（状语）

动词主要充当谓语中心语，但很多动词也可以充当定语、宾语甚至主语，并且当它充当各种成分时，形式不会发生变化。如"学习"是动词，它主要充当谓语中心语，但也可以充当定语、宾语和主语。"教育、结婚"这些常用词都可以充当多种成分。例如：

（5）我进去的时候，他正在学习。（谓语中心语）

现代汉语语法教程（第二版）

（6）今天老师发了很多学习材料。（定语）

（7）这孩子非常喜欢学习，到哪儿都拿着一本书。（宾语）

（8）学习要专心，不能像你这样心不在焉的，上着课一会儿看手机，一会儿在下面讲笑话。（主语）

（9）父母要教育孩子时刻注意交通安全，自觉遵守交通法规，增强自我保护意识。（谓语中心语）

（10）教育可以改善人的生活。（主语）

（11）这些极端的球迷缺乏教育。（宾语）

（12）中国教育软件的市场潜力在世界上是首屈一指的。（定语）

（13）结婚要有感情基础和经济基础。（主语）

（14）他们结婚了。（谓语）

（15）今天是他们的结婚纪念日。（定语）

（16）我们决定结婚了。（宾语）

1.5.3　汉语有丰富的量词

现代汉语数词和名词组合时，中间要加上量词。如"一棵树""三件衣服""两辆汽车"。数词加在动词后面时也要加量词。如"去一次""看三遍"。汉语量词总的数量比较多，量词与名词组合的规律较为复杂，这是外国人学习汉语的一个难点。

思考与练习（2）

一、现代汉语主要的语法特点是什么？

二、汉语的词类与句子成分之间的关系有什么特点？

三、请用"唱歌"分别做句子的不同成分造三个句子。

四、汉语的"是"用在表示过去、现在、将来的句子中读音有没有变化？这一现象说明什么？

1.6 汉语的词类

1.6.1 词类划分的依据

词类是词的语法分类。给词分类的主要目的是方便讲解词的用法，方便说明短语或句子的特点。

汉语不同于印欧语系语言，印欧语系语言如英语、俄语、德语、法语等的许多词类可以根据词形变化这样的外部形态来确定。汉语比较缺乏词形这样的外部形态，大多数词的词性无法从词形上看出来，划分词类很少有可以依据的词的外部形态。当然也有少数的形态可以作为依据之一。如少数名词带有"子、儿、头、性、者"这样的后缀，部分动词进入句法结构后可以带"着、了、过"这样的体标记。但汉语带"子、儿、头、性、者"后缀的词很少，并且有些带这些后缀的词不一定就是名词。有的带"子"后缀的词就不是名词，而是量词，如"（一）下子"。有些动词也不能带"着、了、过"。所以类似的形态特征在汉语中不是普遍现象，也不完全可靠，只能在划分词类时作为参考。

意义也不能作为汉语划分词类的主要依据，因为意义相同的词，它们的语法功能不一定相同。例如"红"和"红色"，"红"前面可以加程度副词"很"，能说"很红"，而"红色"则不能加"很"，"红"是形容词，而"红色"是名词。当然，意义不是没有一点儿作用，但只能作为参考，刚开始学语法时，意义往往可以帮助我们来区分词类。

那么汉语划分词类主要依据什么呢？汉语划分词类主要是依据词的语法功能。所谓语法功能就是词与词的组合能力以及词在句子中主要充当什么样的成分。

1.6.2 词类概观

汉语的词首先可以分为实词和虚词两大类。实词一般有比较实在的词汇意义，能做一般的句子成分；虚词意义比较虚，不能做一般的句子成分，而是做辅助性的句子成分，在句中起语法作用，如表示实词与实词之间、实词与短语之间、分句与分句之间的关系等。现代汉语的词可以分为十三类。其中实词有七个类，虚词有四个类，另外有两类词比较特殊，既不属于实词，也不属于虚词，称为特类。

实词中名词、数词、量词主要用来指称事物，这些词合起来称为"体词"。

实词中动词、形容词的主要作用是陈述，常做谓语中心语，这两类词通常合起来称为"谓词"。谓词与体词相对。

代词中的大多数用来代替体词，属于体词，少数用来代替谓词，属于谓词。

实词中副词的语义也有点虚，有的语义还很复杂，如"才""就""也"等，因此，有的语法书把它归入虚词。我们把它归入实词是因为它可以单独充当状语。

表1.1 汉语词类表

实词	体词	名词、数词、量词、多数代词
	谓词	动词、形容词、部分代词
	副词	
虚词		介词、连词、助词、语气词
特类		叹词、拟声词

汉语词类
- 实词
  - 体词
    - 名词：车　山　学校　明天　国家　上面
    - 数词：一　三　一千　亿　三万　零　半
    - 量词：个　根　张　斤　次　群　批　架次
  - 谓词
    - 动词：跑　去　来　练习　研究　愿意　能够
    - 形容词：美　好　高　严格　丰富　清楚
  - 体谓词——代词：我　你　什么　怎么　这　哪　哪儿
  - 副词：很　才　也　不　没　都　难道　偏偏
- 虚词
  - 介词：和　从　被　由　按照　对于　顺向
  - 连词：和　并且　不但　如果　所以　虽然
  - 助词：着　了　过　的　地　得　所　似的
  - 语气词：吗　呢　吧　啦　嘛　罢了　啊
- 特类
  - 叹词：哎　唉　啊　呀　哎呀　哎哟
  - 拟声词：啪　哗哗　呼呼　咔嚓　哗啦

1.6.3　词的兼类和词类的活用

汉语缺乏形态变化，各类词做句子成分时没有词形变化，词的兼类情况比较普遍，这是汉语语法的主要特点之一。

1.6.3.1　兼类词

一个语音相同、书写形式也相同的词，在不同语境中，分别具有两类或三类不同词类的语法特征，且意义上又有密切联系的，是兼类词。兼类词的种类比较多，主要有以下几种：

兼属名词和动词的，如：锁、画、坑、电、漆、锈、病、伤、药、网、尿、工作、组织、检查、指导、指挥、笑话、代表、领导、参谋、翻译、编辑、报告、申请。

（1）我买了一把锁。
（2）你走时别忘了锁门。
（3）我的数码相机没有电了，用你的照吧。
（4）我昨天自己装灯，不小心被电了一下，现在想起来都有些后怕。
（5）他已经申请到中国政府奖学金了。
（6）我提前毕业的申请已经写好了，应该交给谁呢？

兼属名词和形容词的，如：灰、土、皮、尖、神、光、毛、平常、累赘、困难、内行、外行、经济、理想、机械、科学、民主、精神、道德、矛盾、典型、实际、教条。

（7）你是到哪儿去玩了？背后全是土。
（8）她的穿着打扮特别土。
（9）民族精神是一个民族挺立生存的脊梁骨。
（10）这小伙子看上去多么精神啊！
（11）每个青年人都有自己的理想。
（12）在这地方养老太理想了，空气好，交通方便，人不多，看病也很方便。
（13）他学经济，我学数学。
（14）在学校吃饭比较经济，也比较卫生、方便。
（15）你不要孩子，难道认为孩子是自己的累赘吗？
（16）出门带那么多东西太累赘了。

（17）艺术方面，我是外行，你别问我。

（18）说出这样的话，你也太外行了。

（19）我们不能受这些教条的束缚。

（20）他这人办事太教条，一点儿都不灵活，不适合做生意。

（21）我不喜欢他这样的人，太实际，一点儿都不浪漫。

（22）他的计划一点儿也不符合中国的实际。

（23）我哥哥学机械，我学化学。

（24）他这人太机械，一点儿也不灵活，什么都是照书本，所以他的计划实行不了。

兼属动词和形容词的，如：热、饿、破、端正、集中、负责、确定、密切、统一、公开、明确、严肃、严格、满足、丰富、繁荣、暴露、明白、方便。

（25）我饿死了，有什么吃的东西吗？

（26）这孩子太挑食了，你饿他三天看他还挑不挑。

（27）你不能破了我们的规矩。

（28）那房子太破了，不好意思让你们去。

（29）这事是他负责，你们找他吧。

（30）他太不负责了，竟然把钥匙交给别人。

兼属动词和介词的，如：比、跟、同、在、给、到、向、朝。

（31）我们家的大门朝南。

（32）他朝我笑了笑，说："你忘了带钱没有关系，下次来时补上就行了。"

（33）你敢跟她比武功吗？

（34）我比她大不了多少。

兼属连词和介词的，如：和、与、跟、同。

（35）和他一起旅游最舒服了，衣食住行根本用不着我们操心。

（36）你和他都是从韩国来的吧？

有的词有可能兼属三类不同的词。如"对"兼属动词、介词和形容词。

（37）你有空吗？明天就要公布学生的成绩了，我怕弄错了，你来帮我对一下吧！（动词）

（38）他后妈对他可真好，要什么买什么。（介词）

（39）对对对！你说得太对了！她就是那样的人，我和她一块儿住了三年，我太了解她了。（形容词）

1.6.3.2　同音词

要搞清楚词的兼类，还要搞清楚什么是同音词。词的兼类不同于同音词现象。

语音相同而意义上没有联系的词叫同音词。同音词分别属于不同的词。按书写形式是否相同，同音词可以分为同音同形的和同音异形的两类。语音相同、字形相同的属于同音同形的同音词，语音相同、字形不完全相同或完全不同的属于同音异形的同音词。例如：

同形同音词：别——你教我一下这个徽章应该别在西服的什么地方。

别——别了，我家的小四合院！

别——他的话你别往心里去！他不懂事。

别——被称为"梦幻乐园"的韩国济州岛，别有一番迷人的魅力。

异形同音词：公式——要学好数学一定要熟练地掌握公式。

攻势——敌人的攻势再一次被我们瓦解了。

公事——尽管我们是熟人，但公事公办，这些文件你不能带走。

工事——尽管敌军的工事非常坚固，但是敌人还是被打败了。

语义上是否有联系比较复杂，分析起来大致有两种情况：

第一，意义不论历史上还是现在都毫无联系，完全是两个偶然同音同形的词。例如"伏"在"爱人的病床成了她的临时办公桌，病人需要休息，她就伏在走廊里的长椅上判作业、写教案，直至深夜"中是动词，在"电压220伏"中是表示电压单位的量词，这两个意义没有任何联系。"花"在"栽花"中是名词，在"花钱"中是动词。又如"光"在"山洞里没有一点光"中是名词，在"这个月光吃饭就花了近两千块钱"中是副词。

第二，历史上可能有意义上的联系，但是在现代汉语中一般已经看不出这种联系了，这也应该看作同音词。如"火"在"这儿有火吗"中是名词，在"这家餐馆特别火，吃饭得预订"中是形容词。"硬"在"这饭太硬了"中是形容词，在"这明明是我自己做的，他硬说是他的，气死我了"中是副词。

1.6.3.3　词类的活用

一个词属于A类词，但有时为了满足某种表达的特殊需要，临时被用作B类词，这就是词类的活用。例如：

（1）你这样说也实在太阿Q了。（名词活用为形容词）

（2）他比女人还女人。（名词活用为形容词）

（3）他把家当旅馆，比旅馆还旅馆。（名词活用为形容词）

（4）那弹性的胖绅士早在我的空处胖开了他的右半身了。（鲁迅）（形容词活用为动词）

思考与练习（3）

一、为什么要划分词类？

二、汉语划分词类主要依据什么？为什么？

三、汉语有哪些词类是虚词？

四、说汉语充当主语和宾语的词是名词对不对？为什么？

五、什么是兼类词？

六、为什么汉语兼类词比较多？

七、什么是同音词？

八、什么是词类的活用？

1.7　短语

短语可以从多种角度来进行分类，一般主要从结构的特点和句法功能的特点这两方面来进行分类。从结构特点分出来的类型叫"结构类型"，从句法功能特点分出来的类型叫"功能类型"。

1.7.1 短语的结构类型

从内部构成的特点来看，短语可以分成三大类十四种。第一类是六种基本短语，这些短语的词与词之间有几种基本的句法关系，这些短语是由实词和实词构成的（有的也加进个别虚词）。第二类是六种由特定的词（主要是虚词）和实词构成的有标志的短语。第三类是两种特殊的短语。

基本短语
1. 偏正短语（状中短语、定中短语）
2. 主谓短语
3. 述宾短语
4. 中补短语
5. 联合短语
6. 复指短语

有标志的短语
7. "的"字短语
8. "所"字短语
9. 比况短语
10. 量词短语
11. 方位短语
12. 介词短语

特殊短语
13. 连谓短语
14. 兼语短语

1.7.1.1 基本短语

第一，偏正短语 词与词之间是一种修饰关系，前一部分是修饰成分，后一部分是被修饰成分，即中心语。其内部又分为状中短语和定中短语两种。

状中短语：

非常漂亮	赶快走	积极工作	会回来
好好地说	怎么走	噼里啪啦地响	已经三年
向科学技术进军	科学种田	面对面地说	单独去

定中短语：

他的朋友	高速公路	木头房子	先进集体
海南风光	新作品	吃饭的人	她的美
他的出现	五本书	买来的书	借来的车
这些朋友	那些地方		

状中短语的中心语绝大多数是谓词性的。定中短语的中心语大多是体词性的，也可以是动词性的，如："他的出现""历史研究"。在状中短语中，也有一些中心语是名词性的，如："才二十岁""都大学生了"。

第二，主谓短语　词与词之间的关系是陈述和被陈述的关系，前一成分是被陈述的对象，后一成分是陈述部分。

成绩优秀	物价上涨	我爱长城	外面冷
他十六岁	小张大学生	工作努力	问题严重
他妻子是医生	老荣是满族	他是法国人	这里是超市
抽烟有害	钱不够	身体健康	前面有车
做工精细	变化大	洗碗我来	明天有雨

第三，述宾短语　词与词之间的关系是支配和被支配或涉及和被涉及的关系。前一部分是动词或动词性成分，起支配作用；后一部分是被支配的对象或被涉及的对象，它既可以是体词性的，也可以是谓词性的。述宾之间的语义关系是很复杂的，类型很多。例如：

买书	看电影	吃饭	（受事宾语）
盖房子	写小说	挖坑	（结果宾语）
睡木床	吃大碗	浇水	（工具宾语）
去东京	闯海南	逛公园	（处所宾语）
住人	来客人了	跑了一只羊	（施事宾语）
唱A调	写仿宋体	跳迪斯科	（方式宾语）

第四，中补短语　前面是谓词性的中心语，后面的词语从结果、趋向、程度、状态、动量、时量、可能等方面对中心语进行补充说明，这样的短语就是中补短语。

打扫干净	晒黑	买到	弄明白	（结果）
站起来	拉进来	塞进去	扔出去	（趋向）
好极了	宽得很	疼死了	甜得要命	（程度）
写得工整	擦得锃亮	长得绿油油的		（状态）
看一遍	打一拳	骂一顿	踢一脚	（动量）
看一天	等两分钟	坐会儿	跑了一天	（时量）
看得清	看不清	吃得下	吃不下	（可能）

第五，联合短语　几个成分组合在一起，地位平等，不分主次，在意义上有并列、承接、选择以及递进的关系。

$$\boxed{A} + \boxed{B} + \boxed{C} \cdots\cdots$$

城市和农村	北京、上海、广州	（并列关系）
讨论并通过		（承接关系）
升学或就业　去或留　红或蓝		（选择关系）
积极而且热情		（递进关系）

联合短语有体词性的，有谓词性的。例如：

春夏秋冬　长江黄河　我或你　工农商学兵（体词性）

　　勇敢而机智　红与黑　又气又恨　审议并通过　引进并且吸收（谓词性）

　　要注意联合短语的各个成分在词性上是一致的，在意义上属于同一个意义范畴。"我和桌子""好而走"不能成立。

　　第六，复指短语　复指短语又叫同位短语，由两部分或几部分构成，在语义上从不同角度指称同一个人或事物，构成复指关系，在句子中做一个句法成分。

$$\boxed{A} = \boxed{B} = \boxed{C} \cdots\cdots$$
$$\text{复指　复指}$$

复指短语主要有以下几种类型。

通名与专名复指：首都北京　小说《红楼梦》　电影《泰坦尼克号》
别称与本称复指：春城昆明　宝岛台湾　山城重庆　泉城济南
　　　　　　　　羊城广州　影城好莱坞
数量短语构成的复指：夫妻二人　祖孙三代　数学物理两门课
人称代词构成的复指：我们自己　咱老百姓　他们几位　你们夫妇
　　　　　　　　　　我老王
指示代词构成的复指：他这个人　1989年那年　北京这城市　春节那天
　　　　　　　　　　贪污腐化这种现象　如今这年月
多种成分构成的复指：驾驶员小王他自己　数学家华罗庚教授
　　　　　　　　　　上海这一城市

　　复指短语各成分间不能用连词连接，也不能用"的"，否则就改变了复指关系。与联合短语不同的是，几个成分是指同一个人或同一个事物，而联合短语则不是；复指短语前面一项可以是谓词性的。例如：

文雅这种气质　离婚这样的事　　骂人这样的行为
教汉语这工作　做生意这样的事　游泳这种运动

1.7.1.2　由特定的词构成的有标志的短语

　　第七，"的"字短语　许多词或短语之后加上"的"字，构成一种名词性的"的"字短语。它的主要功能有以下两种：

① 加"的"使谓词性成分转化为名词性成分。

动词性成分→名词性成分：

刚买来→刚买来的　吃→吃的　我不要→我不要的

形容词性成分→名词性成分：

蓝→蓝的　贵重→贵重的　质量低劣→质量低劣的

② 语义上把陈述作用的词语变为指称人或事物的短语，或者把指称某种人或事物的名词性成分变为指称与这一名词性成分相关联的语义不同的另一种人或事物。

（ⅰ）把陈述性词语变为指称性的短语。例如：

开车的　看的　红的　我用来装垃圾的　客人用的

（ⅱ）把指称A的词语变为指称B的。例如：

木头→木头的　中国→中国的　学校→学校的　纸→纸的
爸爸→爸爸的　儿童→儿童的　外国人→外国人的

所有的"的"字短语都可以在后面补出人们在语义上通常可以联想到的一个名词性成分。当然补出名词性成分以后就不是"的"字短语了，而是变成了偏正短语中的定中短语。如"开车的"可以变为"开车的人"，"客人用的"可以变为"客人用的茶杯"，"木头的"可以变为"木头的家具"，"儿童的"可以变为"儿童的衣服"。

大多数实词和各类短语后都可以加上"的"构成"的"字短语。例如：

名词+的：小学的　北京的　塑料的

动词+的：卖的　刻的　临摹的

形容词+的：贵重的　旧的　高级的　黄的

代词+的：我的　大家的　咱们的

数词+的：三分之一的

偏正短语+的：刚买的　才来的　美国留学生的　外国公司的

述宾短语+的：打字的　写小说的　买肉的　开饭馆的　开出租车的

现代汉语语法教程（第二版）

中补短语+的：修好的　用旧的　吃剩的　放了三天的　用过一次的
主谓短语+的：质量差的　动作快的　中国制造的　我要的
联合短语+的：北京和上海的　爸爸妈妈的　爷爷奶奶的
　　　　　　　北大清华的

连谓短语+的：躺着看书的　贷款买房的　进城打工的　出国旅游的
兼语短语+的：让人伤心的　有子女在外国的　令人不可理解的
各种复杂短语+的：刚买来的　我们小时候吃过的　被别人用旧的
　　　　　　　　　人人都不要的　大家都喜欢要的　没有来过中国的
　　　　　　　　　学过三年音乐的　刚洗过的

第八，"所"字短语　结构助词"所"附着在动词性成分前就构成了"所"字短语。例如：

所言　所见　所闻　所做　所听　所了解　所学　所没有看到　所回答
所知道　所说　所想　所做

第九，比况短语　比况助词"似的"附着在其他词语的后面，形成具有比况功能的比况短语。例如：

孩子似的　木头似的　傻子似的　女孩似的　老太太似的
在家似的　过生日似的　要害你似的

第十，量词短语　在量词之前加上数词、指示代词、疑问代词或形容词"大""小"就组成了量词短语。

这个　哪位　大本　小块　五条　三个

量词短语可以分为数量短语、指量短语、疑量短语和其他。

数量短语：三个　两次
指量短语：这个　那本
疑量短语：哪位　哪天　几斤　几位
其他：小块　大本　大堆　一大摊　一大堆　两大本

第十一，方位短语　由方位词附着在其他词或者短语之后组成，表示时间、处所、数量、范围、条件以及过程等语义。

表时间：春节之前　假期中　放假前　一年以上　十八岁以前
　　　　奥运会以后

表处所：书架上面　桌子下面　柜子里　留学生楼前

表数量：十位以上　两斤左右　一百以内

表范围：生活中　理论上　汉语中　头脑里　书中　文化上

表条件：下大雨后　压力下　体温正常后

表过程：手术中　讨论中　会谈中　战斗中

　　第十二，介词短语　介词短语是指介词之后加上其他词语组合而成的短语。能跟在介词后面构成介词短语的主要是名词性成分。介词短语主要充当状语，也可以充当定语，少数的可以充当补语。介词短语的主要作用是引进跟动作有关的各种对象，包括时间、处所、范围、施事、受事、工具、对象、目的、原因等。例如：

引介时间：在2008年　从明天　于1992年春天

引介处所：从美国　在机场

引介某种对象：对身体　对于他

引介依据：按照国家规定　根据你的意思

引介受事：把孩子　将房间

引介施事：被坏人　叫邻居

引介工具：用筷子　用毛笔

引介比较对象：比我　比去年

引介目的：为赚钱　为了孩子

引介原因：因为他妻子　因为经济原因　由于健康的原因

1.7.1.3　特殊短语

　　第十三，连谓短语　两个或两个以上的谓词性短语连用，彼此间不是简单的语法关系，中间没有语音停顿和关联词语，能和同一个主语发生主谓关系，这样的短语叫作连谓短语。

$$\boxed{行为动作} + \boxed{行为动作}\cdots\cdots$$
$$连\qquad\qquad 谓$$

看完电视睡觉　打开窗户说亮话　转过身走进去　有信心完成这个任务
红着脸说　　　挑着担子走山路　躺着看书　　　想办法帮助他

第十四，兼语短语　一个述宾短语和一个主谓短语套合在一起，述宾短语中的宾语身兼二职，既充当前面动词的宾语，又做后面谓词性成分的主语。

V₁	N	V₂

$$V_1 \quad N \quad V_2$$

V_1	N	V_2

兼语

使	我	感到	沮丧
要	她	回	娘家
选	他	当	班长
让	你	干	
派	小王	去	上海

以上所讲的短语属于自由短语，成语、惯用语属于固定短语。

1.7.2　短语的功能类型

短语从整体的功能方面，可以分成几种不同性质的短语，一般分为名词性短语、动词性短语、形容词性短语三种短语。也就是说，整个短语从整体上相当于哪一类词，就称它为哪一类功能的短语。

1.7.2.1　名词性短语

名词性短语是与名词的功能相当的短语，包括偏正短语中的定中短语、方位短语、量词短语、"的"字短语、"所"字短语、复指短语以及由名词构成的联合短语。需要注意的是，定中短语无论它的中心语是哪一类词，整个短语都是名词性的。例如：

电视节目　四本　这本书的出版　他的出走　所想　春城昆明

1.7.2.2　动词性短语

动词性短语是与动词的功能相当的短语，包括述宾短语、连谓短语、兼语短语、由动词构成的联合短语以及中心语是动词的状中短语和中心语是动词的中补短语等。例如：

买书　穿好衣服出来　让他帮你　引进并吸收　刚走　跳起来

1.7.2.3　形容词性短语

形容词性短语是与形容词功能相当的短语，包括比况短语、形容词做

第一章　语法概说

中心语的状中短语、形容词做中心语的中补短语、形容词构成的联合短语以及形容词做谓语部分的主谓短语等。例如：

孩子似的　非常漂亮　好极了　干净卫生　今天晴

有几种短语情况比较复杂，状中短语有动词性的，有形容词性的，还有名词性的，这要根据它的中心语是什么词性来确定。例如：

大力提倡　认真总结（动词性）
很好　非常舒服（形容词性）
才三点　都大学生了　刚十八岁（名词性）

中补短语分为两种，有的属于动词性的，有的属于形容词性的。这也是根据中心语的词性来判定。例如：

好得很　高极了（形容词性）
干得漂亮　抬出去　用完（动词性）

主谓短语也有几种情况。例如：

我走（动词性）
身体好（形容词性）
她黄毛丫头　今天星期三　她十八岁（名词性）

联合短语也有几种情况。例如：

他和我　长江和黄河（名词性）
又做操又跑步　学习和借鉴（动词性）
贫乏而苍白　好看并且便宜　温柔体贴能干　美丽而端庄（形容词性）

1.7.3　复杂短语及短语扩展

1.7.3.1　复杂短语
复杂短语是指结构复杂的短语，是对简单短语的扩展。简单短语只有一个结构层次，而复杂短语则是由两个或两个以上的层次组成的。如"中国古代文学""在家读书""看最新拍的电影"。

1.7.3.2　短语扩展
短语的扩展是语言学习中一个十分重要的过程。简单短语扩展为复

现代汉语语法教程（第二版）

杂短语，短语加长，语义内容由单一变得复杂起来，不断进行这样的训练，我们的语言能力就能逐步提高。每一个学习语言的人，不论是学习自己的母语还是学习第二语言，进行短语扩展是提高语言表达能力的一个十分有效的方法。短语的扩展有三种方法：

第一，在原有短语中间加入其他词语。例如：

看书——看汉语书
　　　——看一本汉语书
　　　——看一本文字优美的汉语书
　　　——看一本畅销的文字优美的汉语书
　　　——看一本畅销的年轻人喜欢看的文字优美的汉语书
吃饭——吃一大碗饭
　　　——吃一大碗鸡蛋炒饭

第二，在原有短语前面加上别的词语。例如：

学习汉语——喜欢学习汉语
　　　　——非常喜欢学习汉语
　　　　——的确非常喜欢学习汉语
睡着了——已经睡着了
　　　——大概已经睡着了

第三，在原有短语后面加上别的词语。例如：

学习象棋——学习象棋、围棋
　　　　——学习象棋、围棋、剪纸
　　　　——学习象棋、围棋、剪纸、中国画
大家喜欢——大家喜欢他
　　　　——大家喜欢他的性格
　　　　——大家喜欢他的性格、为人
　　　　——大家喜欢他的性格、为人和他的才气
洗得干净——洗得干净得像新的一样

以上三种扩展方法可以综合使用。例如：

看书——看汉语书

　　——刚看完一本汉语书

大家喜欢——大家喜欢他

　　——大家的确喜欢他的性格

态度好——态度很好

　　——他态度很好

抽烟有害——抽烟有害健康

　　——抽烟有害我们的健康

　　——抽烟的确有害我们的健康

1.7.4　短语结构层次分析

　　由于复杂短语是由两个或两个以上的层次组成的，为了很好地理解短语的语义，为了使我们能够为别人解释清楚汉语的意义和结构，以汉语为第二语言的高层次的学习者应该具备一些汉语语法结构层次分析的知识。

　　通过上面汉语短语由简单扩展为复杂的简要的介绍，我们可以看出语言从简单结构到复杂结构不是一次组合实现的，而是一次一次地加上一些词语来实现的。正是由于语言是这样组合起来的，所以我们分析语言的结构也是一层一层地分析。这种对语言结构按照它内部的组合层次进行分析的方法就叫作层次分析法。层次分析法也叫直接成分分析法。处于同一个层次上的两个具有结构关系的成分叫作直接成分。例如：

大概 已经　睡 醒了

状		中	
	状	中	
		中	补

　　层次分析法主要是二分，只有联合短语、连谓短语、兼语短语等少数几种短语可以在一个层面进行多次切分。分析的步骤是，首先找出有某种结构关系的两个直接成分，把它们切分为两部分，然后确定它们的语法关系；如果每一个直接成分可能还是一个短语，就再找出有某种结构关系的两个下属的直接成分，把它们切分为两部分，并确定其语法关系。以此类推，直到找到最小的层次，即两个直接成分不再是短语而是

词为止。分析时不能漏掉任何一个实词，分析时应着眼于整个结构体。例如：

以上是从大到小的层次分析，也可以从小（从词）到大进行分析。

这两种分析结果是一样的，但是程序不同。一般采用从大到小的分析。再如：

分析结构层次，在什么地方切分是有原则可循的。进行分析时，应遵循以下四条原则：

第一，在每一个层次上所切分出来的各个部分必须是直接成分。

以上两种切分A是错误的，因为在上述短语中两个直接成分应当是"打开知识宝库的"和"钥匙"。

第二，在每一个层次上所切分出来的成分必须是有意义的语法形式。

打开知识宝库的钥匙

切分出"的钥匙"这一块是不对的，因为"的钥匙"没有意义。

第三，每一层次所切分出来的每一个成分不是该句法结构所独有的，而必须有普遍性，也就是说有同类句法结构存在。

很 看了 一些书

A* 述　宾
　* 状　中

B 状　　中
　　述　宾

*很有/办法　　　　　　*很吃了/些苦

很/有办法　　　　　　很/吃了些苦

第四，每一层次所切分出来的成分必须符合整个短语的意义。如"*大红/苹果"虽然两个部分都有意义，但不符合整个短语的意义，整个短语的意义是"大的红苹果"，而不是"大红色的苹果"。

1.7.5　歧义短语（多义短语）

一个语言形式如果只有一个意义就是单义结构，但在每一种语言里都存在一个语言形式表达两种或多种意义的短语，我们称它们为歧义结构。这里所说的歧义是这种结构本身能够体现的意义，不是指模棱两可。

1.7.5.1　歧义短语的类型

第一，结构关系不同，即一个短语两个成分之间的语法结构关系可以有两种或多种分析。例如：

翻译小说（述宾/定中）　　　　炸带鱼（述宾/定中）

进口设备（述宾/定中）　　　　想起来（状中/中补）

没有通知[述宾（V+N）/状中（副词+V）]

现代汉语语法教程（第二版）

第二，结构层次不同，即一个句法结构，可以切分出两种或多种不同的层次。

第三，结构关系和结构层次都不同。例如：

第四，语义关系不同。有的歧义是由语义关系不同所造成的。例如：

（5）鸡不吃了

（6）小王通知了

（7）她是去年生的

（8）他的衣服做得好

例（5）中的"鸡"、例（6）中的"小王"和例（7）中的"她"一种理解是施事，即动作的发出者；另一种理解是受事，即动作的承受者。例（8）一种理解"他"是施事，即做衣服的人；另外一种理解"他"是领属者，是衣服的所有者。

第五，多义词造成的歧义。例如：

（9）那家商店关门了 （停业/下班）

（10）我去上课 （讲课/听课）

有的短语很复杂，有多种不同的意义。例如"我也说不好"：

A式： 我　也　说　不　好

主	谓		
	状	中	
		中	补

a. 我也说不好英语。

b. 英语我也说不好。

B式： 我也说　不　好

主	谓	
	状	中

a. 你说了他就行了，我也说不好。

b. 我不是你们家的人，我也说不好。

B式中的"说"是批评的意思。

C式： 我　也　说　不　好

主	谓	
	状	中
	述	宾

a. 他这样干，我也说不好，可他就是不听。

b. 他这样做，不光你说不好，我也说不好。

C式中的"说"是认为的意思。

1.7.5.2　歧义的消除

第一，依靠语境。大多数歧义在语境中就可以消除。如"鸡不吃了"在以下语境中就没有歧义了："鸡不吃了，来点儿鱼""鸡不吃了，大概是生病了吧"。又如"进口汽车"在以下语境中也可以消除歧义："我买了一辆进口汽车""我们不必大量进口汽车"。

现代汉语语法教程（第二版）

第二，调整语序。例如：

他谁也不认识——谁也不认识他　他也不认识谁

第三，改换或增减词语。例如：

两个报社的记者——两名报社的记者　两个报社的记者们

思考与练习（4）

一、短语的六种基本结构类型是哪些？

二、短语的功能类型有哪些？

三、指出下列短语的结构类型。

 1. 买汽车   2. 仔细地看   3. 快极了

 4. 写下来   5. 写文章   6. 房间干净

 7. 诗歌散文   8. 我们大家   9. 影城好莱坞（Hollywood）

 10. 认真研究   11. 研究历史   12. 研究清楚

 13. 文字优美   14. 好文章   15. 价格适中

四、用改变语序、加进虚词或去掉虚词的手段改变下列短语的结构关系。

 1. 衣服干净   2. 买的书

 3. 开的药   4. 仔细听

 5. 教室大   6. 种菜

 7. 卖书   8. 快走

五、分析下列短语的功能类型。

 1. 坐起来   2. 看电视

 3. 借来的自行车   4. 她的朋友

 5. 很生气   6. 特别高兴

 7. 慢慢体会   8. 电视和家具

 9. 简单大方   10. 英俊潇洒

 11. 今年春节   12. 租房子

六、用下列各组词组成两个结构关系不同的短语，并写出短语的结构关系。（可以加入虚词，可以改变语序）

 1. 经济   发展   2. 卖   西红柿

 3. 理由   充足   4. 学习   认真

5. 研究	语法	6. 好	书
7. 新闻	报道	8. 信仰	宗教
9. 仔细	看	10. 漂亮	很
11. 年轻	极	12. 欣赏	音乐

七、分析下列七类短语的结构特点，模仿它们的类型，每个例子各造三个短语。

1. 好好听：

认真学习：

仔仔细细地看：

2. 文学常识：

思想准备：

好人：

他们学校：

卖的书：

3. 桌子下：

心里：

三天前：

4. 开汽车：

喜欢听故事：

进行讨论：

5. 走出来：

说出来：

学下去：

6. 北京上海：

继承发扬：

7. 他们一家：

卖假药这样的行为：

八、请把下列简单短语扩展为复杂短语。

1. 借书

2. 做菜

3. 一本书

4. 开车

5. 做好

6. 练一小时

7. 要来

8. 他要

九、请用层次分析法分析下列短语的结构关系，分析到词为止。

1. 绘画技法   2. 难忘的春节

3. 生活富裕   4. 关键时刻

5. 看出来   6. 梦想的世界

7. 学习目的   8. 建立英语学习网

9. 我们梦想的世界   10. 资金来源

11. 思考了一天   12. 进行了一系列探索

13. 学习目的不明确   14. 不能实施

15. 不能很好地执行   16. 一本喜欢看的新书

17. 掌握新技术   18. 密切观察他的健康状况

19. 看新拍的电影   20. 对孩子不放心

21. 教学方法与学习氛围   22. 孩子的性格不好

23. 学习中国传统文化   24. 维修和保养自己的汽车

25. 牢固树立服务意识   26. 我们都喜欢的菜

27. 没有丝毫寂寞和孤独   28. 有广阔的世界眼光

29. 看不见自己的影子   30. 没看清楚他的脸

31. 孩子的学习兴趣浓   32. 做了很多汉语练习

33. 文化差异很明显   34. 掌握市场动态

十、指出下列短语的功能类型和结构类型。

1. 学习汉语   2. 他们三人

3. 仔细看   4. 中国文化

5. 非常认真   6. 跳得高

7. 自己买的东西   8. 这本书的出版

9. 对自己说   10. 开一个玩笑

11. 看了一天的电视   12. 喜欢看中国武侠小说

十一、用层次分析法分析下列歧义短语。

　　1. 发现了敌人的哨兵

　　2. 热爱人民的市长

　　3. 关心别人的孩子

　　4. 我们三个一组

　　5. 骑了三年的自行车

十二、下面都是歧义短语，请分别造两个句子消除它们的歧义。

　　1. 在房顶上发现了小王

　　2. 在床上绣花

　　3. 他送的蛋糕

　　4. 小李的发理得好

　　5. 恨他的老师

　　6. 他的笑话说不完

　　7. 他的小说看不完

1.8　句子成分

　　汉语的短语与句子的结构构造基本一致，所以大多数短语带上一定的语调时就是句子。句子可以划分出不同的部分，我们把句子的组成成分称为句子成分。句子的一般成分有八个：主语、谓语、述语、宾语、定语、状语、补语、中心语。除了一般成分之外，有的句子还有一种特殊的成分——独立成分。

1.8.1　主语和谓语

1.8.1.1　什么是主语，什么是谓语

　　主语是句子的被陈述部分，大多数在句首。谓语是句子的陈述部分，是陈述主语的，在主语后面。用简易加线法分析时，主语下面画双线，谓语下面画单线，主语与谓语之间用双竖线"‖"隔开。例如：

（1）他‖读过许多中国古典小说。

（2）爱因斯坦提出的相对论‖改变了人们对时间和空间的看法。

1.8.1.2　主语的语义类型

主语有的是施事，即行为动作的发出者。例如：

（1）他‖练武术。
（2）王老师‖教我们口语。

主语有的是受事，即行为动作支配影响的对象。例如：

（3）饺子‖吃完了。
（4）老师让我们看的书‖看完了。
（5）你的衣服‖我洗了。

有的句子的主语既不是施事也不是受事。例如：

（6）他‖是老北京人。
（7）水‖又深又绿。

1.8.1.3　充当主语的词语

主语主要是由代词、名词性成分充当，也可以由动词性成分、形容词性成分充当。例如：

（1）微笑‖能化解很多矛盾。（动词）
（2）多读书‖可以扩大我们的视野。（动词性状中短语）
（3）美‖人人都爱。（形容词）
（4）女朋友太漂亮‖也不一定是好事。（形容词性主谓短语）

汉语的主语还可以由表示时间的词语、表示处所的词语充当，数量短语也可以充当主语。例如：

（5）昨天‖晴天。
（6）学校门外‖有几家饭馆。
（7）一斤‖十块钱。

1.8.1.4　充当谓语的词语

动词、形容词可以充当谓语，但是更多的是动词性短语、形容词性短语充当谓语。

（1）他‖<u>知道</u>。

（2）这里的水‖<u>干净</u>。

（3）旅游‖<u>是海南的支柱产业</u>。

（4）这件事‖<u>我们谁都不知道</u>。

1.8.2　述语和宾语

1.8.2.1　什么是述语，什么是宾语

述语是能够带宾语的成分，由动词或动词性短语充当。宾语是受前面动词性成分支配或涉及的对象。用简易加线法分析时，述语用着重号"．"标出来，宾语用波浪线"〜〜〜〜〜"标出来。

（1）我借<u>一本鲁迅的小说</u>。

（2）她妈妈希望<u>她能找到一个真正对她好的人</u>。

（3）我相信<u>只要你方法正确，坚持不懈，就一定能学好汉语</u>。

1.8.2.2　充当宾语的词语

宾语主要由名词性词语充当，如"看中国古典小说"。体词性的代词也可以充当宾语，如"你要什么？"。但是汉语的宾语不限于体词性词语，谓词性词语也可以充当宾语，这是汉语的特点之一。例如：

（1）女孩儿都爱<u>漂亮</u>。

（2）她特别喜欢<u>游泳</u>。

（3）你们准备接<u>他的班</u>。

（4）我认为<u>人人都会这样做的</u>。

例（1）是形容词做宾语，例（2）是动词做宾语，例（3）是动词性短语做宾语，例（4）是动词性主谓短语做宾语。

1.8.2.3　宾语的语义类型

我们说宾语是受前面动词性成分支配或涉及的对象是一种很概括的说法，汉语宾语与述语或主语之间的关系是非常丰富的。下面介绍比较常见的几种。

第一，对象宾语，宾语是动作行为的对象。例如：

（1）他在看<u>电视</u>。

（2）妈妈买了一只鸡。

（3）我自己洗衣服。

第二，结果宾语，宾语是动作行为产生的结果。例如：

（4）我们每两周写一篇作文。

（5）学校要在这里建一个体育馆。

（6）她自己煮饭。

第三，处所宾语，宾语是处所或地方。例如：

（7）他们假期去云南丽江。

（8）我每个星期都要进城。

（9）他们坐飞机，我们坐火车。

第四，时间宾语，宾语是某一时间。例如：

（10）我第一次在北京过春节。

（11）我们为她过生日。

第五，工具宾语，宾语是动作行为所凭借的工具。例如：

（12）我吃小碗，你吃大碗。

（13）她脸上擦了粉。

第六，施事宾语，宾语是动作行为的发出者。例如：

（14）我们家来客人了。

（15）小孩儿要经常晒太阳。

（16）这间屋住两个学生。

（17）出太阳了。

第七，类别宾语，宾语表示主语的类别。例如：

（18）他是英国人。

（19）这是金属的。

（20）他当班长。

1.8.3 定语

1.8.3.1 什么是定语

仅从短语的范围看，定语是定中短语中心语前面的修饰成分；从句子的范围看，定语是主语和宾语里的中心语的修饰成分。用简易加线法分析时，定语用圆括号"（　　　）"标出来。例如：

（1）<u>昆明</u>‖是一个　四季如春的城市。
　　　　　　　（ ）（　　　　　　　）

（2）<u>中国的云南省</u>‖有许多　享誉世界的风景名胜。
　　　（　　　　）　　　　（ ）（　　　　　）

1.8.3.2 充当定语的词语

绝大多数形容词都可以充当定语，汉语中名词、动词充当定语是非常普遍的现象，这也是汉语的特点之一。例如：

（新）房子	（红）绸子	（高）水平
（历史）研究	（新闻）广播	（武术）爱好者
（学习）计划	（阅读）材料	（考察）路线

汉语单音节动词做定语必须加"的"，否则构成的就是述宾短语。例如：

定中短语	述宾短语
（卖的）菜	卖菜
（喝的）水	喝水
（借的）书	借书

1.8.3.3 多项定语的语序

定语不止一个时，就存在定语的语序安排的问题。总体上说有以下几条规律：

第一，带"的"的定语一般放在不带"的"的定语之前。例如：

简单的结婚仪式
简洁的装修风格
漂亮的女大学生

现代汉语语法教程（第二版）

第二，如果是多项不带"的"的定语，多项定语的语序一般为：
① 领属性词语 ② 数量词语（或"指示代词+量词"）③ 形容词

我那件红T恤

爸爸那两本新书

小王这辆旧自行车

第三，如果有几项带"的"的定语，多项定语的语序一般为：
① 领属性词语 ② 各种短语 ③ 形容词

我房间的那台刚买的电视机

我们学校的新建起来的留学生宿舍

我们班的刚来的那位漂亮女同学

这家工厂生产的传统产品

上述领属性定语后面的"的"一般可以省略，这样结构要简洁一些。上述三个短语中第一个"的"可以省略，说成"我房间那台刚买的电视机""我们学校新建起来的留学生宿舍""我们班刚来的那位漂亮女同学"。

1.8.4 状语

状语是谓语中心语前的修饰成分，有时是处于句首的修饰成分。用简易加线法分析时，状语用方括号"［　　　］"标出来。例如：

（1）我清清楚楚地记得她当时痛苦的表情。
　　　［　　　　　］

（2）对于这个问题，我有自己的看法。
　　　［　　　　　　］

（3）公司已经派人去德国考察那里的风能发电设备了。
　　　　　　［　　］

副词都能做状语，部分形容词也能充当状语，但是有一些限制。单音节形容词做状语不能加"地"，如"快说""慢走""高举""轻放"。双音节形容词直接充当状语的不多，常见的如：

认真看	认真听	认真学习
仔细看	仔细听	仔细观察
专心听	专心看	专心学习
彻底明白	彻底搞懂	彻底改变
努力工作	努力学习	努力改变

有的形容词重叠式充当状语可以加"地",也可以不加"地",例如"好好学/好好地学、认认真真学/认认真真地学";有的大多数人使用时会加"地",例如"重重地打一下、开开心心地玩一天"。

介词短语也经常做状语。介词短语充当的状语可以表示时间、处所、工具,或者引进比较对象,引进与动作行为相关的施事、受事等。例如:

[从下个月]开始	(时间)
[在饭馆]吃饭	(处所)
[用毛笔]写	(工具)
[比去年]热	(比较对象)
[被坏人]骗	(施事)
[把护照]丢了	(受事)

1.8.5 补语

补语是动词性词语、形容词性词语后面起补充说明作用的成分。用简易加线法分析时,补语用尖括号"〈　　〉"标出来。

（1）他妈妈被他气哭了。
　　　　　　　　　〈　〉
（2）他的汉字写得很漂亮。
　　　　　　　　　　〈　　〉
（3）听到这个消息,他高兴得跳了起来。
　　　〈　〉　　　　　　　　〈　　　〉

1.8.6 中心语

被修饰限制或被补充说明的成分是中心语。中心语包括被定语修饰限制的中心语，被状语修饰的中心语，被补语补充说明的中心语。

（1）（他们）研究所‖［刚刚］研制〈成〉（一种）（治疗心脏病的）（新）药。

（2）张云‖［已经］写〈好〉了（那篇）论文。

例（1）中"研究所"是主语中心语，"研制"是谓语中心语，也是补语"成"的中心语，"药"是宾语中心语。例（2）中"写"是谓语中心语，也是补语"好"的中心语，"论文"是宾语中心语。

1.8.7　独立成分

一个词或者短语，在句子里不跟别的成分发生结构上的关系，但在意义上又是句子所需要的，这些成分叫作独立成分。从位置上看，有的独立成分比较自由，句首、句中和句末都可以出现。根据意义可以分为以下几种：插入语、呼应语、感叹语、拟声语。例如：

（1）这种情况，据说，不仅中国有，外国也有。（插入语）

（2）这是什么话，你们听听！（插入语）

（3）老王，你快来帮我一下。（呼应语）

（4）嗯，我照你说的去做。（呼应语）

（5）你怎么了？怎么摔成这样了？哎哟，我的小祖宗！（感叹语）

（6）我刚一出门，哒哒哒哒，传来一阵冲锋枪扫射的声音。（拟声语）

思考与练习（5）

一、请分析下列句子的主语和谓语，在主语和谓语之间画双竖线，在主语下面画双横线，在谓语下面画单横线。

1. 我们去的地方找不到水。

2. 你要的书买到了。

3. 这本书对我来说太难了。

4. 我们永远也忘不了在中国待的这些日子。

5. 《红楼梦》是中国四大名著之一。

6. 二十世纪初发生的"五四"运动是中国近代史上的一件大事。

7. 儒家的政治主张是推行仁政。

8. 她躺在床上沉思着。

9. 我们都不知道她心里想的是什么。

10. 她的精彩表演赢得了一阵热烈的掌声和欢呼声。

二、用波浪线标出下列句子中的宾语。

1. 他喜欢游泳。

2. 我喜欢看别人下象棋。

3. 鱼有很高的营养价值。

4. 他忘了明天要考试。

5. 我还以为你们已经走了。

6. 中国唐代出现了一大批优秀的诗人。

7. 孔子认为人和自然是一体的。

8. 锻炼身体并适当节制饮食是最好的减肥方法。

三、用下列词语做主语各造两个句子。

1. 登山

2. 中医

3. 看电视

4. 我带来的药

5. 书

6. 我旅游过的城市

7. 红色的

8. 吃得太多

9. 一斤

10. 北京上海

四、按要求各造一个句子。

1. 人称代词做主语

2. 动词做主语

3. 形容词做主语

4. 述宾短语做主语

5. 定中短语做主语

6. 数量短语做主语

现代汉语语法教程（第二版）

7. 数量短语做谓语

8. 动词做谓语

9. 名词做谓语

10. 形容词做谓语

11. 述宾短语做谓语

12. 中补短语做谓语

五、按要求各造一个句子。

1. 人称代词做宾语

2. 动词做宾语

3. 形容词做宾语

4. 述宾短语做宾语

5. 定中短语做宾语

6. 主谓短语做宾语

六、请造三个有三个定语的定中短语。

七、请用形容词做状语造两个句子。

八、请用介词短语做状语造三个句子。

1.9　句子的分类

1.9.1　句型

句子可以从不同的角度进行分类，根据句子整体结构的特点分出来的类叫句型。第一步先分出单句和复句，第二步分别对单句和复句分类，这样一步一步地分下去。

句型
（句子的结构分类）

单句
主谓句
动词性谓语句——我们都吃过饭了。
形容词性谓语句——孩子们很高兴。
名词性谓语句——今天星期天。
主谓谓语句——他成绩很好。

非主谓句
动词性非主谓句——快下雨了！
形容词性非主谓句——太热了！
名词性非主谓句——好球！

复句
联合复句……
偏正复句……

1.9.2 句式

句型分出来后，在句型的基础上还可以进一步根据句子某一部分的特点分出一些句式。例如主谓句中的动词性谓语句，可以根据某些特点分出以下多种句式："把"字句、"被"字句、存现句、双宾句、兼语句、连谓句、"是……的"句等。

（1）你儿子把我的书撕坏了。（"把"字句）

（2）我的钱包被小偷偷了。（"被"字句）

（3）主楼前面有一个花园。（存现句）

（4）姐姐送给我一个笔记本电脑。（双宾句）

（5）经理派我丈夫来北京。（兼语句）

（6）那个英俊的男子打开包拿出一个精美的盒子递给她。（连谓句）

（7）这话是他说的。（"是……的"句）

1.9.3 句类

句子从另一个角度——语气的角度，可以分出以下四种类型：

句类
（句子的语气分类）
- 陈述句——人也是自然的一部分。
- 疑问句——这件事应该怎么办呢？
- 祈使句——请你再说一遍！
- 感叹句——多么美妙的地方啊！

陈述句是运用陈述的语气叙述或说明事情的句子。在书面语中，陈述句末尾主要用句号。疑问句是运用疑问语气提出问题的句子，末尾用问号。祈使句运用祈使语气，表示命令、请求、劝告、禁止和敦促等，末尾主要用叹号。感叹句是运用感叹语气、带有较明显的感情的句子。

1.9.4 疑问句

1.9.4.1 疑问句的分类

从人类语言交际的需要来看，每一种语言都会有三大类疑问句：一类是用疑问代词来询问某方面具体信息的特指问（WH-question），一类是要求受话人对某种情况做出肯定或者否定回答的是非问（yes-no

现代汉语语法教程（第二版）

question），一类是让受话人从所提供的选择项中选择其中的项进行回答的选择问（alternative question）。与其他语言一样，汉语普通话也有这三大类问句。

特指问是主要使用疑问代词，询问人、事物、地点、时间、方式、原因、数量等问题的问句。如"谁病了？""你想吃什么？""你住哪儿？""你什么时候走？""这种鱼怎么做？""他为什么没来？""你有多高？"。还有一种特指问是在一个名词性成分之后加上疑问语气词"呢"构成的。如"小王呢？""我的电脑呢？""他们放假出去玩，我们呢？"。

是非问是不使用疑问代词，发话人提出疑问，让受话人在是与非、肯定与否定两方面做出回答的疑问句。是非问根据构成形式的不同又可以分为三类：语调是非问、语气词是非问、正反是非问。根据使用语境的不同，语气词是非问可以分为两个小类："吗"是非问、"吧"推测是非问。

选择问是问话人用连词"还是"提出两个或更多选项，让受话人选择其中的选项做出回答的问句。

综上，汉语普通话的疑问句大致可以分为三大类八种：

1.9.4.2　特指问的构成及其表义功能

特指问分为两类，最主要、最常用的是疑问代词特指问。疑问代词特指问是在陈述句的语序的基础上，问哪个成分、哪个方面的问题，就用相应的疑问代词代替该句法成分而构成的疑问句。另一类是"NP呢"特指问，它是在名词性成分后面加疑问语气词"呢"构成的特指问。

第一，疑问代词特指问

从表义功能的角度来看，特指问可以分为问人、问事物、问处所、问时间、问数量、问方式、问原因、问性质或者状态等的问句。

问人的特指问主要用疑问代词"谁"来构成。例如：

（1）谁生病了？（对主语提问）

（2）你找谁？（对宾语提问）

（3）这是谁的手机？（对定语提问）

问事物的特指问主要用疑问代词"什么"来构成。例如：

（4）你想吃什么？（对宾语提问）

（5）他们在看什么？（对宾语提问）

（6）你在做什么作业？（对定语提问）

问地点或处所的特指问主要用疑问代词"哪儿""哪里"或"什么地方"来构成。例如：

（7）你现在在哪儿？我来接你。

（8）请问，哪里有洗手间？

（9）你住什么地方？

对具体的时间发问的，主要用"什么时候"来构成特指问，也可以用"几点""哪天""哪年"来构成特指问。书面语可以用"何时"来构成。例如：

（10）他们什么时候到？（对时间状语提问）

（11）你们几点出发？（对时间状语提问）

（12）你哪年毕业的？（对时间状语提问）

（13）你买的是几点的电影票？（对表示时间的定语提问）

对时间长短发问，主要用三种方式来构成特指问：①主要用"多长时间"，有时也用"多久"；②"几+时间名词（分钟、天、周、年）"；③"几+个+小时、星期、月"。例如：

（14）你要在这里待多长时间？

（15）这趟地铁几分钟一趟？

（16）你毕业几年了？

（17）你女儿几个月了？

问数量的特指问主要用"多少"；数量少的可以用"几+量词+N"；还可以用表示长度、宽度、深度、高度、重量、距离等的单音节形容词构成的表疑问语义的短语"多+形容词_{单音节}"，常见的有"多长""多宽""多深""多高""多大""多重""多远"。例如：

（18）他们班有多少人？

（19）你们家有几间房子？

（20）你要吃几个包子？

（21）从这里去长城有多远？

（22）你儿子有多高了？

问情况的特指问主要用"怎么"或"怎么样"来构成。例如：

（23）你的脚怎么啦？

（24）那台新电脑怎么样？

（25）你的房间刷成这种颜色怎么样？

"怎么"还用来问做事或干活的方式或者方法。例如：

（26）这个烤箱怎么用？

（27）我怎么去上海？

问原因和理由的特指问主要用"为什么"构成，书面语可以用"为何"。例如：

（28）他今天为什么没有来上班？

（29）公司为何要辞退这些员工？

第二，"NP呢"特指问

"NP呢"特指问是在名词性成分后面加上疑问语气词"呢"来构成的。这种问句从语义及功能上可以分为两种，一种是不依赖语境的问句，另一种是依赖一定语境的问句。不依赖语境的"NP呢"特指问主要是问地点和处所。例如：

（30）我的笔记本电脑呢？

（31）小王呢？

例（30）是问某物在什么地方，例（31）是问在哪儿或者问某人干什么事情去了。

依赖一定语境的"NP呢"特指问不能单独成立，它跟在其他句子后面，不限于问地点或者处所，可以问另一个事物或其他人的其他情况。例如：

（32）你们假期去欧洲旅游，我呢？

（33）老王他儿子考上了北京大学，他女儿呢？

例（32）在一个句子后面问"我呢"，表示的意思是"你们假期去欧洲旅游，你们打算怎么安排我""我去哪儿"的意思。例（33）后面的句子问的是"他女儿考上哪个大学了"。

1.9.4.3　是非问的构成及其表义功能

疑问句从发话人是否具有倾向性可以分为中性问和非中性问。中性问是发话人没有倾向性的问句，非中性问是发话人带有倾向性的问句。如"丽莎是法国人？"是发话人怀疑"丽莎"不是法国人而提出疑问。又如"爱丽丝是英国人吧？"是发话人推测"爱丽丝"是英国人但又没有十分的把握，从而提问以求证实。

第一，语调是非问

语调是非问一般是在一个短语末尾加上上升语调构成，书面语就是加一个问号，即为：短语形式+↗？在一定语境下可以省略主语甚至省略动词，由一个名词性成分用上升语调就形成了语调是非问。语调是非问都是非中性问，是问话人对某一情况感到吃惊、有怀疑、不太相信，才用这种形式的是非问来发问。这种问句用得很少。例如：

（1）玛丽是美国人？

（2）你不去？

（3）吃饺子？

（4）你妹妹？

第二，"吗"是非问

"吗"是非问属于语气词是非问中的一个小类。它是在小句末尾加上疑问语气词"吗"构成的是非问。绝大多数"吗"是非问是中性问，发话人没有倾向。例如：

（5）玛丽是美国人吗？

（6）你周末去上海吗？

（7）这家饭馆的菜好吃吗？

"吗"是非问在一定的语境下，可以省略主语和主要的动词，由一个名词性短语加上疑问语气词"吗"构成。例如：

（8）你的吗？（"这是你的吗？"的省略形式）

（9）你女儿吗？（"这是你女儿吗？"的省略形式）

"吗"是非问在一定的语境下，还可以省略主语，由一个动词或形容词性成分加上疑问语气词"吗"构成。例如：

（10）回家吗？

（11）舒服吗？

第三，"吧"推测是非问

"吧"推测是非问属于语气词是非问中的一个小类。它是在小句末尾加疑问语气词"吧"构成的是非问。问话人根据已知的一定信息，推测某一情况会是怎么样的，对该情况有较大的把握，但又没有完全的把握，用"吧"加在一个小句末尾来构成疑问句，以求证自己的推测。由于有问话人的倾向，它是非中性的是非问。例如：

（12）玛丽是美国人吧？

（13）你爸爸上班去了吧？

第四，正反是非问（正反问）

正反是非问由动词或形容词的肯定和否定形式并列构成。为了与学术界的术语统一，可简称为"正反问"[1]。其主要构成形式是动词或形容词性词语并列，中间插入否定词"不"或"没"，一般用"VP不VP"来表示。表示未然或惯常情况还有一种不太常用的正反问形式"VP+不"。正反是非问各种句式请看下表。其中带宾语的未然或惯常的最常用的是句式①，句式②用得不多，句式③极少用；已然的句式①最常用，句式②比较常用，句式③用得少一些。

表1.2　由动词构成的正反问句式

	未然／惯常	例句	已然	例句
不带宾语	V 不 V	他走不走？	V 没 V	他走没走？
带宾语	① V 不 VO	你吃不吃肉？	① V 没 VO	你昨天吃没吃肉？
	② VO 不 VO	你吃肉不吃肉？	② VO 没有	你昨天吃肉没有？
	③ VO 不	你吃肉不？	③ VO 没 VO	你昨天吃肉没吃肉？

注："O"代表宾语（object）。

中国北方汉语方言带宾语的正反问用"VO不VO""VO没VO"多一些，但是由于"V不VO"更为简单，受语言的经济性原则的影响，普通话中用"V不VO""V没VO"的更多一些。[2]

离合词采用"V不VO"形式的更多一些，如"洗不洗澡""理没理发"。

形容词构成的正反问，常用的句式由形容词的肯定和否定形式并列构成，不常用的由"A+不"构成。各种句式请看下表：

表1.3　由形容词构成的正反问句式

形容词音节数	构成形式	例句	常用度
单音节	A不A	那儿远不远？	最常用
	A不	那儿远不？	不太常用
双音节	A不AB	这件衣服漂不漂亮？	最常用
	AB不AB	这件衣服漂亮不漂亮？	较为常用
	AB不	这件衣服漂亮不？	不太常用

---

[1]　"正反问"有的学者称为"反复问"，但因其是肯定和否定的并列，称"正反问"更符合其形式特征。

[2]　根据我们对北京语言大学 BCC 语料库的考察，"V 不 VO"和"V 没 VO"句式的数量明显高于"VO 不 VO"和"VO 没 VO"句式的数量。

1.9.4.4　选择问的构成及其表义功能

选择问是问话人给出两个或多个选择项，用连词"还是"连接各选择项，让受话人做出选择回答的问句。选择问分为两个小类：

第一，肯定否定选择问[①]

由连词"还是"连接肯定项和否定项，形成"VP还是不VP"选择问。这种问句一般是发话人所获得的相关信息不太明确，为了落实而追问时才使用，因此使用频率不高。这种问句可加副词"到底"以进一步加强追问的语义。肯定否定选择问发话人没有倾向性，属于中性疑问句。例如：

（1）你去还是不去？

（2）这个价你到底卖还是不卖？

（3）你的病到底好了还是没好？

肯定否定选择问都可以变换成正反是非问，但变换之后，追问的语义就没有了，除非加上副词"到底"，如"你到底去不去？"。肯定否定选择问可以用点头表示肯定的回答，用摇头表示否定的回答。

第二，非肯定否定选择问

非肯定否定选择问用连词"还是"连接让受话人选择的各项，选择项可以是两项或两项以上，其构成形式为：A还是B（还是C……）。例如：

（4）你去接孩子，还是去买菜？

（5）你们假期去欧洲还是国内旅游？

1.9.4.5　各类疑问句的差异

第一，几种是非问的语义差异及使用情境分析

几种是非问不仅在结构上存在差异，在语义上存在差异，在使用的语境上也存在一定差异，因而在常用度方面也有差异。其主要差异见下表：

---

① "肯定否定选择问"从疑问功能和应答方式的角度分析，更像是非问，但从形式及汉语方言问句类型的角度来分析，放到选择问中更好一些。

表1.4　几类是非问之间的主要差异

是非问种类	表义特点	常用度	中性疑问
语调是非问	疑多问少，惊异或怀疑甚至不相信	不常用	否
"吗"是非问	绝大多数属真性疑问	常用	多数是，少数否
"吧"推测是非问	推测，求证	不常用	否
正反是非问（正反问）	真性疑问	常用	是

　　"VP不VP"正反是非问发话人对所问的情况没有倾向性，肯定性的回答和否定性的回答都有可能。"吗"是非问绝大多数发话人也没有倾向性，属于中性疑问句，大多数情况下可以变换为"VP不VP"正反问。但也有少数的"吗"是非问是有倾向性的非中性疑问句，不能变换为正反问。"VP不VP"正反问属于真性疑问句，很少用于构成非中性的疑问句。例如：

　　（1）这件衣服贵吗？（中性问）

⇔（2）这件衣服贵不贵？（中性问）

　　（3）这件衣服贵吗？我觉得不贵。（非中性问，"吗"是非问可用于非中性疑问句）

　　（4）*这件衣服贵不贵？我觉得不贵。（"VP不VP"一般不能构成非中性疑问句）

　　（5）那个女孩漂亮吗？（中性问）

⇔（6）那个女孩漂不漂亮？（中性问）

　　（7）那个女孩漂亮吗？我觉得一点儿也不漂亮。（非中性问，"吗"是非问可用于非中性疑问句）

　　（8）*那个女孩漂不漂亮？我觉得一点儿也不漂亮。（"VP不VP"一般不能构成非中性疑问句）

　　例（3）和例（7）的语境中"吗"是非问包含问话人的倾向，属于非中性是非问，可以成立。当然也是由于"吗"是非问具有一定的非中性问的潜能，因此这两个例句可以成立。而"VP不VP"正反是非问不包含问话人的倾向，属于中性是非问，而例（4）和例（8）这两个句子后面的

现代汉语语法教程（第二版）

陈述分句明确表达了问话人的态度，因此是与这类问句问话人的中性态度相矛盾的，所以不能成立。

"吗"是非问与"VP不VP"正反是非问还有一点区别，"VP不VP"正反是非问可以加上副词"到底"或"究竟"构成表示追问语义的句子，而"吗"是非问则不能构成这样表示追问语义的句子。例如：

（9）你明天到底去不去？

（10）*你明天到底去吗？

（11）你到底支持不支持我们的方案？

（12）*你到底支持我们的方案吗？

语调是非问是在问话人对某一情况感到吃惊、有怀疑甚至不太相信时来发问，发话人对某一情况的怀疑大于疑问。如"玛丽是美国人？"，问话人根据平时对"玛丽"的了解，觉得她不像美国人，当听说她是美国人之后，不太相信或者感到吃惊，所以用语调是非问来提问。又如"你不去？"，发话人可能得知对方不去的信息，觉得有些意外和吃惊，所以用语调是非问来提问。

"吧"推测是非问是发话人对情况有所了解，或有了自己的估计，但又没有完全的把握，就用"吧"来构成推测疑问句发问。如发话人估计"杰克"已经毕业了，但又没有百分之百的把握，就用"杰克毕业了吧？"。

比较以下是非问的差异：

（13）你结婚了？（觉得意外、吃惊而提问，非中性问）

（14）你结婚了吧？（推测"你"已结婚，但不能完全肯定而提问，非中性问）

（15）你结婚了吗？（为了解婚姻状况而发问，中性问）

（16）你结婚了吗？看你总是下班了还不回家，不像结了婚的人。（怀疑是否结婚，非中性问）

（17）你结没结婚？（为了解婚姻状况而发问，中性问）

第二，各类疑问句应答句的主要差异

特指问发话人对人、事物、地点或处所、时间、数量、原因、方式、情况或者性状等方面不了解，提出问题，希望受话人做出具体的回答，因此不能用肯定或者否定的形式回答，也不能用点头或摇头来回答。

四种是非问以及肯定否定选择问由于发话人就某一情况是肯定的还是否定的提出问题，因此可以用肯定或否定形式回答，也可以用点头或摇头来回答。

选择问中的非肯定否定选择问由于提供的不是肯定和否定两种或多种选项，因此一般不能用肯定或者否定的形式回答，除非受话人对发话人所提供的选项都不满意，才会用否定的形式来回答，有时也可用摇头表示发话人所提供的选项都不需要。例如：

（18）A：你什么时候回国？（特指问）

B：放暑假的时候。

（19）A：你会日语吗？（"吗"是非问）

B：不会。

C：（摇头）

（20）A：他结婚了吗？（"吗"是非问）

B：结了。

C：（点头）

（21）A：你带没带手机？（正反是非问）

B：没带。

C：（摇头）

（22）A：你带钱了吧？（"吧"推测是非问）

B：带了。

C：（点头）

（23）A：你毕业了还是没毕业？（肯定否定选择问）

B：没毕业。

C：（摇头）

（24）A：你想去内蒙古，还是想去西藏，还是想去新疆？（非肯定否定选择问）

B：我想去新疆。

C：我想去西藏和新疆。

D：三个地方我都想去。

E：我都不想去，我想去西安。

F：（摇头）我哪儿都不去。

思考与练习（6）

一、句型是根据什么划分出来的类别？

二、句式是在什么基础上根据什么划分出来的？

三、句类是根据什么划分出来的类别？

四、分析下列句子的句类。

  1. 你给我把词典拿过来！

  2. 孟子是我国古代一位著名的思想家，他生活在奴隶制向封建制转变
的时代，继承和发展了由孔子创立的儒家学说，是儒家第二大宗
师，后世尊号"亚圣"。

  3. 汉代是汉字书法发展史上的一个关键性的时期。

  4. 我们失去的仅仅是文明吗？

  5. 外面的世界多么精彩啊！

  6. 要是能去一趟西藏多好啊！

  7. 你们自己坐车去吧！

  8. 哪儿能租到这么便宜、卫生、安全的住房呢？

五、汉语疑问句首先可以分为哪三大类？

六、特指问可以分为哪几类？

七、是非问可以分为哪几类？

八、选择问的选择项可以多于两项吗？

九、带宾语的正反是非问中哪种类型使用频率最高？

十、哪些疑问句可以用点头表示肯定的回答，用摇头表示否定的回答？

十一、问地点或处所的特指问主要用什么词来构成？请造三个这样的句
子。

十二、问时间长短的特指问主要用什么形式构成？请造三个这样的句
子。

十三、问原因的特指问主要用什么词来构成？请造三个这样的句子。

十四、请用所提供的名词各造两个选择问问。
    1. 美国、英国、德国、日本
    2. 饺子、包子、面条
    3. 英语、法语、西班牙语
    4. 火车、汽车、飞机

实词的特征及其应注意的用法

2.1 名词及其应注意的用法

名词是表示人、事物、时间、地点、方位等的词。例如：

学生	医生	律师	工人	老师	先生
羊	火	飞机	蔬菜	文化	思想
今天	元旦	清朝	明年	下午	夏季
上	下	前	中间	南边	外头

名词表示的"事物"可以是具体的也可以是抽象的，抽象的如"文化、思想、友谊"。

2.1.1 名词主要的语法特征

第一，一般能被表示物量的数量短语修饰。例如：

四根绳子	两条路	五把椅子
一台电脑	六张床	七个城市
一条凳子	三位客人	八棵树
*五学生	*六汽车	*三医院

有些名词所表示的意义不可以用数量来计算，有的表示的是唯一的对象，所以不能用数量短语修饰。方位名词一般都不能用数量短语修饰。

第二，不能受"不"修饰。以下短语不能成立：

*不玻璃　　*不电影　　*不农村　　*不鱼　　*不文化

第三，能直接放在介词后组成介词短语。例如：

与别人说话　　　　把作文写完　　　　在学校住

从香港起飞	由老师出题	用毛笔写
被坏人打	替老人说	朝东走
向孩子笑	与韩国相比	投向大海
生于1881年	走向社会	出生于浙江绍兴

少数名词带有"子、儿、头、性、者"后缀，这些后缀可以作为区分名词的依据。例如：

名词性成分+词缀	动词性/形容词性成分+词缀
椅子　钉子　妻子　篮子	剪子　辣子　包子
花儿　唱片儿　小孩儿	盖儿　尖儿　罩儿　拍儿
砖头　石头　木头	甜头　苦头　念头　来头
科学性　文学性	弹性　女性　可读性　创造性
前者　后者　思想者	学者　作者　工作者　老者

2.1.2　名词的类别

2.1.2.1　人物名词

表示人或事物。

2.1.2.2　处所名词

表示处所。例如：

亚洲　美国　韩国　日本　上海　广州　北京　澳门　台湾　香港

2.1.2.3　方位词

表示方向和位置。分为单纯的和合成的两种。

	上	下	前	后	东	西	南	北	左	右	里	外	内
以～	+	+	+	+	+	+	+	+			+	+	+
之～	+	+	+	+								+	+
～边	+	+	+	+	+	+	+	+	+	+	+	+	
～面	+	+	+	+	+	+	+	+	+	+	+	+	
～头	+	+	+	+	+	+	+	+			+	+	
	上下		前后		东西		南北		左右		里外	内外	

现代汉语语法教程（第二版）

方位词常常是加在别的词语后面，组成方位短语。例如：

山上　　水中　　假期里　　门外　　留学生宿舍前面
明天以后　　一个月之前　　黄河以南　　一百元左右　　国内外
二十岁上下　　五十岁左右

合成的方位词可以单独充当主语、宾语、状语和定语。例如：

（1）前面有一家很好的饭店。（主语）
（2）你要的那本书在下边。（宾语）
（3）以前我没有来过中国。（状语）
（4）我喜欢右边那件衣服。（定语）

2.1.2.4　时间名词
表示时间。例如：

前天　　　今年　　　夏季　　　圣诞节　　　星期一
刚才　　　未来　　　目前　　　周末　　　清明

时间名词比较特殊，主要充当状语，也可以充当主语、宾语、定语、谓语。

（1）他前天去上海出差了。（状语）
（2）未来属于能不断学习努力提高自己能力的人。（主语）
（3）星期五是圣诞节。（主语，宾语）
（4）我做完今天的工作了。（定语）
（5）明天清明。（主语，谓语）

2.1.3　名词及相关词语使用时应注意的问题

2.1.3.1　名词直接做定语
名词直接做定语是应当注意的汉语的一个特点。例如：

文化用品　　英语听力　　汽车外观
汉语学习　　飞机设计　　语法研究

2.1.3.2　名词及名词性短语做谓语
汉语中表示时间，或介绍某人的年岁、籍贯等少数句子可以不用动词

"是"，直接用名词性词语做谓语。例如：

（1）鲁迅浙江绍兴人。
（2）他儿子中学生。
（3）后天元旦。
（4）今天星期五。

2.1.3.3 名词加"们"

部分表示人的名词后面可以加后缀"们"表示复数，但有一些限制条件。请对比下列词语和句子：

姑娘们　　　　小伙子们　　　　人们　　　　运动员们
*汽车们　　　*三个姑娘们　　*五个司机们　　*著名运动员们

（1）下课以后，学生们都在操场上玩。
（2）他们班的学生们都到了。
（3）我们学校的留学生们都参加了那天的晚会。
（4）*那天我在长城看到他们班的学生们了。
（5）*猪们在吃食。

以上短语中"汽车们""三个姑娘们""五个司机们""著名运动员们"不能成立，例句（4）（5）中"学生""猪"后面也不能用"们"，从中可以看出汉语在名词后面加"们"表示复数有一些限制。第一，前面有数量短语修饰的名词不能加"们"；第二，表示人的职业的名词带形容词性定语后，一般情况下不加"们"，如"著名运动员们""医术高明的医生们"都不能成立；第三，名词前面加定语后做宾语在语言运用中以不加"们"的为多，如同样是"他们班的学生们"，在例（2）中做主语可以成立（但常常不用"们"），而在例（4）中做宾语时不能成立；第四，表示人的名词才能带"们"，当然在书面语中，有些指物的名词后可以加上"们"作为拟人的修辞格来用。例如：

（6）星星们眨着眼睛，月亮在向我们微笑。
（7）小猴子们见到孙悟空，高兴得欢呼起来。

现代汉语语法教程（第二版）

思考与练习（7）

一、在下列词的后面加上适当的词缀，使它们变为名词。

1. 看　　　　2. 盖　　　　3. 塞

4. 垫　　　　5. 学　　　　6. 梳

7. 想　　　　8. 空　　　　9. 强

10. 弱　　　　11. 胖　　　　12. 尖

二、根据所给的条件，在下面句子中的横线上填上适当的词。

1. 停车场在商店的东边，电影院在商店的西边。

　　商店在_____的中间，商店在电影院的_____，商店在

　　停车场的_____，停车场的西边是_____，电影院的东边是

　　_____。

2. 林平走在最前面，张华走在最后，王刚走在他们的中间。

　　林平的_____是王刚，王刚的_____是林平，王刚的

　　_____是张华，张华的_____是王刚。

三、在下列词语后面加上方位词构成方位短语。

1. 医院　　　　2. 学校　　　　3. 留学生楼

4. 天安门广场　　5. 文化　　　　6. 气候

7. 脑子　　　　8. 心　　　　9. 文字

10. 语言　　　　11. 日语　　　12. 电视剧

13. 睡觉　　　　14. 上车　　　15. 下班

16. 结婚　　　　17. 工作　　　18. 理论

19. 乐曲　　　　20. 身体　　　21. 两张桌子

四、在下列词语后面加上方位词，然后填在句子的横线上。

桌子　　北京城　　湖　　到北京来　　天亮　　同学　　路

1. _____种了许多柳树。

2. 请把我的行李箱放在_____。

3. _____我曾经学过一年汉语。

4. _____我们就出发，否则到那儿太晚了，玩不了多长时间。

5. _____应该互相帮助。

6. _____昨天下了一夜的雪，_____汽车很少。

五、修改下列病句。

1. 王东明是我们班上面英语口语最好的。

2. 在生词表下查不到这个词。

3. 我们终于爬长城上了，大家高兴得在长城欢呼了起来。

4. 一千多年以前，我们两国中就有过许多往来。

5. 你用完字典后，请把它放在我的书桌。

6. 你的汽车可以停在留学生楼。

7. 请您帮我把这个包放在行李架。

8. 22路公共汽车从路开过来了。

9. 我们最好到房子说，外面冷。

10. 这家工厂里面试制出一种新型电视机。

11. 今天的电视新闻有一个重要的经济新闻。

六、用下列名词直接做定语各组成两个定中短语。

1. 中国	2. 植物	3. 铁路
4. 留学生	5. 航空	6. 汉语
7. 听力	8. 电视	9. 经济

七、用下列名词性词语做谓语各造两个句子。

1. 圣诞节

2. 星期天

3. 北京人

4. 二十岁

2.2 动词及其应注意的用法

动词是表示行动、变化和心理活动等的词。

2.2.1 动词的语法特征

第一，主要做谓语或谓语中心语。例如：

（1）我同意。

（2）你吃。

（3）路在人脚下。

现代汉语语法教程（第二版）

第二，前面能加"不"表示否定。如"不来、不收、不要、不愿、不出发"。

第三，大多数动词不能受程度副词"很、太"修饰。心理动词和助动词可以受"很、太"修饰。如"很想家、太喜欢动物了、很愿意"。

第四，多数动词能带动态助词"着、了、过"。

第五，部分动词能够重叠，重叠以后表示动作时间短暂或尝试的语法意义。双音节动词重叠的方式是ABAB。如"打扫打扫、考虑考虑"。

2.2.2 助动词的运用

助动词是一种比较特殊的动词，它又被称为"能愿动词"，其主要的功能是用在动词或形容词前面做状语，表示可能、必要和意愿。常见的有：

表可能：能　能够　会　可　可以　可能
表必要：应　应该　应当　该　得（děi）
表意愿：愿　愿意　要　肯　敢　想

"会、要"又是一般的动词，可以带宾语。例如：

（1）他会来的。（"会"是助动词）

（2）张老师会日语。（"会"是一般动词）

（3）王老师在韩国待过两年，他会做韩国菜。（"会"是助动词）

大多数助动词可以用在"不～不"格式中。例如：

| 不能不 | 不会不 | 不可不 | 不可能不 |
| 不肯不 | 不敢不 | 不该不 | 不得不 |

（4）这会是他提出来要开的，他不会不来，一定是路上堵车了。

（5）这事是总经理叫他办的，他不敢不办。

（6）他没钱了，我不得不把那笔钱拿给他。

助动词不能重叠。不能说"会会""能能"。

2.2.2.1 助动词在句中的位置与语义的差别

助动词前面或者后面可以有别的状语，助动词在句中的位置不同，所表达的语义有差别。例如：

（1）你后天能去吗？
（2）你能后天去吗？

例（1）主要问是否具备"后天去的条件"；例（2）"能"修饰"后天"，问句的焦点在"后天"，含有希望后天去，不希望其他时间去的意思。

（3）你应该在北京学汉语。
（4）你在北京应该学汉语。

例（3）"应该"修饰的是"在北京"，含有"不应该在别的地方学汉语"的意思；例（4）"应该"修饰的是"学汉语"，意思是"你在北京的时候应该学汉语"。

2.2.2.2　能　能够　可以　会　可能

第一，"能、能够、可以、会"表示主观上有某种能力。

（1）她一天能记五十个英语单词。
（2）骆驼可以几天不吃不喝。

例（1）、例（2）中用"能、能够、可以"意思都差不多，都表示主观上有某种能力。但当表示主观上没有某种能力时，其否定的说法不一样。例（2）在普通话中否定的说法是"骆驼不能几天不吃不喝"，而不是说"骆驼不可以几天不吃不喝"。

"能、可以"主要表示有能力做一般人或动物不容易做到的事，而"会"一般指通过学习或练习获得某种技能。例如：

（3）他会说英语。
（4）你会弹钢琴吗？

"很会"还具有很善于做某事的语义。对比以下句子的区别：

（5）他很能吃。
（6）他很会吃。

例（5）表示胃口好，一顿可以吃许多食物。例（6）表示很善于吃，很讲究吃好的、有特色、有营养的食物。

第二，"会、能、可能"表示客观可能性，表示说话人的估计。

（7）他可能已经离开北京了。

（8）那么晚了，他还能来吗？

（9）明天会下雨。

"会"只表示对将要发生的事的估计，不能用来估计已经发生的事。例（8）中的"能"可以用"会"替换。"能、可能"可用于已经发生的事，也可用于将要发生的事。例（9）中的"会"可以用"可能"来替换，但是用"可能"时说话人主观估计的意思多一些。

第三，"可以、能、能够"表示条件上、情理上许可。

（10）会游泳的才能到深水区游。

（11）你可以在这儿抽烟。

（12）这次公司组织去旅游，每个员工能够带一个家属去。

普通话中表示许可的"可以VP"的否定形式是"不能VP"，如例（11）的否定句是"你不能在这儿抽烟"。[①]

2.2.2.3 应 应该 应当 该

第一，表示事实上、情理上的需要。例如：

（1）你应该去机场送她。

（2）我们应当让孩子做一些家务，不应该什么事都替他们做。

（3）周末你该带孩子出去玩一玩。

第二，表示估计、推测。例如：

（4）他们出门已经一个多小时了，现在也该到了呀！

（5）这是我刚换的电池，电池应该没问题。

第三，"应"与"应该、应当"的区别。

A."应该、应当"可以单独回答问题，"应"不能。

---

① 普通话和大部分北方汉语说的"不能 VP"否定句，有的南方汉语说为"不可以 VP"。如普通话和大多数北方汉语说"你不能从这里走"，有的南方汉语说"你不可以从这里走"。但近些年南方汉语的这种"不可以 VP"否定形式逐渐影响到了北方汉语，有的北方人也开始说"不可以 VP"的句子，少数人说普通话时也这样说。

B.“应该、应当”书面语、口语都可以用，“应”多用于书面语。

C.“应该、应当”后面可以跟主谓短语，“应”后面一般不能跟主谓短语。例如：

（6）这是我让你办的事，出了问题应该/应当我来负责。

D.“应”不能用“V不V”疑问句形式来提问，“应该、应当”可以用“V不V”疑问句形式来提问。例如：

（7）这事你应不应该负责？
（8）我们应不应当告诉他这件事呢？

第四，“该”与“应该、应当”的区别。

A.“该”可以用于假设复句的后一个分句，表示推测，“应该、应当”不能。例如：

（9）如果你再把这台机器搞坏了，领导该批评你了。

B.“该”可以用在“有多……”前，“应该、应当”一般不能。

（10）他们要是能和我们一块儿去旅游，该有多好啊！

C.“该”可以和“会”连用，“应该、应当”不能。例如：

（11）这样做，该会产生什么效果呢？

D.“应该、应当”可以单独回答问题，“该”不能。

2.2.2.4 想 愿意 要

第一，“想”表示有什么愿望，打算做什么。否定用“不想”。例如：

（1）我想假期去云南旅游。
（2）你长大想干什么？
（3）我不想看这种电视节目。

第二，“愿意”表示乐意、喜欢做某事或某种情况符合自己的心意。否定用“不愿意”。例如：

现代汉语语法教程（第二版）

（4）我愿意一个人住。

（5）我愿意住在学校里，不愿意住在学校外面。

第三，"要"的用法。

A. 表示有想做某事的意愿。前面可以加"想、打算"。表示否定一般不说"不要"，而说"不想"或"不愿意"。例如：

（6）周末我要去一个朋友家。

（7）他想要去看电影。

（8）我儿子要看动画片，可我不想看，他非要看不可。

B. 表示情理上需要，常常可以用"应该"来替换。例如：

（9）蔬菜要洗干净了才能吃。

（10）你们的成绩要通知家长。

（11）世界许多地方都缺水，我们要节约用水。

这种意义的"要"用于否定的祈使句中表示禁止或劝告时，用"不要"。例如：

（12）你们不要跳了！我们明天还要考试呢。

（13）不要浪费水！

C. 表示"可能、会"的意思，但语气更重些。表示否定不说"不要"，而说"不会"。例如：

（14）你这样不听大家的话，到头来你要后悔的。

（15）太阳出来了，看样子不会下雨了。

"要"还有一些其他用法，如做一般动词；还可以用作连词，表示假设等意思。这里不再一一介绍了。

2.2.3 趋向动词及其应注意的问题

趋向动词表示动作的趋向，有单纯的趋向动词"来、去、上、下、进、出、过、回、起"，也有合成的趋向动词。合成的趋向动词由"来、去"与其他的趋向动词组成。

来	上来	下来	进来	出来	过来	回来	起来
去	上去	下去	进去	出去	过去	回去	

趋向动词是一种比较特殊的动词。它可以单独使用，如"你上来""电梯下来了"。它也常放在动词或某些形容词后，或者宾语后，充当补语，如"你把那幅画挂上去""餐厅的服务员端了一盘非常有特色的菜上来"。

对以汉语为第二语言的学习者来说，趋向动词是一个难点，这里我们讲几个趋向动词的主要用法。首先介绍一下与趋向动词相关的两种动词语义分类：趋向义动词和非趋向义动词。

2.2.3.1　趋向义动词、非趋向义动词与趋向动词的基本义、引申义

一般的动词从义素分析的角度来看，有的含有动作趋向的义素，即动词所表示的动作带有位置移动的语义，这类动词我们称为"趋向义动词"。例如：

抬　提　拉　推　扔　搬　拿　拖　捧　站　飞　端　翻　立　跳

与趋向义动词相对的是非趋向义动词，这类动词不包含趋向义素。多数动词是非趋向义动词。例如：

笑　哭　唱　说　写　开　关　摸　试　安　比　洗

趋向义动词后面带趋向动词有两种情况：第一，大多数趋向动词表示前面动词动作的趋向，用的是趋向动词的基本义，如"抬起来、开来、推进去、跳起来"；第二，有的趋向动词用的是引申义，如"他们跳起来没完"。

非趋向义动词带趋向动词，也有两种情况：第一，大多数趋向动词用的是引申义，如"哭起来、洗起来"；第二，有的用的是基本义，如"我们终于盼来了假期"。

2.2.3.2　趋向动词"起来"

第一，用在趋向义动词后面，用的是"起来"的基本义，表示人或事物随动作从下往上运动。例如：

（1）那个运动员终于把两百五十千克的杠铃举了起来。

（2）请大家把杯子举起来！

现代汉语语法教程（第二版）

第二，有时"起来"用的是引申义，表示动作开始并继续。这样的"起来"是起始体的体标记。①

（3）听到这个消息，她哭了起来。
（4）听到这首舞曲，她们不由自主地跳了起来。
（5）看了他的表演，观众忍不住笑了起来。

有的形容词后面带"起来"表示某种状态开始并持续下去。例如：

（6）喝了几口酒，她的脸就红了起来，像桃花一样。
（7）看到这张照片，我不由得伤心起来。
（8）春天来了，天气暖和起来了。

第三，表示动作进行后实现某种状态，"起来"也是引申义。这样的"起来"也是起始体的体标记。例如：

（9）你快把那件毛衣穿起来。
（10）财神爷供起来，就有些心照不宣的玩笑意味了。（老舍）
（11）他媳妇把那块刚买来的床单铺了起来。

第四，表示动作由进行到实现，"起来"是引申义。例如：

（12）他们终于把大坝重新修了起来。
（13）你回去先把研究所筹备起来。
（14）公安局把那几个流氓抓了起来。
（15）中药厂已经建起来了。

第五，有时宾语可以插入到"起来"的中间。例如：

（16）收起你的钱来。

2.2.3.3　趋向动词"来"及相关结构

第一，V+来+（名）。"来"在这里是基本义，表示向着说话人运动。

（1）你看，前面开来一辆22路公共汽车。

---

① 关于起始体，请看第四章"体范畴"中的介绍。

（2）我终于盼来了这一天。

第二，动词是"谈、合、聊"等，在下列结构中，表示融洽或不融洽。

V+得/不+来

（3）你和你的同屋谈得来吗？

（4）虽然我和张明认识很久了，但我们合不来；而我与李华认识不久，但很合得来，我们经常在一起聊天，一起出去旅游。

这种结构还可以表示有能力做某事或没能力做某事，相当于"会+V""不+会+V"。例如：

（5）我写不来毛笔字，老李写得来，你让他写吧。

（6）她做得来日本菜，你请她来做吧。

（7）这首歌你唱得来吗？

第三，"看来、说来、听来、想来"表示估计或从某一方面怎么样的意思，放在句首或句中充当插入语。"来"可以换为"起来"。例如：

（8）看来她不会来了，咱们先走。

（9）这主意听来还不错。

2.2.3.4　趋向动词"去"及相关句式

第一，表示随动作离开说话人所在的地方，这里的"去"用的是基本义。

（1）这本书你拿去吧！

（2）她从家里拿去了一些食物。

（3）我给那些孩子送去了一些衣服。

"去"可以放在宾语后面：

（4）妈妈给我哥哥寄了一些衣服去。

（5）你给她带点儿药去。

第二，"去"用在动词后表示人或事物离开了原来的地方，"去"也是基本义。

（6）谁把这本书里的图片撕去了？

（7）艾滋病夺去了他年轻的生命。

（8）你把衣服上的那些线头剪去。

第三，V（用、花、占、耗）+去+NP。"去"表示失去，是引申义。例如：

（9）这顿饭花去了他工资的一半。

（10）学外语占去他大量的业余时间。

（11）买这套房子用去了我爸爸一生的积蓄。

第四，"来"与"去"使用时应注意的问题。

一般说来，无论是否在谓语中心语的位置上，凡动作移动向着说话人的，用"来"；凡动作离开说话人而去的，用"去"。请思考以下句子中横线处应该填"来"还是"去"。

（12）你什么时候回东京_____？（说话人在中国）

（13）当你要回东京_____时，一定打个电话给我。（说话人在东京，"你"在北京）

（14）遗憾的是你下个月_____北京旅游时，我已经离开北京了，但好在我一年后就要回故乡_____了，希望到时我们能见面。

例（12）填"去"，例（13）应填"来"，例（14）第一个空应填"来"，第二个空应填"去"。

2.2.3.5 "V下来"构式

所谓构式是不能从该结构组成成分所包含的词或者语素字面上简单地理解的一种结构，其语义超出了字面的含义。换言之，构式的语义不是1+1=2，而是1+1>2。一般要经过学习才能理解其真实含义。如惯用语"走后门""开绿灯"等，大多数都是构式；成语中很多也是构式，如"三心二意""走马观花"等；复合词中有些也是构式，如"吃香"表示的是受欢迎、受重视的意思。

趋向动词"下来"可以放在某些动词之后形成"V下来"构式。这一构式的语义可以概括为：从过去某个时间经过努力，终于把一个较难的行为动作坚持做到有了一定的结果。例如：

学下来　　坚持下来　　干下来　　做下来

跑下来　　弹下来　　　读下来　　唱下来

（1）人们都说古汉语比较难学，我按照老师的方法，认真搞懂每一个字词的含义，背了十多篇古文，坚持了一年，这门课还是学下来了。现在能自己看懂一些文言文了。

（2）他经过半年多的锻炼，这次终于把全程马拉松跑下来了。

（3）在老师的指导下，我总算把肖邦（Chopin）的这首钢琴曲弹下来了。

（4）这幅画真不容易画，但他还是把它临摹下来了。

（5）经过这段时间的勤学苦练，我终于坚持把这本书读下来了。

2.2.4　离合词

汉语中有的动宾型的动词和少数补充型的动词两个音节之间结合得不是太紧密，有时可以在两个音节之间插入其他成分，这样的词就叫离合词。例如：

理发——理一次发　　　　　洗澡——洗一次澡

帮忙——帮他的忙　　　　　生气——生他的气

见面——见了面　　　　　　考试——考了试

担心——担了不少心　　　　睡觉——睡了一大觉

离合词是以汉语为第二语言学习者学习汉语的一个难点，主要难在以下三点：第一，不知道哪些词是离合词；第二，不熟悉各种离合词的离合形式；第三，要熟练地使用不同的离合形式比较困难。对于第一点，本书附录列了一个常用离合词表，可以参考。要突破第三个难点，需要长期的语言实践，需要慢慢积累。我们这里简要地介绍动宾型离合动词常见的离合形式以及它们出现的个别句式。补充型离合词中间可以插入可能补语，如"看见"变为"看得见、看不见"，这是另一类现象，这里不作介绍。

2.2.4.1　离合词中间插入助词

有的离合词中间可以插入动态助词"了"或"过"，少数的可以插入动态助词"着"。例如：

同学——同过学

下班——下了班

撒谎——撒了谎——撒过谎

离婚——离了婚——离过婚

拨款——拨了款——拨过款

化妆——化了妆——化过妆——化着妆

吵架——吵了架——吵过架——吵着架

聊天——聊了一会儿天　　　　睡觉——睡了一会儿觉

离婚——离过两次婚　　　　　请客——请过一次客

罚款——罚过一次款　　　　　参军——参过两年军

告状——告了我的状　　　　　帮忙——帮了我的忙

沾光——沾了你的光　　　　　上当——上过他的当

2.2.4.2　离合词中间插入数量词语

离合词中间插入的成分有的是物量词。例如：

鞠躬——鞠一个躬　　　　旷课——旷两节课

敬礼——敬一个礼　　　　补票——补一张票

翻身——翻一个身　　　　签名——签一个名

离合词中间插入的有的是动量词。例如：

消毒——消一下毒　　　　开刀——开一次刀

发病——发一回病　　　　登记——登一下记

离合词中间插入的有的是时量词。例如：

聊天——聊一会儿天　　　　睡觉——睡一会儿觉

干活——干一会儿活　　　　散步——散一会儿步

2.2.4.3　离合词中间插入由人称代词构成的定语

有的离合词中间可以插入人称代词等限定性的定语。例如：

帮忙——帮他的忙　　　沾光——沾你的光
告状——告我的状　　　吃亏——吃他的亏
吃饭——吃你的饭　　　帮忙——帮他忙

2.2.4.4　离合词中间插入代词和数量词语

少数离合词中间插入代词后还可以插入数量词语。例如：

帮忙——帮他一次忙　　　吃亏——吃他一次亏

少数离合词插入的代词不是人称代词，而是代词"它"。"它"并没有实在的词汇意义，加上"它"只是更加口语化。例如：

睡它一觉　干它一天活　洗它一个澡

2.2.4.5　离合词中间插入表示完成意义的补语

有的离合词中间可以插入表示完成意义的补语"完""好"。例如：

录音——录完音——录好音
理发——理完发——理好发
睡觉——睡完觉——睡好觉
考试——考完试

2.2.4.6　离合词中间插入其他成分

有的离合词中间还可以插入其他成分。例如：

碍事——碍你什么事　　　生病——生了一场大病
发烧——发了一天一夜的烧　　照相——照了许多相
拨款——拨了不少款　　　吃惊——吃了一惊
丢人——丢够了人　　　将军——将了他一军
捣乱——捣什么乱　　　懂事——懂了不少事

2.2.4.7　离合词前面的动词性语素重叠

有的离合词前面的动词性语素可以重叠。例如：

散步——散散步　　睡觉——睡睡觉　　洗澡——洗洗澡

理发——理理发　　拖地——拖拖地　　打牌——打打牌

这种离合词重叠式含有轻松随意的意味。例如：

（1）你先给他交交底，让他有点儿心理准备。

（2）我爸爸退休后经常跑跑步、游游泳、打打拳，身体棒着呢。

（3）星期天，我们睡睡觉、逛逛街，有时约几个朋友打打牌。

有的动词重叠式中间可以加进"一"，形成"V—V+N"。例如：

散一散步　　洗一洗澡　　染一染发　　聊一聊天　　充一充电

能够形成这些重叠式的动词都是自主动词（即动作发出者自己可以控制动作的动词）。

2.2.4.8　离合词中间插入"代词+的"构成的构式

不少离合词中间可以插入"代词+的"，形成"V+代词+的+N"构式。这一构式的构式义是表示各人做各人的事情，不要管他人的事情。这样的构式后面常常跟着由"不要管……"引领的分句。能进入这种构式的离合词的后一个名词性语素比较实在，多数是动作可以持续的，少数是非持续性的，如"结婚、离婚"这样的持续性不强的动词。例如：

（1）你考你的试，不要管别人。

（2）你好好洗你的澡，不要管他洗不洗。

（3）他睡他的觉，你做你的作业。

（4）他离他的婚，碍你什么事了？

（5）我请我的客，你管不着。

（6）他告他的状，由他去告。

2.2.5　动词重叠式在运用中应注意的问题

第一，动词重叠式主要充当谓语或谓语中心语。例如：

（1）你检查检查这篇文章有没有错。

（2）你洗洗手再吃东西。

动词重叠式也常常构成主谓短语充当句子谓语。例如：

（3）这种菜你尝尝，挺好吃的。

（4）那件衣服你试试，合身你就拿去穿好了。

第二，动词常常与数量词语组合，但动词重叠式一般不能与数量词语组合。这包括加在动词前面或后面的表示时间量的数量词语和表示动作量的数量词语。例如：

（5）我还要在北京学一年的汉语。

（6）*我还要在北京学学一年的汉语。

（7）你练几个月的武术身体就一定会好些。

（8）*你练练几个月的武术身体就一定会好些。

一天读三个小时	*一天读读三个小时
一个星期洗四次	*一个星期洗洗四次
讨论两次	*讨论讨论两次

第三，动词重叠式的宾语一般不能以数量词语开头，如果宾语中有数量词语，前面要加指示代词，使其变为定指的成分。例如：

（9）咱们今天研究两个问题。

（10）*咱们今天研究研究两个问题。

（11）咱们今天研究研究这两个问题。

讨论一个计划	*讨论讨论一个计划	讨论讨论这一个计划
分析一个案件	*分析分析一个案件	分析分析这一个案件
检查两台电脑	*检查检查两台电脑	检查检查那两台电脑

第四，动词重叠式充当宾语受到很大的限制，只有极少数动词能以动词重叠式做宾语或以动词重叠式为中心语的短语做宾语，这些动词有"是、算、说、讲、打算、让、叫"等。例如：

（12）我们打算看看老王去。

（13）我是问问你们想不想和我们一起去，没有别的意思。

（14）他说研究研究，没说同意还是不同意。

（15）经理还没决定要谁，他让考察考察谁更合适，写一个报告给他。

2.2.6 "有"构成的句子

"有"相当于英语中的"to have"，有时相当于"There is/are"。"有"主要构成以下句式：

句式1	NP$_{有生命}$+有+NP

当主语是有生命的名词性成分时（"有生命的名词性成分"也包括机关、团体、学校、公司等），"有"在肯定句中常常表示主语"拥有""占有"什么。否定式用"没有"。例如：

（1）他有一只非常可爱的小狗。
（2）我们学校有一个很好的游泳池。
（3）他有《红楼梦》，他没有《三国演义》。

句式2	NP$_{处所}$+有+NP

当主语是无生命的表处所的名词性成分时，"有"在句中通常表示什么地方"存在""出现"什么，这种句子的主语通常是一个方位短语，这种句子是存现句中带"有"字的存现句。否定式用"没有"。例如：

（4）冰箱里有牛奶。
（5）屋顶上有一层厚厚的雪。
（6）中国没有活火山。
（7）这个动物园没有长颈鹿。

句式3	有+NP+（处所）+VP

句式3大多数是"有"在句首，有时"有"前面或后面的名词后还有时间词语。这种句式中的名词性成分是存在的主体，它后面的动词短语是来陈述它的，主要表示存在或出现什么情况，是一种没有主语的特殊兼语句。否定式用"没有"。例如：

（8）有两只鸟在树上。
（9）明天有人要来参观我们厂。

（10）有个女的下午打电话找你。

（11）有许多海鸥在湖面上飞。

（12）有人在楼上跳舞。

（13）没有人打电话来。

句式3有的可以变换为由方位短语充当主语的句子。例（8）、例（11）就可以变换为：

（14）树上有两只鸟。

（15）湖面上有许多海鸥在飞。

"有"还可以表示性质、数量达到某种程度。例如：

（16）从这里到市中心足足有八千米。

（17）他们走了有一个星期了。

（18）常用汉字有3500个。

（19）我女儿有我高了。

例（16）、例（17）、例（18）中是"有+数量词语"，表示达到某个数量。例（19）是一种比较句，在后面讲比较句时再讨论这种句子。

2.2.7 心理动词及其相关句式

常见的心理动词是：希望、相信、想、想念、爱、喜欢、恨、讨厌。与多数动词不同的是，心理动词大多数能被程度副词"很、太、非常、特别"等修饰。多数心理动词可以带名词性、动词性成分做宾语，也可以带主谓短语（小句）做宾语，构成以下常见的句式：

句式4	NP$_{有生命}$+V+宾语（NP/VP）

（1）我相信他的话。

（2）许多少数民族都非常喜欢跳舞。

（3）他不爱吃油腻的食物。

句式5	NP$_{有生命}$+V+宾语（小句）

（4）我很希望你能和我们一起去南方旅游。

（5）他父母不喜欢他学艺术。

（6）科学家相信人类能运用克隆技术把猪的个别器官移植到人身上。

（7）我讨厌你不尊重别人的劳动。

句式6	NP$_{有生命}$+对+NP+很+V

句式6的动词前面一般要加上程度副词"很、非常"。例如：

（8）我对他的处境非常同情。

（9）我们对自己的女儿很放心。

（10）我对他一直很怀疑。

（11）他对长辈从来都很尊敬。

句式7	NP$_{有生命}$+为+NP+V

（12）他为孩子的未来发愁。

（13）现在找工作不容易，很多大学生都在为自己的前途担忧。

（14）大多数父母一直在为自己的儿女操心。

书面语的句子中可以加连词"而"，构成"为……而……"的句子。例如：

（15）很多人都为环境的恶化、气候的变暖而忧虑。

（16）全家都为你的身体而担忧。

2.2.8 不及物动词及其应注意的问题

动词按是否能带宾语可以分为及物动词和不及物动词两种。多数动词是及物动词，少数是不及物动词，如"咳嗽、休息、游行、醒、病、消失"。不及物动词不能带宾语。下列句子就是误把不及物动词当作及物动词使用。例如：

（1）*我昨天见面一个朋友。

（2）*我毕业这所大学。

例（1）中的"见面"是不及物动词，不能带宾语，要表达这样的意思，要用介词"和"与"一个朋友"构成介宾短语，放到动词前充当状语，说成"我昨天和一个朋友见面"。例（2）中的"毕业"也是不及物动词，也不能带宾语，要用介词"从"构成介词短语，充当状语，说成"我从这所大学毕业"；或者用介词"于"构成介词短语，放在动词之后充当补语，说成"我毕业于这所大学"。

思考与练习（8）

一、请在下列句子中的横线处填上适当的助动词。

1. 你感冒了，_____到医院去看病。

2. 如果他_____去，可以跟我们一起去。

3. 这么晚了，他还_____来吗？

4. _____图书馆已经关了，你还是别去了。

5. 你_____在三个小时之内把这篇文章写完吗？

6. 你结婚，你的前妻不_____管的。

7. 对他这样粗暴的态度你_____接受吗？

8. 面对那样的危机，你还_____怎么办呢？

9. 其实大家都_____同意你的意见的。

10. 对自己多一些自信，对另一半多一些放心，生活就_____过得祥和美满。

11. "以素为主"的膳食_____造成新一轮营养失衡，特别是动物食品里富含的B族维生素、部分微量元素、优质蛋白、必需的脂肪酸等摄入不足。

二、从括号中选择适当的趋向动词填在句中横线处。

1. 请你把那本字典帮我从书架上拿_____。（出去、起来、去、上去、下去、下来）

2. 你们把黑板上的题抄_____。（出来、出去、起来、下去、下来）

3. 我们明天要早点起床，否则会赶不_____（下、上、进、进来、来）火车。

4. 这房子我们已经租_____了。（出来、去、下来、进来、来）

5. 请同学们把书翻开_____，看第15页练习五。（出来、下来、起来、来）

三、用括号中的词语完成下列句子。

1. 这项任务很重要，_____。（不敢不）

2. 他女朋友让他_____。（不会不）

3. _____，我没有办法_____。（不得不）

4. 今天是_____，他_____。（不该不）

四、下列句子都缺少一个趋向动词，请从"起来、下来、来、去"中选择一个，加在句中适当的位置。

1. 这种布料摸很柔软。

2. 你吃完后，把饭菜盖。

3. 这本字典你拿用吧，反正放在我这儿也没用。

4. 妈妈最近从国内给我寄一件毛衣。

5. 那本小说你拿没有，我明天就要还了。

6. 我想打个电话给她，你把她的电话号码记了吗？

7. 你回忆他的样子了吗？

五、下列句子中有的动词重叠式用得不对，请加以改正。

1. 在离开英国前，我已试试写小说。

2. 没有人会懂的，又何必研究研究呢。

3. 也许我能帮助你，你不妨说看，看我有没有办法。

4. 工作失误总是难免的，我不是已经批评批评马青了吗？

5. 瑞凤想了一会儿才说说："他没对我讲什么。"

6. 一个人在家，很无聊，总想吃吃零食。

7. 孩子，你分析分析原因，为什么这里没我不行，没你可以？

8. 我要跟你商量商量一件事。

9. 他星期天常出去看看朋友、逛逛街。

10. 星期天为了去看看朋友，他一大早就起来了。

六、下列句子有语病，请改为正确的句子。

1. 这幅画你能认来是谁画的吗？

2. 埃及的金字塔还有人们不会解释的一些神秘现象。

3. 医生检查检查了他的身体，说他很健康。

4. 我刚来北京，你妈妈让我给你带去一些家乡的特产。

5. 他喜欢文学，读读过许多文学名著。

6. 你要的书我寄进来了。

7. 我每天练练一个小时武术。

8. 他病了，但他又不要去医院看病。

9. 这种蘑菇不会生吃，要炒熟了才会吃。

10. 我明天要见面一个朋友。

七、请在以下句子中的横线处填上适当的趋向动词或助动词。

1. 帮农民尽快富_____，是村干部义不容辞的责任，也是农村各项工作的牛鼻子。

2. 昆虫以各种植物为食；各种动植物的死亡或遗下粪便滋养了百草、森林及菌类，菌类给植物提供营养或加速动植物死亡，用另一种方式维系着动植物生长。这就像自行车的链子，一环扣一环，断掉其中的一环，自行车就不_____走了。

3. 中华民族已经开始进入"文化自觉"的阶段，急切地希望把中华优秀传统文化与时代特点结合_____，吸收一切于我有用的异质文化，形成民族的新的先进的文化。

4. 他们_____清醒地看到自己同国际先进同行的差距，心中有数，目标明确，并制定了追赶的规划和措施。

5. 中秋节在唐初固定成为节日，到了宋朝方盛行_____，直至今日，是中国仅次于春节和元宵节的重要节日。

6. 我锁定了广东电视台每天早晨6时30分的节目，不管是"拉丁健身操"，还是"拳击健身舞"，随着那热烈奔放的旋律，活动我的一些主要关节；偶尔几个难度小的动作，也能跟着学_____，再糅到我自创的、随意性极强的"颈肩关节操"中。20分钟_____，全身微微出汗，轻松舒服。两个月时间，病痛悄悄退却，前几天的大雨，我竟没有丝毫的感觉！

7. 听说最近幼儿园里有一个孩子感染了流感，家长的心情一下子紧张了_____，但园长又解释说感染的孩子已经回家治病，病情已经好转了，其他孩子没有受到感染，家长的精神马上又放松了_____。

8. 演艺明星_____靠塑造的艺术形象去征服观众，无论是主角还是配角，都_____一丝不苟地去演好。

9. 苏北非常需要高素质的人才，但当地青年考_____大学的多，毕业回去的少，以后我要多做毕业生的思想工作，鼓励他们到最需要的地方建功立业。

10. 音乐响起来之后，大厅里马上安静了_____，人们渐渐被乐队演奏的优美的音乐吸引住了。

11. 承担调试任务的232个同志，在2～5个月的培训中，视力平均下降0.2，体重平均下降5～10公斤。整个培训_____，一些年轻人的头发都白了。

12. 他告诉记者，只要抽得出空，他会一直坚持听_____。

13. 纳米颗粒比人体细胞颗粒要小得多，而且具有发光功能，科学家们把这种纳米颗粒送进人的肉体、器官内，然后从人体外部向内照射光，纳米颗粒在体内也_____发光，这样就可以跟踪了解人体细胞的变化情况，从而达到追踪病毒等目的。

14. 王伦学不在家，他的父亲王老汉把记者邀到他家二层小楼的屋顶"坝子"，热情地端_____一盘盘自家栽种的花生、柑橘和柚子。

15. 我们_____进一步探讨加强两国经贸合作的新领域、新途径和新方式，不断推动两国关系向前发展。

16. 近年来，山林中的猴子、野猪等野生动物越来越多，啃吃、破坏了不少竹笋。毛竹是陈水财家里的主要收入来源之一，竹笋减少了，意味着今后的收入肯定_____减少。

17. 从工作多年的岗位上退_____，许多人一时难免失落。有的人适时调整心态，积极地参与各种社会活动，真正做到老有所为、老有所乐。

18. 因此，太极拳有演变为"套路艺术体操"的危险，太极拳的魅力将由道家哲理独立支撑。这种趋势发展_____，危机将不断强化，特别是由于太极拳名家、骨干队伍高龄化，可能再经历10年至20年的兴盛期后，太极拳将踏上没落之路。

19. 我们_____把旅游业培育成为中国国民经济的重要产业，合理保护和利用旅游资源，努力实现旅游业的可持续发展。

20. 吴作人的夫人、现已93岁高龄的萧淑芳女士因故未能出席画展开幕式，她请外孙女吴宁捎_____了一封贺信。她在信中表示，希望这次展览能进一步促进中法艺术的交流与中西文化的交融，她祝愿中法友谊世代常青。

21. 在那个时期，电子信息技术还远没有出现，甚至信息问题对于工业化过程的重要性也还没有表现_____。

22. 具备先进合理的工艺流程、科学优化配置的工艺装备和严格的工艺管理，并拥有一支技艺精湛的高级技工队伍，才有过硬的产品质量和稳定可靠的产品性能，用户才_____买账。

23. 最近去过博鳌的人有这样一句玩笑话：简直都认不出来了！像是天上掉_____的！这一年的变化体现了"中国速度"，展示了我们中国的形象。

24. 新制度的推行，我们可以期望，将_____给我国的食品卫生状况带来一个较大的转机。

25. 在生活上，我_____从容乐观地面对一切；在学习上，我_____珍惜分分秒秒。

26. 目前，有170多位哈萨克族村民在这里采摘葡萄。随着葡萄大面积成熟期的到来，采摘的村民最多时可达400多人。一个采摘期_____，每位村民可收入1000多元。

27. 在公共汽车上，我亲眼看见一个小偷摸一个农民的包。当我把小偷扭送到派出所时，竟没有一个人肯站_____作证，就连那个失主也不敢承认，于是那个小偷在我面前趾高气扬地走出了派出所。

28. 如今，《战士与清泉》这首歌曲被制作成光盘下发到部队，辛格尔哨所的一代代战士将这首歌曲一直传唱了_____。

29. 因此，政府各有关部门、银行和其他金融机构要在开展项目融资、鼓励获取海外资源方面尽快制定政策，切实拿出支持企业"走出去"的办法_____。

30. 如果再进行深层次分析，中青年人除了缺少体育锻炼的时间和空间外，更需要的是社会的关怀，那就是应想办法将他们从工

现代汉语语法教程（第二版）

作的忙碌和生活的奔波中解脱_____，还他们以体育健身的乐趣。

八、请用以下所给的句式，分别造两个带心理动词的句子。

    1. $NP_{有生命}$+V+宾语（NP/VP）

    2. $NP_{有生命}$+V+宾语（小句）

    3. $NP_{有生命}$+对+NP+很+V

    4. $NP_{有生命}$+为+NP+V

九、请用以下离合词造句。

    1. 听话

    2. 着急

    3. 消毒

    4. 失业

    5. 打针

    6. 游泳

    7. 散步

    8. 上街

    9. 露面

    10. 转车

2.3 形容词及其应注意的问题

2.3.1 形容词

形容词是表示性质和状态的词。

2.3.1.1 普通形容词、非谓形容词和状态形容词

第一，普通形容词

大多数形容词属于普通形容词，它们能做定语、谓语、补语等成分，能受程度副词"很"修饰，也能受否定副词"不"修饰。例如：

好　坏　高　矮　宽　窄　长　短　红　白　绿　漂亮　丑陋
简单　复杂　仔细　马虎　清楚　模糊

第二，非谓形容词

非谓形容词不能做谓语和补语，大多数也不能受"不"或"很"修饰。它们只能做定语，或与"的"组合，它们常常进入"是……的"句式。非谓形容词由于与其他形容词不同，一些语法书把它们单独划为一类词，称为"区别词"。例如：

男——女	急性——慢性	西式——中式
正——副/负	良性——恶性	男式——女式
单——双	首要——次要	国营——私营
公——母	长期——短期	阴性——阳性
金——银	直接——间接	老式——新式

单边——双边——多边

大型——中型——小型——微型

劣等——下等——中等——上等——优等——特等

初级——中级——高级——特级

袖珍　　　　万能　　　　人造　　　　无限

非谓形容词的功能主要有三种：①直接修饰名词，充当定语；②构成"的"字结构；③构成一种特殊的"是"字句。

A. 非谓形容词（定语）+中心语

金项链	正主任	副主任	男鞋	女鞋
袖珍字典	中级汉语	女式服装	大型设备	

B. 非谓形容词+的

男的	女的	公的	正的	银的
人造的	小型的	西式的	高级的	

C. 主语+是+非谓形容词+的

（1）这辆汽车是老式的。

（2）他的病是慢性的，得长期服药。

（3）我们家电视机不是彩色的，是黑白的。

（4）这件衣服是男式的。

（5）我的那把勺子是银的。

（6）钱不是万能的，但没有钱是万万不行的。

第三，状态形容词

与大多数形容词不同，状态形容词不能受"不"和"很"修饰，不能带补语。状态形容词不能受"很"修饰是因为它本身已经包含了程度的语义。状态形容词的构成形式比较特殊，主要有以下两类：

①特殊偏正式形容词

笔直　雪白　冰凉　漆黑　油亮　（第一个语素是名语素）

蔚蓝　湛蓝　通红　鲜红　嫩绿　（第一个语素不是名语素）

其重叠形式与普通形容词不同，为ABAB，如：

笔直笔直　雪白雪白　冰凉冰凉　蔚蓝蔚蓝　通红通红

②带词缀的形容词

亮晶晶（liàngjīngjīng）　　　香喷喷（xiāngpēnpēn）

暖洋洋（nuǎnyángyáng）　　　静悄悄（jìngqiāoqiāo）

红彤彤（hóngtóngtóng）　　　绿油油（lǜyóuyóu）

白花花（báihuāhuā）　　　黑漆漆（hēiqīqī）

懒洋洋（lǎnyángyáng）　　　傻呵呵（shǎhēhē）

气冲冲（qìchōngchōng）　　　醉醺醺（zuìxūnxūn）

黑咕隆咚（hēigulōngdōng）　　　傻里吧叽（shǎlibājī）

2.3.1.2　形容词的语法特征

第一，大多数形容词可以受程度副词"很、太、非常"修饰，也可以受否定副词"不"修饰。状态形容词一般不能受程度副词修饰，但是现在网络语言和有些年轻人的语言中也出现了"很雪白、很冰凉、很通红"这样的说法。

第二，形容词不能带宾语。有些形容词兼着动词，不带宾语时是形容词，带宾语时是动词。如"很方便"和"方便群众"，前者的"方便"是形容词，后者的是动词。

第三，有些形容词能重叠（非谓形容词除外），一般双音节形容词重叠形式是AABB，如"认认真真、高高兴兴"。

2.3.2　形容词运用时应注意的问题

2.3.2.1　形容词单独做谓语

形容词单独做谓语的情况不多，通常要有其他成分在它前面或后面。有的在并列分句中或在应答句等情况下可以单独做谓语。形容词单独做谓语一般带有比较的含义。例如：

（1）?他胖。[①]

（2）他有点儿胖。

（3）他胖得很。

（4）他胖，你瘦。（两人比较）

（5）?那本书厚。

（6）甲：那本书厚吗？

　　　乙：那本书厚。

（7）树下凉快，去树下休息会儿吧。（太阳下热）

（8）我的身体好，我来干吧。（你们的身体没我的好）

2.3.2.2　形容词重叠式

第一，形容词重叠式的语法意义

形容词重叠式的语法意义是表示程度，但充当不同的成分时其语法意义有差别。在定语、谓语位置上的形容词重叠式表示程度减轻，在状语、补语位置上的表示程度加重。例如：

（1）她有一个高高的鼻子。

（2）那姑娘的眼睛大大的，脸红红的。

（3）你仔仔细细地想一想，你到底写了借条没有？

（4）他把电视机的声音开得大大的。

第二，一般双音节形容词的重叠形式是AABB，而状态形容词的重叠形式是ABAB。例如：

雪白雪白　笔直笔直　碧蓝碧蓝　黑亮黑亮

---

① 短语或句子前面加"?"表示该短语或句子能否成立有疑问。

状态形容词重叠式做谓语，后面通常要加"的"。例如：

（5）这只大鸟全身雪白雪白的，就像一朵白云。
（6）他的脸通红通红的。

状态形容词重叠式做定语要带"的"。例如：

（7）金黄金黄的原野上流着一条玫瑰红色的河。
（8）后面是吐鲁番盆地特有的明净无滓湛蓝湛蓝的天宇，真是太美了。

第三，形容词原式能被程度副词修饰，形容词重叠式则不能受程度副词修饰，这是因为它的语法意义是表示程度。以下句子中加了"很"的就不能成立：

（9）他对人客客气气的。
（10）*他对人很客客气气的。
（11）他们俩不过是老老实实的北京人。
（12）*他们俩不过是很老老实实的北京人。

第四，形容词原式可以被否定副词"不"修饰，形容词重叠式则不能被否定副词"不"修饰。以下句子中加了"不"的就不能成立：

（13）我觉得我的手不干净。
（14）*我觉得我的手不干干净净。
（15）他并不老实，可是他大方。
（16）*他并不老老实实，可是他大方。

第五，形容词原式可以带补语，而形容词重叠式不能带补语。例如：

（17）那些村庄的轮廓渐渐清楚起来。
（18）*那些村庄的轮廓渐渐清清楚楚起来。
（19）他母亲看到我们回去，高兴极了。
（20）*他母亲看到我们回去，高高兴兴极了。

2.3.2.3　形容词的兼类

有的形容词具有其他词的语法功能，兼属其他词类。

第一，形容词兼动词

形容词一般不能带宾语，带了宾语时这些词就属动词了。带宾语常常表示使动（使后面的宾语怎么样）的意义。这样的词数量不少。例如：

红 歪 弯 松 省 累 苦 饿 烫 光 横 斜 温 多
端正 壮大 麻烦 公开 严肃 滋润 清醒 安定 纯洁 密切
讲究 疏远 可怜

形容词	动词
人太少了。	少一本书。
我很累。	今天累着你了。
你别太省了。	他送了我一盒月饼，省了我一天的饭钱。
市场很繁荣。	我们要繁荣首都的市场。

第二，形容词兼副词

有些形容词做状语修饰动词或形容词性成分时意义会发生变化，这种情况下的形容词就已经变成副词了。例如：

形容词	副词
她的脸很白。	我白跑了一趟。（徒然）
人都会老。	他老讲话。（总是）
这些山都砍光了。	他光说不干。（只）
这老人很怪。	怪不好意思的。（很、非常）

第三，形容词兼名词

少数形容词能指称事物并在前面加数量短语，这种用法的形容词属名词。例如：

形容词	名词
这孩子很规矩。	我们定了三条规矩，大家都要遵守。
那个地方很保险。	他买了五份航空保险。
去那儿很困难。	他克服了一个又一个困难。

思考与练习（9）

一、非谓形容词有什么特点？

二、状态形容词有什么特点？

三、大多数形容词的语法特征是什么？

四、指出下列形容词哪些能重叠，写出其重叠形式。

1. 雪白	2. 男	3. 正确	4. 漂亮
5. 干净	6. 鲜红	7. 老实	8. 大方
9. 大型	10. 整齐	11. 笔直	12. 高
13. 好	14. 高兴	15. 痛快	16. 袖珍
17. 通红	18. 认真	19. 严重	20. 正规

五、下列形容词哪些能受程度副词"很"修饰，哪些不能？

1. 白	2. 伟大	3. 富裕	4. 笔直
5. 机灵	6. 直	7. 雪白	8. 聪明
9. 红	10. 通红	11. 愉快	12. 大方
13. 可笑	14. 慢性	15. 仔细	16. 绿油油
17. 困难	18. 共同	19. 亮晶晶	20. 香喷喷

六、用下列形容词做定语，组成一个定中短语。

    1. 大型（　　　） 2. 银（　　　） 3. 女（　　　） 4. 西式（　　　）

七、用非谓形容词"中式、金、女、慢性、国营"造五个"是……的"句。

八、用下列词作为形容词和动词各造一个句子。

    1. 方便

    2. 多

    3. 松

    4. 烫

    5. 集中

    6. 肯定

九、用下列词作为形容词和副词各造一个句子。

    1. 白

    2. 光

    3. 老

    4. 怪

十、修改下列病句。

1. 我们学校前面的那条路很笔直笔直的。

2. 医生说他的病急性，只要好好治疗很快就会好的。

3. 这里的水不冰凉，你用手试一试就知道了。

4. 外面马路上没有灯，漆黑漆黑。

5. 这家商场很大型，要逛几个小时才能逛完。

2.4 数词及其应注意的问题

数词表示数目和次序。数词包括基数词和序数词。数词一般不能直接用在名词前面，多数情况下要与量词组合为数量短语（常称为"数量词"）才能与名词短语组合。

2.4.1 基数词

表示数目的多少。以下是最基本的基数词：

零 半 一 二 两 三 四 五 六 七 八 九
十 百 千 万 亿

由这些基数词可以构成合成的数词。例如：

一百（100）　　两百（200）　　五千（5000）　　八万（80000）
十亿（1000000000）　　四十六（46）　　九百八十六（986）

汉语按十进制来计数，十个"十"是"一百"，十个"一百"是"一千"，十个"一千"是"一万"……

汉语的称数法是四位一级。

……	千（亿）	百（亿）	十（亿）	亿	千（万）	百（万）	十（万）	万	千	百	十	个
……		亿　级				万　级				个　级		

例如：

十五（15）　　　十八（18）　　　　十九（19）
二十（20）　　　二十六（26）　　　三十（30）　　　三十七（37）

九十九（99）　　一百三十七（137）　　八千四百八十九（8489）

七万零五十一（70051）　　　　　　八十三万五千零七（835007）

三千五百六十一万四千（35614000）

八十九亿四千六百三十五万七千六百三十九（8946357639）

基数词可以和其他短语构成表示倍数、分数、概数的词语。

2.4.2　序数词及不同意义序数的表示方式

序数词是表示次序先后的词，现代最常见的是"第"，"第"不能单独使用，要加在基数词前面。

现代序数的表示有两种方法：

第一，用"第"的。"第+基数词"表示次序的先后。例如：

第一　第二　第三　第四　第五　第六　第七　第八　第九　第十

第二，不用"第"的，表达不同的意义有一些不同的形式：

表示亲属排行：大哥　二哥　三哥　大姐　二姐　三姐

　　　　　　　　大嫂　二嫂　三嫂　大姑　二姑　三姑

　　　　　　　　大姨　二姨　三姨

表示年代：一九九八年　一九九九年　二〇〇〇年　二〇〇一年

表示月份：一月　二月　三月　四月　五月　六月……十二月

表示日期：一号　二号……三十号　初一　初二……初十

表示组织机构：一组　二组　三组

　　　　　　　　二年级一班　二年级二班　二年级三班

　　　　　　　　一分店　二分店　三分店

　　　　　　　　一局　二局　三局

表示等级：一级　二级　三级

　　　　　　甲级　乙级　丙级　丁级

　　　　　　甲等　乙等　丙等　丁等

汉语有一种历史悠久的表示序数的方式——用天干地支表示：

天干：甲　乙　丙　丁　戊（wù）　　己　庚（gēng）　辛

　　　壬（rén）　　癸（guǐ）

地支：子 丑 寅 卯 辰 巳（sì） 午 未 申 酉（yǒu）
　　　 戌（xū） 亥（hài）

与"第"不同的是，这种序数词可以单独使用，也可以"天干"与"地支"相配，形成60个复合词，表示不同意义的序数。中国传统的农历用这种复合的序数词表示年代。地支可以用来推算人的岁数和属相。

【干支表】											
1. 甲子	2. 乙丑	3. 丙寅	4. 丁卯	5. 戊辰	6. 己巳	7. 庚午	8. 辛未	9. 壬申	10. 癸酉	11. 甲戌	12. 乙亥
13. 丙子	14. 丁丑	15. 戊寅	16. 己卯	17. 庚辰	18. 辛巳	19. 壬午	20. 癸未	21. 甲申	22. 乙酉	23. 丙戌	24. 丁亥
25. 戊子	26. 己丑	27. 庚寅	28. 辛卯	29. 壬辰	30. 癸巳	31. 甲午	32. 乙未	33. 丙申	34. 丁酉	35. 戊戌	36. 己亥
37. 庚子	38. 辛丑	39. 壬寅	40. 癸卯	41. 甲辰	42. 乙巳	43. 丙午	44. 丁未	45. 戊申	46. 己酉	47. 庚戌	48. 辛亥
49. 壬子	50. 癸丑	51. 甲寅	52. 乙卯	53. 丙辰	54. 丁巳	55. 戊午	56. 己未	57. 庚申	58. 辛酉	59. 壬戌	60. 癸亥

对于汉族人来说，每个人都有自己的属相，属相有十二个，包括：鼠、牛、虎、兔、龙、蛇、马、羊、猴、鸡、狗、猪。

因为地支和生肖都是有十二个，所以每一个地支都对应一个生肖。人们用十二生肖记人的出生年，每十二年轮回一次。例如子年出生的人属鼠，每遇到子年就是这个人的本命年。另外，由于地支的周期也为十二年，与生肖首尾完全对应，本命年也可以认为是地支周期的倍数。推算举例：规则为依据农历推算。如1956年、1968年和1980年这三个年份均为生肖的猴年，依照干支纪年，这三个年份分别为"丙申""戊申"和"庚申"，其中地支部分均为"申"。具体的对应关系为：子鼠、丑牛、寅虎、卯兔、辰龙、巳蛇、午马、未羊、申猴、酉鸡、戌狗、亥猪。

现代汉语语法教程（第二版）

农历的干支纪年与生肖推算

说明：前两行为天干、地支，二者对应的列为干支纪年，第三行为对应的生肖年。干支年每60年为一个周期，生肖每12年为一个周期。

天干	甲	乙	丙	丁	戊	己	庚	辛	壬	癸	甲	乙
地支	子	丑	寅	卯	辰	巳	午	未	申	酉	戌	亥
生肖	鼠	牛	虎	兔	龙	蛇	马	羊	猴	鸡	狗	猪

天干	丙	丁	戊	己	庚	辛	壬	癸	甲	乙	丙	丁
地支	子	丑	寅	卯	辰	巳	午	未	申	酉	戌	亥
生肖	鼠	牛	虎	兔	龙	蛇	马	羊	猴	鸡	狗	猪

天干	戊	己	庚	辛	壬	癸	甲	乙	丙	丁	戊	己
地支	子	丑	寅	卯	辰	巳	午	未	申	酉	戌	亥
生肖	鼠	牛	虎	兔	龙	蛇	马	羊	猴	鸡	狗	猪

天干	庚	辛	壬	癸	甲	乙	丙	丁	戊	己	庚	辛
地支	子	丑	寅	卯	辰	巳	午	未	申	酉	戌	亥
生肖	鼠	牛	虎	兔	龙	蛇	马	羊	猴	鸡	狗	猪

天干	壬	癸	甲	乙	丙	丁	戊	己	庚	辛	壬	癸
地支	子	丑	寅	卯	辰	巳	午	未	申	酉	戌	亥
生肖	鼠	牛	虎	兔	龙	蛇	马	羊	猴	鸡	狗	猪

2.4.3 倍数的表示

倍数用基数词加"倍"来表示。例如：

三倍　八倍　一百倍　三百五十倍

倍数一般表示数量增加，不用来表示数量减少。常见的说法有以下两种：

不包括原有数	增加（了）……倍、增长（了）……倍、提高（了）……倍
包括原有数	……是……的……倍

例如，远达公司去年八月卖出去汽车二百辆，今年八月卖出去一千二百

辆，如果要说该公司今年八月的销售量比去年八月增加了多少，可以有以下说法：

（1）远达公司今年八月的汽车销售量比去年八月增加了五倍。

（2）远达公司今年八月的汽车销售量是去年八月的六倍。

由此可见，A比B增加了X倍，用数学公式表示是：

（A−B）÷B=X（倍）

A是B的多少倍，用数学公式表示是：

A÷B=X（倍）

2.4.4　分数的表示

分数用"……分之……"表示，例如，$\frac{1}{60}$ 用汉语表示是"六十分之一"，$\frac{3}{8}$ 用汉语表示是"八分之三"，$\frac{4}{5}$ 用汉语表示是"五分之四"，$\frac{5}{6}$ 用汉语表示是"六分之五"。

分数可以用来表示数目的增加，也可以表示数目的减少。表示数目减少常见的说法有"减少（了）、下降（了）"。例如，从十减少到一，可以说"减少了十分之九"，或说"减少了百分之九十"。

2.4.5　概数的表示

概数主要有几种表示方法。

2.4.5.1　在基数词前面或后面加"几、好几"。"好"加在"几"前面表示说话人认为数量多。例如：

几十　几百　几千　几万　几十万　几百万　几千万　几亿

好几十　好几百　好几千　好几万　好几十万　好几百万

好几千万　好几亿

二十几　三十几　八十几

（1）12月31日那天晚上，观看焰火的人有十几万呢。

（2）那天来参加他的生日晚会的人有好几十个呢！

（3）他已经是四十好几的人了，还整天玩儿，还没成家。

2.4.5.2　相邻的两个数字连用。例如：

一两个	两三斤	三四辆	四五本
五六台	六七张	七八条	八九篇
二三十	五六百	七八千	八九万
十七八万	三四十万	五六千万	二十五六万

（1）那辆公共汽车上挤了五六十个人，门都打不开了，你根本挤不
　　上去。

（2）他年纪不大，也就有十七八岁。

2.4.5.3　不相邻的两个数字连用，有"三五""百八十"和"千八百"等。例如：

三五天　三五个　百八十块　百八十人　百八十台　千八百人

2.4.5.4　在数词后加"来、多、左右、上下"。

"来"加在"十、百、千、万"这样的数后，主要表示多于这个数一点儿，也可表示少于这个数一点儿，大致相当于概数词"左右"，但"来"有鲜明的口语色彩。例如：

五十来个　一百来天　六十来天　一万来人　十来次　三十来遍

（1）他在北京生活了二十来年了。

（2）这个电影院能坐一千来人。

把"来"加在"两个月"中说成"两个来月"表示大约两个月。

"来"在"数词+度量衡单位（米、斤、公斤、尺、丈）+来+度量形容词"结构中表示概数。例如：

两斤来重　一寸来厚　两尺来厚　两米来高
十米来宽　两米来深　一米来长　一丈来深

要注意"整数基数词+来+年"中的"来"表示概数的语义，而"……年来"中的"来"不是概数的语义，而是表示"以来"的语义。请看下面的例子：

五十来年（大约五十年）　　　　　　八十来年（大约八十年）

五十年来（五十年以来）　　　　八十年来（八十年以来）

三十五年来（三十五年以来）　　二十五年来（二十五年以来）

（3）这房子有五十来年了。

（4）三十年来，他一直当老师。

（5）这所学校有八十来年的历史。

（6）他们厂八十年来一直在生产中药。

（7）这二十五年来，王教授一直在研究热带植物。

用"多"加在"十、百、千、万"等整数后，表示超过这个数一些。例如：

三十多　　　　两百多　　　一千多　　　　五万多

超过十万的数加"多"表示的概数与十万以下的数字就不同了，"多"的位置不同，表示的意义也就不同。例如：

十万多（指"十万以上，不到十一万"）

十多万（指"十一万、十二万……"）

二十多万（指"二十万还多一万到几万"，也许是"二十一万、二十
　　　　　二万、二十三万"）

二十三万多（指"二十三万以上，不到二十四万"）

（8）早在三千多年前，我们的祖先就开始使用汉字记载历史了。

（9）根据科学家的研究，人类在地球上生活了400多万年了。

用"左右、上下"加在"十、百、千、万"等数后，表示大概是这个数，如果有量词就放在量词后。"左右"使用的范围比较大，"上下"多用于表示年龄、高度和重量。例如：

二十左右　　四百左右　　十五万左右　　十遍左右　　四百次左右

五百元左右　　　二千六百万人左右　　　二十个人左右

*五百左右元　　　*二千六百万左右人　　　*二十个左右人

八个月左右　　　七十公斤左右

*八个左右月　　　*七十左右公斤

（10）那几天到世博会参观的人每天有两万人左右。

（11）这个城市的汽车每年增加百分之十左右。

（12）那姑娘的身高有一米七上下。

（13）他看上去有三十岁上下。

2.4.5.5　"两"除了表示准确的数字"2"以外，还可以表示概数。例如：

（1）你等我两分钟。

（2）我的病过两天就好了。

（3）这两天我胃有点儿不舒服。

"两"还可以表示数量少，常常在前面加上"这么、那么"。例如：

（4）那么多衣服，就卖了这么两块钱。

（5）你们全班那么多人，就来了这么两个人。

2.4.5.6　加"把"表示概数，与加"来"一样，都有鲜明的口语色彩。加"把"有以下几种情况。

在"百、千、万"后面加"把"，再加上"人"，表示这一数目整数左右的人。例如：

百把人（大约一百人）　　千把人（大约一千人）
万把人（大约一万人）

"个把"加在"人、小时、月"之前，表示概数。例如：

个把人（一两个人）　　个把小时（大约一个小时）
个把月（大约一个月）

"百、千、万+把+块+钱"表示大约这个数量单位整数左右的钱。例如：

百把块钱（大约一百块钱）　　千把块钱（大约一千块钱）
万把块钱（大约一万块钱）

"百、千、万+把+斤+N"表示大约这样的数量整数重量左右的东西。例如：

百把斤苹果（大约一百斤苹果）　　千把斤粮食（大约一千斤粮食）

万把斤棉花（大约一万斤棉花）

2.4.6 "两"与"二"的运用

对于以汉语为第二语言的学习者来说，"两"与"二"的运用是一个应当注意的问题。

第一，表示数码2有的用"两"，有的用"二"，有时两个都可以用，规律比较复杂。

读顺序的数字、数学运算式以及表示小数、分数、序数时，都用"二"，不用"两"。例如：

一、二、三、四　五十二　二百零二
二加三等于五　二元一次方程
一点二　二点五　二点二
二分之一　五分之二
第二　第二十二　二姐　二组　二年级　二楼

个位数在一般量词之前用"两"。例如：

两个人　两趟车　两本书　来过两次　看了两遍

传统的度量衡单位量词如"斤、尺、升、亩"前面，"两"和"二"都可以用。例如：

两斤（二斤）　两尺（二尺）　两亩（二亩）

单位量词为"两"时，只能用"二"。如"二两""一斤二两"。
新兴的度量衡单位量词前大都用"两"。例如：

两公里　两米（二米）　两英寸　两千米　两万公里

"复合数+度量衡单位量词"，前面的数为2时两个都可以用；后面的数为2时只能用"二"，不能用"两"。例如：

（1）他身高二米二（两米二）。
（2）他游了二千二百米（两千二百米）。

"十"之前只能用"二"；"百"之前用"两"和"二"都可以，用

"两"更加口语化一些。例如：

二十　二百五十（两百五十）

多位数字，首位可以用"二"，也可以用"两"，用"两"口语化强一点儿。例如：

两亿二千万（两亿两千万、二亿二千万）　五万二千（五万两千）

第二，表示双方，用于书面语和固定短语，其中的"两"不能用"二"。例如：

两面三刀　两全其美　两袖清风　势不两立

也有的词或者固定短语中用"二"的，除极个别的之外，一般也不能换为"两"。例如：

二元论　二人转　说二话　说一不二
一心不能二用　二重性（两重性）

第三，表示某些成对的亲属关系或成双的事物，用"两"。例如：

两弟兄　两姐妹　两夫妻
两眼　两手　两端　两极分化　两耳不闻窗外事

第四，表示概数，用"两"，不用"二"。（见2.4.5.5）

思考与练习（10）

一、汉语计数的进制是什么进制？
二、数字"10000"在汉语中怎么读？
三、写出下列数字。

　　1. 一万三千五百六十七　　　2. 五千零二十三

　　3. 一千八百二十四　　　　　4. 六千七百八十一万五千九百四十一

　　5. 四十五万　　　　　　　　6. 六千零三

四、读出下列数字。

　　1. 2000　　　　　　　2. 300000　　　　　3. 36542

4. 6000000　　　　　5. 2037　　　　　　6. 4789612

7. 876243198　　　　8. 54201　　　　　9. 87092

10. $\dfrac{2}{3}$　　　　　11. $\dfrac{3}{4}$　　　　　12. $1\dfrac{3}{4}$

13. $\dfrac{5}{6}$　　　　　14. $\dfrac{4}{5}$　　　　　15. $\dfrac{2}{7}$

16. 23%　　　　　17. 98%　　　　　18. 99%

五、用概数表示以下数字。

　　1. 3～5个　　　　　2. 4～6人　　　　　3. 7～9年

　　4. 9～11件　　　　5. 97～99个　　　　6. 31～33条

　　7. 7～8台　　　　　8. 68～72个　　　　9. 33～35岁

　　10. 58～60岁　　　11. 77～79岁　　　12. 87～89年

六、在以下句子的横线处填上适当的概数词语。

　　1. 他年纪不大，看上去也就是二十_____岁。

　　2. 你在这儿等我_____分钟，我打一个电话就来。

　　3. 那天到会的人不多，也就百_____人。

　　4. 你病了，多在家里休息_____天吧。

　　5. 我这块手表不贵，不过一百_____块钱。

　　6. 我好多年没有回家了，我回去_____月就回来。

　　7. 那天去参加聚会的同学有五十_____人。

　　8. 他在北京待了三十_____年。

　　9. 从昆明到大理坐两个_____小时的车就到了。

七、在下面的括号中填上"二"或"两"。

　　1. （　　）千人　　　2. （　　）斤　　　3. （　　）台电视机

　　4. （　　）分之一　　5. （　　）倍　　　6. （　　）次

　　7. （　　）百（　　）十　　　　8. （　　）十（　　）斤

八、在下列句子中填上适当的序数表达形式。

　　1. 爸爸的_____哥叫_____。

　　2. 妈妈的_____姐叫_____。

　　3. 古代中国科举考试，殿试（由皇帝亲自主持的考试）得到_____
　　　　名叫状元，_____名叫榜眼，_____名叫探花。

九、回答下列问题。

1. 1989年春节进入农历己巳年，这年出生的人属蛇，请问1990年（农历庚午年）出生的人的属相是什么？

2. 2008年是农历戊子年，请问这一年出生的人的属相是什么？请说出农历戊子年出生的人的三个本命年。

2.5 量词及其应注意的问题

2.5.1 量词的分类

量词是表示事物或动作的计量单位的词，量词分为名量词和动量词。

2.5.1.1 名量词

表示人和事物的单位。例如：

个　张　本　只　条　匹　辆　架　艘　根

两　斤　克　公斤（千克）　吨

毫米　厘米　分米　米（公尺）

元（块）　角（毛）　分　厘

秒　分　刻　点

双　对　副　套

有些量词原来不是量词，而是借用名词或动词来做量词用，这叫"借用量词"。例如：

口（五口人）　头（三头猪）　尾（一尾鱼）　杯（两杯酒）

碗（三碗饭）　盆（六盆花）　车（一车水果）　桌（八桌酒席）

2.5.1.2 动量词

表示动作或变化的单位。例如：

次　趟　遍　顿　阵　下　回

动量词也有借用的，有很多是借自名词。例如：

笔（画一笔）　刀（切两刀）　眼（看一眼）

脚（踢一脚）　枪（打三枪）　拳（打一拳）

2.5.2 量词的语法特征

2.5.2.1 量词不能单独使用，主要和数词或代词结合。例如：

三个	一台	两根	五米	七只	九篇
四次	五趟	一遍	一阵	三顿	十下
这件	那个	这双	那套	这车	那杯
这次	那回	这顿	那遍	这阵	那趟

2.5.2.2 部分单音节量词可以重叠，量词重叠一般表示"每一"的意思。例如：

个个（每一个）　条条（每一条）　件件（每一件）　次次（每一次）

名量词重叠在句中主要做定语和主语，动量词重叠可以做状语。例如：

（1）条条大路通罗马。（做定语）
（2）个个都是好样的。（做主语）
（3）本本书都挺有意思。（做定语）
（4）我和他下象棋回回都是他赢。（做状语）

量词重叠充当主语和定语时，谓语中心语前面一般要用"都"。

2.5.3 量词与名词意义的联系

汉语的量词绝大多数是在语言演变中由其他词转化来的。名量词中有许多是从名词转化来的，有些量词与名词在意义上有联系，学习量词时如果我们初步了解一些量词与名词意义的联系，对我们掌握好量词是有帮助的。例如"条"在古汉语中的本义是指树上的枝条，转化为量词后，用来称量长形的、条状的东西。以下名词与量词"条"组合：

裙子	领带	毛巾	围巾	口袋
路	街	江	河	沟
狗	蛇	狼		
腿	尾巴			

"条"还用来称量一些表面上看抽象而实际上也是长形的条文。例如：

意见   政策   原则   制度   罪状   消息

"颗"的本义是"小头"，后用来称量圆而小的东西。以下名词与量词"颗"组合：

星   心   子弹   花生   珠子   药丸

有些量词的本义和它作为量词的意义联系比较复杂，有些量词与它在古汉语中的本义看不出有什么联系，但在现代汉语中它与名词也存在一些联系，这也可以帮助我们正确使用量词。例如：

"张"与某些带有平面的名词组合：

纸   照片   桌子   床   嘴

"把"与带有把柄的器物组合：

刀   壶   勺子   椅子   伞   扇子

"根"本来是名词，指植物的根，植物的根大多数是细长的，所以量词"根"与细长的植物名词组合。例如：

葱   草   竹子   韭菜   黄瓜   甘蔗

"粒"与小颗粒的物体名词组合。例如：

米   种子   沙子   花生

"滴"与一点一点地向下落的液体名词组合。例如：

水   油   汗   泪   酒   墨汁

"本"与用纸装订起来的名词组合。例如：

书   杂志   课本   练习本   账   词典   字典   画册   地图

"台"与具有一定体积的设备名词组合，这些名词大多含有语素"机"。例如：

机器　机床　电视机　相机　录音机　计算机　电脑　发电机

2.5.4　名量词与名词的组合

2.5.4.1　有的名词不止一个意义，有的多义名词与名量词组合可能体现出不同的名词意义。例如：

一朵花（开出来的花）　　　　　一盆花（会开花的植物）

一粒麦子（种子）　　　　　　　一棵麦子（植物）

一个工作（职业）　　　　　　　一项工作（事务）

一部电话（电话机）　　　　　　一个电话（用电话传递的话）

一个苹果（苹果的果实）　　　　一棵苹果（苹果树）

一项运动（体育运动）　　　　　一次运动（政治运动等）

2.5.4.2　同样的名词与不同的量词组合，表示的数量多少常常有差别。例如：

一个学生　　　一群学生

一个花瓶　　　一对花瓶

一双鞋　　　一只鞋　　　一堆鞋

一只鸟　　　一对鸟　　　一群鸟

2.5.4.3　同样的名词与不同的量词组合，有时表示的意义有差别。例如：

一张报纸　　　一份报纸

一件礼物　　　一份礼物

一部电影　　　一场电影

（1）你拿一张报纸来给我，我要包东西。

（2）他们办了一份报纸。

（3）我准备在她结婚时送她一份礼物。

（4）她给我的礼物中有一件礼物是她在香格里拉买的。

（5）这位导演今年又有一部电影在国际上获奖。

（6）我昨天晚上去电影院看了一场电影。

2.5.5 兼名量和动量的量词

有的量词兼有名量词和动量词的功能，用法比较复杂。名量词构成的数量结构主要充当定语，也可以充当主语和宾语。动量词构成的数量短语主要充当状语和补语。

这里以"阵"为例来说明一下。"阵"既是名量词又是动量词。名量词"阵"常常与数词"一"组合为"一阵"充当定语。"一阵"常常与表示某种声响或者气味的名词组合，它也常修饰"风、雪、雨、浪"等名词。例如：

（1）天黑了，第一阵风雪平息了。（张炜）

（2）门外飘来一阵香味，接着一个打扮得很时髦的年轻女性走了进来。

（3）也许有生活战场上的败北者，怀着末路的悲戚，委身于黄浦江的浊流，激起一阵小小的波浪以后，一切复归宁静。（柯灵）

动量词"阵"组合为"一阵"主要充当状语，也可以充当补语。例如：

（4）一阵沉默后，霍沧粟说："是我母亲叫我学这个的。"（莫怀戚）

（5）小弟大吃一惊，猛地回头，呼隆隆一阵响，雅马哈闯进了水果店。（陆文夫）

（6）唐小姐心里一阵难受。（钱锺书）

（7）"振兴京剧"应有具体措施，"热闹一阵，消闲一年"的振兴，永远达不到振兴的目的。

"一阵"还可以组合为"一阵比一阵"充当状语，修饰形容词。例如：

（8）风是一阵比一阵大，天色由灰而黄，而深黄，而黑黄，而漆黑，黑得可怕。（老舍）

与很多量词一样，"阵"也可以重叠，组合方式有"阵阵""一阵阵""一阵一阵"。例如：

（9）刘德华剃头以后感到冷风阵阵。

（10）胡同里响起一阵阵汽车喇叭声和刹车声，一辆接一辆的汽车停在唐家院门口。（王朔）

（11）下午六点半，人们纷纷下班回家，楼道里传来一阵阵饭菜的香味。

（12）这一晚，方鸿渐想着白天的事，一阵阵的发烧，几乎不相信是真的，给唐小姐一条条说破了，觉得自己可鄙可贱得不成为人。（钱锺书）

（13）只闻得油漆味一阵一阵往鼻子里钻，往脑子里、肚里钻。（吕新）

（14）诶，冬宝，最近我吃了那玩意儿肚子也一阵儿一阵儿不舒服。（王朔）

2.5.6 不定量词"点儿"与"些"

"点儿"和"些"表示不定的数量，常常与数词"一"组合在一起用，也可以直接与名词组合。例如：

买一点儿蔬菜　　　　买一些蔬菜
给了一点儿钱　　　　给了一些钱
带点儿咸菜　　　　　带些咸菜
要了点儿酒　　　　　要了些酒

"点儿"表示的数量比"些"少。"些"前面可以加"好"，组成"好些"。例如：

（1）我昨天背了好些单词。
（2）我买了好些菜，这几天不用买了。

需要注意的是：

> VP+（一）点儿+NP

（3）我买了一点儿肉。
（4）他在医院开了点儿药。
（5）我还有一点儿钱，你不用给我。　（"有"是动词）

（6）家里还有点儿油，明天再去买吧。（"有"是动词）

（7）冰箱里有一点儿肉，你拿出来炒了吃了。（"有"是动词）

动词"有"后面常带"（一）点儿+NP"这样的定中短语作为它的宾语，"（一）点儿"是后面名词性成分的定语。

> 有点儿+形容词

"有点儿"是一个副词，放在形容词前面充当状语，表示程度，多用于不如意的情况。例如：

（8）今天有点儿冷。

（9）这件衣服有点儿大。

（10）他的脸有点儿红。

（11）*这双鞋一点儿小。

（12）*他的脸一点儿红。

> 形容词+（一）点儿

"（一）点儿"作为不定量词还可以放在形容词后面做程度补语。例如：

（13）你说慢一点儿。

（14）这件衣服大了一点儿。

（15）太贵了，便宜点儿。

思考与练习（11）

一、请在横线处填上适当的量词。

1. 三＿＿＿＿衣服　　　　2. 四＿＿＿＿小鸟

3. 五＿＿＿＿桌子　　　　4. 一＿＿＿＿房子

5. 六＿＿＿＿饭　　　　　6. 七＿＿＿＿朋友

7. 六＿＿＿＿袜子　　　　8. 九＿＿＿＿旅客

9. 两＿＿＿＿山　　　　　10. 一＿＿＿＿眼药

11. 三＿＿＿＿雨　　　　　12. 一＿＿＿＿笔记本电脑

13. 四＿＿＿＿马　　　　　14. 两＿＿＿＿信

15. 四＿＿＿＿＿＿＿＿香皂　　16. 一＿＿＿＿＿＿＿＿井

17. 三＿＿＿＿＿＿＿＿酒　　18. 八＿＿＿＿＿＿＿＿米

19. 一＿＿＿＿＿＿＿＿鲜花　　20. 三＿＿＿＿＿＿＿＿书

21. 六＿＿＿＿＿＿＿＿枪　　22. 十＿＿＿＿＿＿＿＿树

二、在下列句子中填上适当的量词。

1. 他去过香港一（　　　　）。

2. 我只看了一（　　　　），根本没看清上面写的是什么字。

3. 这本书我小时候看过一（　　　　），现在忘了书里讲的是什么了。

4. 我叫了她好几（　　　　）她都不答应，也许是生我的气了。

5. 这篇文章太难了，我读了两（　　　　）都读不懂。

6. 听说安徽的黄山非常美，可我一（　　　　）都没去过。

7. 《红楼梦》太有意思了，我都看了三（　　　　）了。

8. 桂林太美了，我建议你们去一（　　　　）。

9. 马林生站在两扇门紧紧关着的房间里，心中一（　　　　）羞惭和
恼火。

10. 那个坏人朝她开了两（　　　　），打中了她的脚。

11. 你等我一（　　　　），我马上就来。

12. 这种菜很好吃，你尝一（　　　　）就知道了。

13. 五爷听见身后一（　　　　）笑声：也不想想自己是啥人，还想往人
场里钻。

14. 我每个句子念三（　　　　），请注意听！

15. 下了一（　　　　）雨以后，空气清新了许多。

三、改正下列病句。

1. 他们家有二辆自行车。

2. 大理有一条湖，当地人称它洱海。

3. 这二年来，我在中国交了不少朋友。

4. 我觉得这篇文章一点儿难。

5. 学校食堂的菜我一点儿吃腻了，今天我想自己做韩国菜吃。

6. 我认识这位人，他是一个医生。

7. 我的那个帽子是我的朋友送给我的。

现代汉语语法教程（第二版）

8. 我想这个有意义的旅游我会永远记住。

9. 这个菜一点儿油腻，我不喜欢。

10. 到了大理你应当再到丽江去玩一趟，从大理到丽江只要三个小时
    一点儿就到了。

11. 这里光线一点儿暗，咱们到那边去看吧。

12. 你给我买的这双鞋一点儿大，明年才能穿。

2.6 代词及其应注意的问题

代词是有代替和指示作用的词。

代词分为人称代词、指示代词和疑问代词三种。

2.6.1 人称代词

我	我们	咱们
你 您	你们	
他 她 它	他们 她们 它们	
别人	大家	
自己	自个儿	

"您"是"你"的尊称形式，近年来也出现了"您们"的说法。

"自个儿"是"自己"口语的说法，"大家"也有一个口语的说法
"大伙儿"。

2.6.1.1 "他、她、它"的区别

"他、她、它"是书面语的区别，口语中没有任何区别。"它"用于
指物，既可以用来指个体的事物也可以用来指多数的事物。"他"用于
指男性，"她"用于指女性，性别不明确时用"他"；有男有女的一群
人用"他们"指称，"他们"并不专用于指男性。例如：

（1）姑娘们穿着五颜六色的裙子，小伙子们一个个也都穿得很潇
    洒，他们来到这远离城市、空气清新的大山上野营，心情格外
    舒畅。

（2）这些报纸我不看了，你把它拿去吧。

2.6.1.2 "咱们"和"我们"的区别

"咱们"包括听话人在内，不能和"你们"前后同时出现，"我们"可以不包括听话人，可以和"你们"前后同时出现；"咱们"用于口语。例如：

（1）我们去长城，你们去哪儿？

（2）咱们去颐和园，他们去什么地方？

有时候"我们"包括听话人。例如：

（3）小王他们去西山，我们去长城吧。

2.6.1.3 人称代词活用

第一，"我/你+单位集体"中的"我/你"相当于"我们/你们"。例如：

我方　　　　我团　　　　我院　　　　我所
你校　　　　你方　　　　你厂　　　　你团

（1）我厂专门生产医疗器械。

（2）我校定于12月21日召开家长座谈会，请各位家长准时出席。

第二，"我们"代替"我"，表示谦恭。

（3）综上所述，我们认为一定要加强学生的心理素质的培养。

（4）以上我们介绍了唐代的诗歌，下面我们来介绍唐代的散文。

第三，有时"你、我"用在习语中，不具体指某一个人。例如：

（5）大家你一言我一语讨论得很热烈。

（6）在工人中，形成了一种你追我赶争当先进的大好局面。

第四，"人家"除了指第三人称之外，还可以指说话人自己。这种用法多为青年女性撒娇时用，多带有亲昵的色彩。

（7）人家不懂才来问你，你还不好好回答，以后我有问题再也不问你了。

（8）你别笑人家了，人家都急死了，你还在那儿笑。

现代汉语语法教程（第二版）

2.6.2 指示代词

指示代词用来指代人和事物。可以分为以下几类。

近指：这　这里　这边　这么　这会儿　这样　这么样
远指：那　那里　那边　那么　那会儿　那样　那么样
逐指：每
分指：各
不定指：某
旁指：其他　其余

指示代词与数量词语

> 这/那……+量词

指示代词加量词构成指量短语，指量短语在句中可以做主语、宾语、定语或状语。

这个　那个　这台　那台　这次　那次　这份　那份　各国　每个
（1）这辆比那辆好。（"这辆"做主语，"那辆"做介词的宾语）
（2）那台的质量更好些。（定语）
（3）这次我和你一起去。（状语）

> 这/那+数量短语

这一次　那两次　这一棵　那三顿　那三天　那一趟
（4）这一次很顺利。（主语）
（5）那一趟的费用由公司来出。（定语）

2.6.3 疑问代词及其运用中应注意的问题

疑问代词主要用来表示疑问。

谁　　　　什么
哪　　　　哪里
多会儿
几　　　　多少

"谁"主要用来问人，"什么"主要用来问事物。疑问代词主要在疑问句中提出疑问，如"你找谁？"。但疑问代词也有不用来表示疑问的，这是它的活用。

2.6.3.1　疑问代词用于反问句

疑问代词可以用在发话人并没有疑问而只是用疑问的形式来强调某个意思的反问句中。例如：

（1）你是他妈，你不管他，谁管他呢？

（2）在那黑暗的岁月里，哪里有科学的地位，又哪里有科学家的出路！（郭沫若）

（3）这篇文章哪难呀？我看初中一年级的学生都能看懂。

例（1）强调"你应该管他"，例（2）强调"没有科学的地位，没有科学家的出路"，例（3）强调"这篇文章不难"。

2.6.3.2　疑问代词的任指和虚指用法

疑问代词还用在非疑问句中，主要有两种非疑问用法。

第一，疑问代词的任指用法。

疑问代词的任指用法是疑问代词表示任何人或事物，说明在所说的范围内没有例外。例如：

（1）他是个大明星，谁都认识他。（谁=任何人或所有人）

（2）老王是计算机专家，你问他计算机方面的事，他什么都懂。（什么=计算机方面的所有事）

（3）你爱怎么办就怎么办。（怎么=用任何方式）

第二，疑问代词的虚指用法。

疑问代词的虚指用法是表示不能肯定的人或事，或不愿、不便说出的人或事。例如：

（4）这事儿我好像在哪儿听说过。

（5）你回家时最好买点儿什么带回来给孩子。

（6）你别老待在家里，到哪儿玩一玩吧。

现代汉语语法教程（第二版）

2.6.3.3　其他活用法

第一，"哪里"可以用作谦辞。例如：

（1）——你的毛笔字写得真漂亮。

　　　——哪里哪里。

（2）——你的这篇文章写得太感人了。

　　　——哪里，您过奖了。

第二，"什么"可以用在列举项目前。例如：

（3）我喜欢的体育项目很多，什么排球啊、篮球啊、足球啊、游泳啊，我都喜欢。

（4）他买了许多水果，什么苹果啊、香蕉啊、菠萝啊，买了一大堆。

第三，"什么的"用在列举项目之后。例如：

（5）文学、哲学、语言学、历史学什么的统称社会科学。

第四，"不怎么"放在形容词前面有"不太"的意思，表示程度不高。例如：

（6）从这儿到天安门不怎么远。

（7）你说的那部电影并不怎么好看。

（8）她的汉语水平不怎么好。

第五，"不怎么样"常做谓语或补语，表示否定性的评价。例如：

（9）他这人不怎么样，你不要和他多来往。

（10）你们那个经理并不怎么样。

（11）我看他唱得不怎么样，不像吹得那么好。

第六，"没什么"，谦辞，用于应答句中。例如：

（12）——您帮了我们那么大的忙，真不知道该怎么谢您。

　　　——没什么，没什么。这点儿小事算什么，别客气。

思考与练习（12）

一、代词分为哪几种？

二、"我们"和"咱们"有什么区别？

三、疑问代词都是表示疑问的吗？

四、在下面句子的括号中填上适当的代词。

1. 你是（　　）来的？

2. 你父母的身体（　　）？

3. （　　）去（　　）吃饭？

4. 你（　　）不和我们一起去游览长城呢？

5. 请问去北京大学（　　）走？

6. 请问去山东青岛坐（　　）车最方便？

7. 请问这个词（　　）读？

8. 这本书是你刚买的，（　　）本书是你借来的？

9. （　　）好的一本书，我真应该买一本来认真读一读。

10. （　　）你现在才来呀！你不是早就出发了吗？

11. 你们好好看着王师傅，他（　　）干，你们就（　　）干。

12. （　　）为人民办好事，人民就拥护（　　）。

13. 他可是大明星，（　　）都认识他。

14. 刚来北京的时候，我（　　）都不知道，出门时经常用手机导
    航，或者带着一张北京交通图。

15. 我刚来北京的时候（　　）都不认识，可我现在已经交了好几个
    中国朋友了。

16. 今天逛了一天了，（　　）在（　　）休息一会儿吧！

17. 不论他（　　）说，我还是不明白到香山该（　　）走，只好打
    车去了。

18. 你想（　　）办就（　　）办，只要节省时间就行。

19. 我们都不懂法语，（　　）也听不懂他说（　　）。

20. 刚才你爸打电话说你手机没开机，联系不上你，他一定是有
    （　　）事，你快打一个电话给你爸。

现代汉语语法教程（第二版）

五、请就下列句子中画线部分用疑问代词提问。

例如：我们<u>昨天</u>到<u>天坛</u>去游览。

你们<u>什么时候</u>到天坛去游览了？

你们昨天到<u>哪儿</u>去游览了？

1. 我们在<u>北京师范大学</u>学习汉语。

2. 我们上星期天去北京大学<u>找朋友玩</u>。

3. 我们<u>这个周末</u>去逛书店。

4. 我<u>假期</u>要去<u>上海</u>。

5. 我每天<u>七点</u>起床。

6. 王立平昨天去看<u>她的一个老朋友</u>。

7. 她每天早点要吃<u>两个</u>鸡蛋。

8. 这张照片是在<u>泰山</u>照的。

9. 我以前也当过<u>老师</u>。

10. 我在从西安回北京的火车<u>上</u><u>生病</u>了。

11. 我是<u>坐火车</u>回北京的。

12. 这儿的服务员态度<u>非常热情</u>。

六、用疑问代词的任指或虚指用法改造以下句子。

1. 你找的是老李呀，他修车技术可好了，人人都认识他。

2. 她昨天出去吹了冷风了，今天一点儿东西都没吃。

3. 她看了家里来的信以后，一句话都没说，跑到里屋关起门哭了起来。

4. 刚来中国时，她觉得这也新鲜，那也新鲜。

5. 教练教你这样做，你就这样做，教你那样做，你就那样做。

七、改正下列病句。

1. 这些手表怎么非常贵？

2. 什么回事？他们为什么不在这儿吃饭？

3. 我几乎每个月都要去图书大厦，这儿经常会有新书。

4. 这本字典个个书店都可以买到。

5. 你来这里旅游，应该买点儿任何东西回去送给朋友。

6. 他做的菜不怎样好。

2.7 副词及某些副词的运用

副词是主要做状语修饰动词和形容词的词。例如：

已经离开　　尤其高兴　　重新学习　　更优秀

2.7.1 副词的种类

副词的种类很多，可以分为以下九种。

2.7.1.1 程度副词。如：

很　非常　太　十分　相当
最　极　挺　极其
更　更加　越
稍　稍稍　稍微　略

2.7.1.2 时间副词。如：

已经　已　曾　曾经
刚　刚刚　才
往往　逐渐　渐渐
正　正在　在　从来
立刻　马上　赶快
将　将要　就　就要
连忙　赶快
永远　久久

2.7.1.3 重复副词。如：

也　又　再　还　重　重新　一再　再三　屡次

2.7.1.4 频率副词。如：

常　常常　经常　时时　往往　不断
不时　有时　偶尔

2.7.1.5 否定副词。如：

不　没　没有　别　未　无　勿　莫　非
白　白白

2.7.1.6 范围副词。如：

都　总　全
共　一共　统统
只　仅　仅仅　就　光

2.7.1.7 语气副词。如：

难道　究竟　到底
简直　可　却
偏　偏偏　倒
也许　或许　大约　大概
居然　果然　竟然　显然　公然

2.7.1.8 情态、方式副词。如：

特地　特意　亲自　专程
急忙　连忙　赶紧
猛然　忽然
暗暗　悄悄
大力　稳步　阔步

2.7.1.9 协同副词。如：

一起　一同　一并　一道　一块儿　一齐

有些副词可以表示多种意义。如"就"在"天就要黑了"中表示时间，在"他不让我去，我就要去"中表示语气，在"我们家就有一间房子"中表示范围。

2.7.2　副词的语法特征

2.7.2.1　副词都能充当状语，这是它的主要功能，主要修饰动词和形容词性成分。

2.7.2.2　绝大多数副词不能修饰名词性成分，少数副词在以下情况中可以修饰名词性成分。

第一，少数副词可以修饰带顺序义的名词性的谓语中心语。例如：

（1）今天才星期三。

（2）她才二十岁就结婚了。

（3）他刚毕业一年，就已经副教授了，在我们这里，根本不可能。

（4）他的专业好，才毕业一年，工资就已经五千了。

第二，个别表示范围的副词可以修饰主语。例如：

（5）就他一个人到了。

（6）就华山我没有去过，中国其他四大名山我都去过。

2.7.2.3　程度副词"很"可以放在结构助词后面充当补语，"极"与"了"结合可以充当补语。

（1）重庆今年夏天热得很，有几天达到43度了。

（2）他的汉语好极了。

2.7.2.4　副词大多数不能单独用，但"的确、当然、马上、刚好、不、没有、也许"等可以在应答句中单独用。例如：

（1）——他的汉语真标准。

　　　——的确。

（2）——他们大概已经出发了。

　　　——也许。

2.7.3　副词和形容词的区别

形容词能做定语，大多数能做谓语；副词不能做定语和谓语，大多数只能做状语。比较"突然"和"忽然"，前者是形容词，后者是副词。

现代汉语语法教程（第二版）

这事太突然了　　非常突然　　　很突然　　　突然事件
天忽然阴了　　*非常忽然　　*很忽然　　　*忽然事件

2.7.4　部分副词的基本用法

2.7.4.1　很、太

第一，"很"是最常用的一个程度副词，表示程度高。但有时用"很"并不表示程度高，它的语义已经部分虚化了，放在充当谓语中心语的形容词前充当状语，更多的是一种句法上的要求而已。汉语在一个孤立的单句中，形容词一般不单独做谓语，常常要有别的词语加在前面或后面，有的程度副词"很"就没有多少程度的意义。例如：

（1）这孩子很聪明。

（2）这件衣服很漂亮。

第二，"太"表示程度高，与"很"主要的不同之处是常常含有程度过头的意思，带有一定的贬义色彩。当然"太"也可以表示褒义，用"太"表示褒义时带有赞叹的含义。例如：

（3）他的学习态度很端正。

（4）*他的学习态度太端正。

（5）我们这儿社会秩序很安定。

（6）*我们这儿社会秩序太安定了。

（7）他个子很高。（褒义）

（8）他个子太高。（带有贬义）

（9）那些地方太混乱了。

（10）她长得很漂亮。

（11）她长得太漂亮了。（带有赞叹的含义）

第三，"很"可以用来修饰动词带数量短语的述宾短语或中补短语。例如：

> 很+V+数量短语+NP

很看了一些书　　　很认识几个朋友
很找了一阵子　　　很花了一些时间

（12）在那儿我很认识了一些人。

（13）为了拿下这个项目，他很花了一些功夫研究这里的市场需求。

（14）我在你们家很等了一阵儿你都没来。

（15）他上大学时很读了一些小说。

第四，用"太"的句子后面常加"了"，用"很"的句子常常不加"了"。例如：

（16）他身体太好了。

（17）*他身体很好了。

第五，"不很……"与"很不……"有区别。"不很……"表示程度减弱。例如：

（18）他的身体最近很不好。（很不好＝很糟）

（19）他的身体最近不很好。（不很好＝有点儿不好）

（20）在这儿吃得很不舒服。

（21）在这儿吃得不很舒服。

2.7.4.2 都

第一，表示总括全部。

A. 被总括的对象在前面。例如：

（1）我们班的同学那天都去了。

（2）昨天他们都不在家。

B. 如果总括的是受事，语序要变化，受事成分常常放在"都"前。例如：

（3）我看完那几本书了。→那几本书我都看完了。

（4）我洗了那几件衣服了。→我把那几件衣服都洗了。

C. 总括的对象前面可以用连词"不论、无论、不管"，形成以下格式：

不论/无论/不管……都+VP/AP

（5）不论多么难的问题都难不倒他。

（6）无论干什么事，他都非常认真。

（7）不管刮风下雨，张大爷都坚持早锻炼。

D. 在疑问句中，总括对象在"都"后面。例如：

（8）你们都去哪儿玩了？

（9）你在这儿都认识谁？

（10）你们班都谁考上大学了？

第二，表示"甚至"。

（11）我在北京待了那么多年，都没听说过那个地方。

（12）他都把你的名字忘了。

（13）我是他最好的朋友，我都不知道他要结婚了。

第三，表示"已经"，后面可以是动词性成分，也可以跟带有顺序义的名词性成分。例如：

（14）饭都凉了，我给你热一热吧。

（15）都那么大的人了，还不会洗衣服，害不害臊？

（16）都七点半了，还不快起床！

（17）都十一月了，天还一点儿不冷，今年天气有点儿反常。

2.7.4.3　才

第一，表示事情在不久前发生，相当于"刚"。例如：

（1）他才走，你还追得上他。

（2）我才从香港回来，给你带了一个小礼物。

第二，"才……就……"表示两个动作或两件事接着发生，其中的"才"可以用"刚"来替换。例如：

（3）他才回到家，邻居家的小朋友就到家里来约他出去玩。

（4）你怎么才来就急着要走？多坐一会儿，咱们好好聊一聊。

（5）外面才下了雨，现在马上就出太阳了。

第三，表示数量少程度低（包括时间早、时间短、年纪小等）。例如：

（6）这孩子才四岁就会自己去买东西了。

（7）这篇课文我才读了一遍，还要多读几遍。

（8）今天才星期二，到周末还有几天，不必忙。

第四，用在后一个小句，表示只有在某种条件下，或由于某种原因，然后怎么样。前面常有"只有、必须、要、因为、由于、为了"与后面的"才"配合使用。例如：

（9）学外语只有多练才能学好。

（10）因为他是这方面的专家，才派他去。

（11）这样做才利于孩子的成长。

第五，"才"与"就"有时是相对的。有时"才"表示说话人认为时间晚、时间长、数量大等，而"就"表示说话人认为时间早、时间短、数量小，短时间内即将发生。例如：

（12）你怎么才来？

（13）我跑了五趟才见到他。

（14）今天他六点就来了。

（15）我就来，你先走一步。

（16）下个星期五才交作业，这个星期三他就做好了。

（17）我一天才写完那篇文章，他两个小时就写出来了。

2.7.4.4　都、才

第一，"都"有时表示说话人认为程度高、时间晚、分量重等语义。例如：

（1）都七点半了，你怎么还不起床？你今天八点不是还有课吗？

（2）都两点了，你怎么还不睡？

（3）他哥哥都三十岁了，还没有女朋友。

第二，"才"有时用来表示说话人认为程度低、时间早、分量轻等语义。例如：

（4）这里的水果特别便宜，夏天的时候，一斤西瓜才卖五六毛钱。

（5）才两斤鱼，怎么够我们十个人吃？

第三，"才"表示说话人认为程度低、时间早、分量轻等语义，有时要与"就"配合起来使用，形成"才……就……"。例如：

（6）才六点你就把我叫起来，我今天又不上课。

第四，"都"表示说话人认为程度高、时间晚、分量重等语义，也可以和"才"配合使用，形成"都……才……"。例如：

（7）他都两岁了才开始学走路。

（8）都七点了，她才开始做饭，什么时候才能吃上饭啊？

（9）你看看，都什么时候了，你才来，让我们等了你一个小时！

2.7.4.5　就

副词"就"用法比较多，归纳起来，有以下几种：

第一，表示很短时间内即将发生。例如：

（1）全国羽毛球决赛明天就开始了。

（2）你们在那儿等一会儿，我这就走。

（3）饭眼看就做好了，你吃了饭再走吧。

第二，强调在很久以前已经发生。"就"前通常有时间词语或其他副词。例如：

（4）他的工作表现一直就很好。

（5）这本书我早就看过了。

（6）他五岁就上小学了。

第三，表示两件事紧接着发生。例如：

（7）看见那个流氓，孩子们转身就跑。

（8）他一玩起电脑来就什么都不顾了。

（9）教练一教我马上就会了。

第四，加强肯定。例如：

（10）你不让吃，我就要吃。

（11）他们学校就在这条路的尽头。

（12）不吃，不吃，就不吃。

（13）我就不要他看我的手机。

第五，确定范围，相当于"只"。例如：

（14）老赵就去过上海，没去过别的地方。

（15）我就有一本字典，没有多余的。

（16）我就要红色的，不要别的颜色的。

第六，强调数量多寡。"就"重读，强调说话人认为少，如例（17）、例（18）；"就"轻读，强调说话人认为多，如例（19）、例（20）。

（17）他就买了两个苹果，没有多买。

（18）那天来上课的人不多，我们班就来了五个同学。

（19）水果他要么不吃，一吃就吃四五个。

（20）我们才练半小时，他们一练就两个小时。

2.7.4.6 也

"也"是汉语中用法比较复杂的一个副词，大致有四种用法。

第一，表示两事相同。例如：

（1）你去新疆旅游，我们也去新疆旅游。

（2）那房子要可以，不要也可以，你总得给我个答复。

（3）老师也讲课，也让我们做练习。

（4）草莓我也爱吃，芒果我也爱吃。

第二，表示无论假设成立与否，后果都相同。例如：

（5）就是下雨，足球赛也要进行下去。

（6）跑最后一名也要坚持跑完。

（7）只要大家坚持下去，再大的困难也能克服。

（8）这个包再重也就十千克左右。

（9）你解释了我当然清楚，你不解释我也清楚。

（10）这些油渍擦也擦不掉了。

第三，表示"甚至"，加强语气，前面隐含"连"字，这样的"也"多用于否定句。例如：

（11）人们都下地干活儿去了，街上人影儿也没有。

（12）他太迷电脑游戏了，有时候玩起游戏来饭也不吃，觉也不睡。

（13）外面一点儿风也没有，树叶一动也不动。

第四，表示委婉语气，去掉这样的"也"字，语气就显得直率，甚至生硬。例如：

（14）音量也就是这样了，不能再大了。

（15）难怪她不喜欢你，你也太不知道体贴她了。

（16）改了几次，总也改不好。

（17）这篇文章也还拿得出去。

2.7.4.7　没（有）、不

第一，词性问题。

"没（有）"有时用作副词，有时用作动词；"不"只是副词，不是动词。副词"没（有）"放在动词和形容词前面，是对"VP+（了）"的否定。动词"没（有）"后面跟名词，它是对"有NP"的否定。

以下"没（有）"是副词：

没有去	去了
没有来	来了
没有买菜	买了菜
没有记下来	记下来了
没有好	好了

以下"没（有）"是动词：

没有老师	有老师
没书	有书
没有肉菜	有肉菜
没有空调	有空调

第二章　实词的特征及其应注意的用法

第二，"不"与"没（有）"的区别。

A. 用于否定动词及动词短语时，"不"主要从主观角度否定动作发出者发出行为动作的意愿，如"他不吃"是"他不愿意吃"。"不"主要用于否定现在、将来，也可以用于否定过去。"没（有）"从客观角度对某一行为动作进行否定，主要用于否定过去的行为动作，"没（有）"在表示假设或估计时，也可以用于否定将来的行为动作。

（1）他今天明天都不来。

（2）他昨天没来。

（3）他昨天不去是因为要加班。

（4）他们以前没钱，现在也没钱。

（5）如果他明天来时没带钱，我可以借给他。

（6）要是你们来韩国时没见到我们，很可能是我们去欧洲了。

（7）很可能我到他那儿时，他还没回家呢。

B. 用于否定形容词时，"不"否定的是性质和状态，而"没（有）"否定的是性质状态的变化。例如"水不凉"否定的是"凉"这种性质，而"水没凉"否定的是"凉"这样的变化的出现，即"水没变凉"。又如：

（8）叶子还不红。

（9）叶子还没红。

（10）这种菜不酸。

（11）这碗菜没酸吗？

（12）今年北京天气不正常。

（13）*今年北京天气没正常。

（14）我们小区的供电到现在还没正常，常常停电。

从时间的角度来观察，"不"用于否定形容词时，所否定的可以是自然的恒常的性质或状态，包括现在也可能包括将来和过去；也可以单独否定过去、现在或将来的性质或状态。而"没"主要否定过去的状态的变化，也可以否定现在的状态变化的实现。例如：

（15）月亮不太亮。（不仅现在，将来、过去也不太亮）

现代汉语语法教程（第二版）

（16）海南不冷。（恒常的状态是不冷）

（17）灯不亮。（亮度不够）

（18）灯没亮。（没有出现"亮"这样的状态）

（19）叶子不黄。（现在不具有黄的状态）

（20）叶子没黄。（没有变黄）

（21）你的脸不红。（不具有"红"的状态）

（22）你的脸没红。（"红"的变化没实现）

C. "不"和"没（有）"句法功能的差别。

① "不"能够否定大多数充当谓语的形容词，充当谓语的形容词用"没（有）"否定的是少数。

加"不"	不高兴	不愉快	不健康	不努力	不优秀	不文雅
加"没"				没努力		
加"不"	不高雅	不白	不红	不安静	不简单	不客气
加"没"		没白	没红			没客气
加"不"	不漂亮	不干净	不满意	不重要	不便宜	不粗
加"没"					没便宜	

（23）其实他卖给我没便宜多少，只便宜了几块钱。

（24）他卖给你不便宜，卖给我也没便宜，尽管我们还是朋友。

② 有的形容词只能被"不"修饰，如果把"不"换成"没"，"没"变成动词，形容词变成名词。如：

副词+形容词　　　　动词+名词

不困难　　　　　　　没困难

不矛盾　　　　　　　没矛盾

不民主　　　　　　　没民主

不痛苦　　　　　　　没痛苦

不耐心　　　　　　　没耐心

③ 有的形容词只能受"不"修饰，不能直接受"没"修饰，而当该形容词放在一个动词后面构成一个中补短语时，"没（有）"可以否定由"动词+形容词"构成的中补短语，其结构层次为：[副词+（动词+形

容词）]。例如：

不早——*没早——没来早

不低——*没低——没调低

不薄——*没薄——没变薄

不咸——*没咸——没炒咸

不尖——*没尖——没磨尖

不强——*没强——没变强

不穷——*没穷——没变穷

不整齐——*没整齐——没放整齐

（25）他做事不彻底。

（26）*他做事没彻底。

（27）他对人不热心。

（28）*他对人没热心。

（29）这面粉不细。

（30）*这面粉没细。

（31）这面粉没磨细。

④ 有的形容词只能被"不"修饰，被"没"修饰时，形容词变成动词。例如：

（32）他学习不差。

（33）*他学习没差。

（34）他没差钱。（"差"为动词）

（35）他思想不进步。

（36）他学习没进步。（"进步"为动词）

（37）他学习没进步那么多。（"进步"为动词）

第三，"没有"与"没"的区别。

"没"是"没有"的紧缩形式，动词和副词都是如此。它们在用法上有点儿区别，"没"往往不能用在句末①，"没有"可以用在句末。例如：

---

① 汉语有的方言疑问句可以用"没"放在句末。

（38）路上一个人也没有。

（39）*路上一个人也没。

（40）你去了没有？

（41）*你去了没？

第四，在句子中的位置。

"不、没（有）"用在"把"字句、"被"字句中时，应该放在"把"和"被"之前，不能放在动词前面。例如：

（42）我没把那事告诉你爸爸。

（43）*我把那事没告诉你爸爸。

（44）你不把你的书包带回去吗？

（45）*你把你的书包不带回去吗？

（46）那本书没被他借走。

（47）*那本书被他没借走。

思考与练习（13）

一、副词在句子中主要充当什么句子成分？

二、副词可以充当补语吗？

三、说副词只出现在动词、形容词前面对不对？

四、选择适当的副词填空。

（一）也　就　都　才　还

1.他的词汇量很大，这篇文章中的词他（　　）懂。

2.昨天他（　　）考完试，你（　　）让他休息一会儿吧。

3.这本书太难了，（　　）他一个人能看懂。

4.这部电视剧你们都看过了，可我（　　）没看过呢。

5.昆明我（　　）去过，那儿的气候真好，一年四季气温不高（　　）不低。

6.那孩子你（　　）认识，他的钢琴弹得可好了。

7.我今早到学校时（　　）七点。

8.他爸爸（　　）十六岁（　　）去那家工厂当工人了。

9.他（　　）到北京没几天（　　）病了。

10. 我在家（　　）待了三天（　　）走了。

11. （　　）三十岁的人了，还要父母钱，你好意思吗？

（二）可　越　只　又　更

1. 昨天的晚会上，他一首（　　）一首地唱了好几首歌。

2. 这孩子从小就喜欢音乐，自从学拉小提琴后，他（　　）喜欢音乐了。

3. 王刚（　　）喜欢运动了，他喜欢打篮球、踢足球，（　　）喜欢游泳。

4. 中国（　　）往南走河流（　　）多。

5. 我现在什么都不想吃，（　　）想吃家乡菜。

6. 他儿子上次跑步得了第一名，这一次（　　）得了第一名。

7. 最近他（　　）看汉语书，英语书有好长时间没看了。

8. 他比以前（　　）瘦了。

9. 那家商店（　　）大了，什么东西都有。

10. 他（　　）长（　　）高，都快赶上他爸爸了。

（三）最　更　稍微　比较

1. 来这儿旅游的人很多，一天（　　）少也有五六千人，（　　）多可以达到五万人。

2. 他送给我的那件衣服（　　）有点儿小，要是再大一点儿就好了。

3. 这间屋（　　）暗，（　　）好换一个亮一点儿的灯。

4. 在体育运动中，我喜欢踢足球、打网球，但（　　）喜欢的是游泳。

5. 虽然已是春天了，但天气还是（　　）有点儿冷，你得穿件毛衣。

6. 在这里待了三年了，我爱上了这里风景如画的环境，爱上了这里的生活，（　　）爱上了这里朴实的人民。

7. 这儿路（　　）滑，稍不小心就会滑倒。

（四）不　没（有）

1. 这种菜我以前从来（　　）吃过。

2. 那地方我真的（　　　）想去，你们去吧。

3. 我看这字（　　　）可能是小李写的，这几天他（　　　）回来过。

4. 我可（　　　）听说过他有这样一个朋友。

5. 你好好想一想，今后就（　　　）会有这样的机会了，你最好还是和我们一起去。

6. 天太晚了，估计（　　　）公共汽车了。

7. 我真（　　　）愿意让你去那么远的地方工作。

五、用"不"和"没"填空。

1. 他一点儿（　　　）穷，你不用给他钱。

2. 他不会（　　　）钱，你放心。

3. 他穿衣服一点儿也（　　　）随便。

4. 他（　　　）方便来吗？

5. 你买的这种米（　　　）差，挺好的。

6. 你的眼镜（　　　）压碎吧？

7. 他平时也（　　　）准时。

8. 他（　　　）准时到达机场，客人自己去的饭店。

9. 小李办事（　　　）仔细。

10. 我（　　　）仔细想就答应了。

11. 他（　　　）遵守交通规则，说不定哪天会吃亏的。

12. 他（　　　）自觉，我们也不好说他。

六、把下列句子中用得不对的副词改正过来。

1. 今天我出来得太急，把伞没带来。

2. 那么简单的题我究竟还做不出来吗？

3. 等你下一次来的时候，我们又好好谈一谈。

4. 不知道她是怎么了，说着说着猛然哭了起来，我也不知道该怎么劝她。

5. 你还知道，我并不喜欢吃肉，今后我来吃饭不要做那么多肉。

6. 我们立即才出发，你快一点儿。

7. 我每天早晨就要锻炼一下身体。

8. 不论怎么困难，她就决心把汉语学好。

9. 你们想去长城，我还想去。

10. 天都黑了，你就不快回家。

七、请在下列句子中适当的位置填上"就"这个词。

1. 你们 先 走 一步， 我 去。

2. 他 十五岁 参加 工作了。

3. 他们 说 干 干。

4. 他 这样的 人， 他 白给 我 干 我 也 不要。

5. 你 最好 着 医生 这会儿 在， 好好 检查一下。

6. 早 在 儿童 时期 我们 认识了。

7. 书架 上 有 那 几本 书。

8. 看见 他， 那个 小姑娘 扭头 跑。

9. 我 刚 出门 碰上 老李。

10. 这 问题 以前 早 研究 过了。

11. 专业 知识 来说， 我 远 不如他。

12. 他 一 干起 活来 什么 都忘了。

13. 技术 而言， 我们 厂的 篮球队 比 你们 强。

14. 他 再 有钱 我 也 不会嫁 给他。

15. 再 加 一点儿 满了。

16. 那么 难吃， 你 请 我 吃 我 也不吃。

17. 这部作品 语言 来看， 不 像 宋朝的。

18. 小李 着 医疗队 来的 机会， 学了 不少 医学 知识。

19. 他们 着 宿舍 周围 砌了 一个 花坛。

20. 出去的 时候 手 关一下 门。

21. 他 不 来， 我们 也 有办法。

22. 我们 不 要 她 跟 我们 去。

23. 他 不干 不干， 要 干就真 像个 干的 样子。

24. 他 不说 不说， 一 说就 没 完

现代汉语语法教程（第二版）

没　　了。

25.　这　东西　他　拿　去了　也　没用。

26.　比赛　比赛　吧，　输了　也　没关系。

27.　小黄　从小　肯　学习。

28.　着　这场雨，　咱们　赶快　把　这些　小树
栽上。

29.　咱俩　才　抬一百斤，　人家　一个人　挑
一百二十斤。

30.　再　便宜　我　也　不想　买。

31.　我　有　一本，　你　别　拿走。

32.　你们　在　那儿　等　一会儿，　我　这
走。

33.　着　现在　太阳　好，　你　把　被子
拿　出去　晒　一　晒。

34.　老师　一教　我　会了。

35.　天　很快　冷了，　我　得　为　你　准备
棉衣了。

36.　他的　病　几年　以前　已经　确诊了。

37.　我　再胖，　也　赶　不　上　你。

38.　你　等会儿，　他　马上　回来。

39.　他　讲完　我们　明白了。

40.　他　既然　不　同意，　那　算了。

41.　你　不　让　干，　我　要　干。

42.　老赵　学过　法语，　你　可以　问　他。

43.　老两口　有　一个　儿子。

44.　老赵　学过　法语，　没　学过　别的
外语。

45.　昨天　他　没来，　别人　都　来了。

46.　这样，　我们　来　到了　西安。

47.　他　要了　三张　票，　没多　要。

48.　老周　讲了　半小时，　下边　就　讨论了。

49. 如果 他 去， 我 不 去了。

50. 他 是 爱 下棋， 一下 没 完 没 了。

八、请在下列句子中适当的位置填上副词"也"，有的句子可能需要填两个或两个以上"也"。

1. 你 去 北京 参观 访问， 我们 去 北京 参观 访问。

2. 大人 好， 孩子 好， 没有 不 夸 她的。

3. 来 可以， 不来 可以， 你 总得 给 我个 信儿。

4. 我 说的话， 听 由你， 不听 由你。

5. 风 停了， 雨 住了。

6. 昨天 你 去 长城了？

7. 将来 我 去 边疆 工作。

8. 老师 讲课， 提 问题。

9. 我们 划船， 游泳。

10. 天 亮了， 风 停了。

11. 他的个儿 高， 力气 大。

12. 地 扫了， 玻璃 擦了， 东西 整理了。

13. 他 会 英语， 会 汉语。

14. 馒头 我 吃， 米饭 我 吃。

15. 我们 唱 中国歌， 唱 外国歌。

16. 我们 中间 有 南方人， 有 北方人。

17. 他 前天 来了， 昨天 来了。

18. 这里的气候 我 喜欢， 不喜欢， 看 怎么 说呢。

19. 他 有人 看着 认真 干， 没人 看着 认真 干。

20. 虽然 已经 下起 大雨 来了， 足球赛 要 按时 举行。

21. 你　不　说　我　知道。

22. 再　怎么　难　要　完成　这项　任务。

23. 跑　最后　一名　要　坚持　跑完。

24. 三十人　没　这台　机器　快。

25. 你　说了　我　当然　知道，　你不　说　我　知道。

26. 谁　不　说话，　眼睛　都　盯着　黑板。

27. 说　什么　咱们　不　能　灰心。

28. 只要　大家　团结　一致，　什么　困难　能　克服。

29. 洗　洗　不　干净了。

30. 听　没　听　进去　几句。

31. 再　修理　只能　这样了。

32. 最　远　就　远　二十米　左右。

33. 顶多　不　过　十千米。

34. 他　永远　不　知道　什么　是　累。

35. 反正　是　晚上了，　你们　就　明天　再　回去吧。

36. 你　大小　是个　负责人，　怎么　一句话　不　说?

37. 人们　都　下　地　干　活儿　去了，　街上　人影儿　没有。

38. 他　一心　扑　在　工作上，　有时候　饭　忘了　吃。

39. 他　头　不　抬，　专心　学习。

40. 一颗　粮食　不　浪费。

41. 这儿　一点儿　晒　不着。

42. 树叶　一动　不　动。

43. 音量　就是　这样了，　不　能　再　大了。

44. 这张画　还　拿得　出去。

45. 我　看　只好　如此了。

46. 难怪　她　不　高兴，　你　太　不客气了嘛!

47. 情况　不　一定　会　像　你　说的　那样吧!

48. 你　不　是　外人，　我　都　告诉　你吧!

49. 节目　倒　不错。

50. 写了　几次，　总　写　不　好。

虚词的特征及其应注意的用法

3.1 介词及其应注意的用法

介词是用在名词或名词性词语前组成介词短语的一种虚词。介词大多是由动词虚化而来的。例如：

按	照	按照	根据	依	依照	通过	顺
向	往	朝
从	自	在	由	打	自从	至	到
关于	对于	对	至于	就
和	与	跟	同
比	较之

3.1.1 介词的语法特征

3.1.1.1 介词不能单说，要在后面加上宾语构成介词短语（又称为"介宾短语"）才能进入句子，充当句子成分。例如：

被她　　比我　　对于这个问题　　从学校　　根据国家规定

把那本刚刚买来的书　　就中国经济发展的战略问题

（1）我被他害苦了。
（2）以你的能力，你可以找到一份更好的工作。

（3）这事由老张负责。

（4）我们就照你说的去办。

（5）他凭什么不负责任?

介词短语一般不能单说,但在对话里,有的介词短语能单说。例如:

（6）——您从哪儿来?

　　　——从上海。

3.1.1.2　介词不能重叠。例如:

（1）*他比比你高。

（2）*我对对他说了。

（3）*我在在家里吃过了。

3.1.1.3　介词不能带动态助词"着、了、过"。例如:

（1）*他给了我打针。

（2）*你在跟着谁说话?

（3）*他被过妈妈打了一顿。

介词大多数是从动词虚化来的,现代汉语中许多介词兼属动词,有时是介词,有时是动词。做动词时有的可以重叠,有的可以带"着、了、过"。

3.1.2　某些介词的用法

3.1.2.1　对于　对　关于

第一,"对于"和"对"引进对象,或相关的人,或相关的事物。多数情况可以互换,但它们在用法上仍有一些差别:

A."对"引进的对象更广,能用"对于"的都可以换用"对";

B. 表示人的名词性成分特别是单个的词前面多用"对",表示事物的名词性成分一般用"对于";

C."对"还相当于"朝"和"向"的意思。

（1）她对我笑了笑。（"对"可换用"向"）

（2）*她对于我笑了笑。

现代汉语语法教程（第二版）

（3）我们要对人民负责。（"对"可换用"向"）

（4）*我们要对于人民负责。

（5）王老师对学生要求很严格。

（6）*王老师对于学生要求很严格。

（7）我对他很尊敬。

（8）*我对于他很尊敬。

（9）对于我们双方在这个问题上的意见分歧，我们另外找时间坐下来好好谈一谈。

（10）对我们双方在这个问题上的意见分歧，我们另外找时间坐下来好好谈一谈。

第二，"对于/对……来说"是一个介词短语，中间可以插入名词性词语或动词性词语。这种短语主要在句首做状语，也可以放在主语后面，表示从某人或某方面的角度来谈问题。

> 对于/对+NP/VP+来说

（11）对于你来说，最好的一条路就是到国外把外语学好，再学一个有用的专业，然后回国来工作。

（12）对于学外语来说，最有效的办法就是到说该语言的国家去学习。

（13）对孩子来说，母爱是不可缺少的。

（14）药物对他的病来说不是最重要的，关键要加强锻炼，注意饮食。

第三，"关于"与"对于"的区别。

A. "关于"引进涉及的事物，"对于"引进与动作的主体（人或团体）有相互关系的对象。例如：

（15）对于冥王星的行星地位，我很感兴趣。

（16）*关于冥王星的行星地位，我很感兴趣。

（17）对于生物进化的问题，我了解得不多。

（18）*关于生物进化的问题，我了解得不多。

（19）对于他，我没有任何意见。

（20）*关于他，我没有任何意见。

（21）关于云南路南石林，当地还有许多传说呢。

（22）*对于云南路南石林，当地还有许多传说呢。

（23）对于不正之风，我们不能听之任之。

（24）*关于不正之风，我们不能听之任之。

如果两种含义都有，"关于""对于"都可以用。例如：

（25）关于（对于）食堂卫生的问题，学校领导一定研究解决。

（26）对于（关于）冥王星的行星地位，这篇文章讲得很清楚。

（27）对于（关于）生物进化的问题，这本书讲得很详细。

B."关于"与"对于"构成的介词短语充当状语在语序上还有差别。
"关于"构成的介词短语充当状语，放在主语之前，而"对于"构成的
介词短语充当状语可以放在主语之前，也可以放在主语之后。

关于……+主语……

（28）关于恐龙灭亡的原因，我看过一些分析文章。

（29）*我关于恐龙灭亡的原因看过一些分析文章。

对于……＋主语……
主语＋对于……

（30）对于日本文学，我了解得不多。

（31）我对于日本文学了解得不多。

（32）对于中医、中药，我非常感兴趣。

（33）我对于中医、中药非常感兴趣。

3.1.2.2 至于

介词"至于"前面必须有一些话语，用在一个小句或句子开头，
"至于"前说的是一个话题，而"至于"引出的是与前一话题相关
的另一个话题，有时进一步把话题引向深入，后面的名词性词语或动
词性词语就是引入的新话题。"至于"在语义上大致相当于"说到、

谈到"。

……至于+NP/VP，……

（1）熊是杂食动物，吃肉，也吃水果，也吃果实块根。至于熊猫，则完全是素食动物。

（2）这次旅游，小张负责交通，小李负责住处，小王负责吃饭，至于我嘛，负责选择旅游项目。

比较：至于——关于。"关于"不是在一个话题的基础上引出另一个话题，它所引出的主要是一个单独的话题。"关于"还可以用来构成文章名和书名，"至于"不能这样用。例如：

（3）今天先讲到这儿。关于茶叶的保健作用，我下次再介绍。

（4）《关于冥王星的地位》《关于地球的起源》

3.1.2.3　就

"就……"所构成的介词短语可以放在主语前，也可以放在主语后。第一，引进动作的对象或范围。例如：

（1）大家就孩子的教育问题展开了热烈的讨论。

（2）就专业知识来说，他们要比我们学得扎实得多。

（3）就技巧而言，中国队要比他们略强一些。

（4）昆明就气候来讲，是最适宜生活的城市。

第二，表示从某方面来论述，常常含有和其他人或其他方面比较的意思。其中的"就"大多数可以换为"对"。例如：

（5）就我们没专门学过的人来讲，能够看懂这些书就很不错了。

（6）就我来说，再干几个小时也不成问题，可身体弱的人该休息了。

（7）就我们公司来说，出多少钱不是问题，问题是出得是否值得。

第三，表示趁着什么，借着什么，以便干什么，后面常常加"着"。例如：

（8）你最好就着老师在，问一问老师那道数学题。

（9）我就着那些医生来给他看病的机会，也让那些医生给我检查了一下身体。

（10）就着现在他们休息的时候，你赶快去向他们请教几个问题，这个机会很难得。

3.1.2.4 从

第一，指出时间的起点，时间词语后面有的可以加"起"，形成"从……起"。例如：

（1）我们从今天起每天锻炼一个小时。

（2）从地震发生以后，灾区已经死了三十多人了。

（3）他的手术从九点做起，已经做了五个小时了。

第二，指出动作变化的起点，后面可以跟名词性成分或动词性成分。例如：

（4）我们从北京出发。

（5）长江从青海发源经过了十个省流进大海。

（6）下了一场大雨后，江水从五米涨到了六米。

（7）几年之后他从外行变成了内行。

（8）你一定要从切菜、选料做起，一步一步来，扎扎实实学，今后才能成为一名优秀的厨师。

第三，指出通过的场所。例如：

（9）火车从山洞里钻了出来。

（10）月光从云缝里射了出来。

（11）游行队伍要从天安门前通过。

第四，表示凭借、根据。例如：

（12）从地图上看，滇池只是很小的一个湖，但是它是云贵高原最大的淡水湖，是高原上一颗璀璨的明珠。

（13）从你的症状看，你一定是感冒了。

（14）我们要从实际情况出发，不要从书本出发。

（15）从报案人描述的情况看，作案人不是第一次作案，而是一伙惯犯，有十分丰富的反侦察经验。

第五，表示范围。例如：

（16）我们从保护环境谈到节约能源和开发新的能源。

（17）从孩子身上我们可以学到许多东西。

（18）这个问题应当从理论的高度来认识，不能只是就事论事。

从……到……

表示时间、空间、具体的事物或抽象的事物的范围。可以放入名词性成分、动词性成分，也可以放入形容词性成分。

（19）以前，从北京到新疆乌鲁木齐要坐五十多个小时的火车。

（20）听到这个消息，从工人到干部都很高兴。

（21）现在中国高铁四通八达，从东北的黑龙江的哈尔滨到西北的乌鲁木齐，从东部的上海到云南的大理都通了高铁。

（22）我们要从生活上到心理上关心孩子的健康成长。

（23）这个厂的产品从原材料的购进到每一道工序都有检验员严格把关。

（24）从一个人的谈吐到衣着打扮往往可以看出其受教育的程度和个人修养。

（25）你应该从易到难，一步一步地学。

（26）从小到大我一直都在这个城市，从来没有离开过。

有的"从……到……"中的"到"前可以加进"一直、直"。例如：

（27）他从昨天上午一直到今天下午2点一直在写那份计划书。

（28）从小学直到大学他都是班里的尖子生。

（29）为了和其他公司竞争，他们从设计新产品直到投入生产只花了三个月的时间，所以他们的新产品很快占领了市场。

从+NP/VP+V+到……

（30）他们公司的股票从1元一股涨到26元一股。

（31）昨天我见到了多年前的老朋友，我们从小时候顽皮的恶作剧、这些年的磨难聊到各自的家庭和今后的理想。

（32）从北京飞到伦敦要多长时间？

（33）他们从几十万元的资金发展到今天已经成为一家拥有上亿元资产的大公司。

（34）他的手术从上午9点做到下午4点才做完。

3.1.2.5　向

第一，表示动作的方向。"向+NP"构成的介词短语常常放在以下动词前面或后面：

走　飞　冲　奔　流　飘　漂　转
投　驶　拉　推　划　开　射　倒

V+向+NP

（1）看到那辆汽车，我猛地一下把他推向路旁，避免了一场车祸。

"向"后面可以带动态助词"了"。例如：

（2）他们把小船划向了岸边。

（3）台风把他们的船刮向了完全相反的方向。

向+NP+VP

（4）人往高处走，水向低处流。

（5）高铁正向南开去。

（6）那小竹筏向下游漂去。

（7）警察向示威的人群投催泪弹。

"向"后可以带动态助词"着"。例如：

（8）那辆失控的汽车向着路边的人群驶去。

第二，引进动作的对象，"向"后面的名词性成分主要表示的是人或单位团体，在句中主要做状语。

向+NP+VP

（9）我向他借了一把雨伞。

（10）我们都应该向他这样的好学生学习。

（11）我向银行申请了贷款，不知道会不会批准。

（12）那个年老的乞丐向过路的行人要钱。

以上例句中的动词都带有"获取"的语义特征。也有的没有"获取"义。例如：

（13）这事只有你向他们解释吧。

$\boxed{\text{向+NP+表示/宣誓/发誓}}$

（14）我向领导表示了我对这个问题的看法。

（15）他向他妈妈表示今后一定要努力学习。

（16）足球赛开始之前，裁判向全体运动员和观众宣誓：严格遵守竞赛规则和裁判员纪律，尊重参赛运动员，文明裁判，严肃认真，不徇私情，秉公办事，圆满完成裁判工作。

（17）他向他女朋友发誓：永远也不会改变对她的爱。

思考与练习（14）

一、介词主要的功能是什么？

二、介词能单独充当句子成分吗？

三、选择适当的介词填在下列句子的横线处。

　　　在　　从　　向　　关于　　对于　　对

1. 你准备 _____ 上海回国吗？

2. 你 _____ 大使馆申请签证了吗？

3. 我看过几篇 _____ 如何预防阿尔茨海默病的科普文章。

4. 你 _____ 北京有亲人吗？

5. _____ 他的观点我不太同意。

6. 他 _____ 什么地方打电话来给你？

7. 我 _____ 他说了我的打算。

8. 你 _____ 她了解一下这家公司的财务状况。

9. 难道你 _____ 他没有感情吗？

10. 我们一定要 _____ 思想上重视这个问题。

四、选择适当的介词填到适当的位置上。

在　从　向　关于　对于　对

1. 他们　出去时　没　你　说　什么吗?
2. 你　什么　时候　开始　学　汉语的?
3. 我　报纸上　看到了　你　说的　那篇　文章。
4. 你　读过　鲁迅　散文的　评论　文章吗?
5. 他　走的时候　有　话　想　你　说,但
　没　说出来。
6. 我们　应该　他　这样的　人　学习。
7. 他　小　就　喜欢　唱　这些　歌。
8. 你　他的　家里　看到了　谁?
9. 我们　不能　荒漠化的　问题　视而不见。
10.　环境污染的　问题,　全社会　都　应该　重视
　起来。

五、修改下列病句。

1. 我向我朋友那儿借了一笔钱。
2. 你不从你走之前把这些手续办了吗?
3. 他一不小心向楼梯上摔了下来。
4. 你关于这个问题还有什么意见?
5. 关于你的工资,领导会认真考虑的。
6. 在车站上没有多少人。
7. 在路那边开过来一辆公共汽车。
8. 我对于他说了你的意见了。
9. 你能不能从他要一些鲜花来?

六、请在括号内填上适当的介词。

1. 在将近十天的行程中,他向我们介绍了许多(　　)他和他的家
　乡的情况。
2. 两国领导进行了会谈,双方(　　)双边关系及经济合作等问题
　进行了富有诚意的交谈。
3. 国家林业局日前发布《(　　)加强未成年人生态道德教育的实

施意见》，就进一步加强未成年人生态道德教育做出部署。

4. 为迎接中国农历甲申年的到来，澳大利亚珀斯铸币局日前（　　　　）中国钱币博物馆赠送该局铸造的彩色猴年金银纪念币一套。

5. 随着气候变暖，作物生长季延长，昆虫在春、夏、秋三季繁衍的代数将增加。温度高还为各种杂草的生长提供了优越的条件。因此，气候变暖可能会加剧病虫害的流行和杂草蔓延。病虫害出现的范围也可能（　　　　）高纬度地区延伸。

6. 他们这次去国外参观访问，是要（　　　　）国外学习如何改善城市交通拥堵的经验。

7. 中国体育创业论坛11月26日在北京体育大学举行。数位体育产业专家（　　　　）我国体育产业投资前景和体育产业高级人才培养作了专题报告，引起百余名与会体育专业人士的极大兴趣。

8. 随着城市化进程的加快，出现了小企业（　　　　）乡镇农村转移的现象，也出现了农村剩余劳动力（　　　　）城市转移的现象。

9. 在一次（　　　　）减轻中小学生课业负担的讨论会上，有的专家提出为减轻学生的课业负担，应当适当降低课本的难度的建议。

10. （　　　　）石家庄外国语学校初一、初二年级的同学们来说，每周五下午的选修课成了大家的美好时光。

11. （　　　　）接收的艾滋病毒携带者，她们也是一视同仁，精心护理。

12. 参与考古发掘的北京大学明年还将组织一个（　　　　）周史研究的国际会议。

13. （　　　　）阿尔巴特街名的由来，听过一个传说：从前这里住着许多阿拉伯商人，他们经常用板车装载货物，人们就用板车的俄语发音，来命名这条街。不过，又有人说，"阿尔巴特"是阿拉伯语，意为近邻。

14. （　　　　）梅兰芳访美演出，美国著名的文艺评论家斯达克·杨在题为《梅兰芳和他的剧目》一文中这样评价："在一个属于古老民族的传统艺术和一个被他们的人民尊为伟大艺术家的人面前，我们大多数观众必定会感到卑微……梅兰芳的表演是我见到的本季戏剧节的最高峰，也是自杜丝的访问和莫斯科艺术剧院上演契诃夫戏剧以后所有戏剧节里的最高峰。"

15. 或许有人会说，用零碎时间读书，一会儿读一会儿停，难免会扫了人家的读书雅兴。然而，（　　　）一个有志于读书的人来说，只要早早有心理准备，只要能坚持不懈，其必然会从中读出趣味来的。

16. 她们约定"十年"之后再在香樟树下相聚。可这十年（　　　）刚刚走出校门的三个女孩来说，竟像一生那么漫长。

17. 在这里（　　　）李白的民间传说颇多，从其母食红鲤而生白，到老婆婆铁杵磨针，乃至诗镇石牛、井洗笔砚、勇斗白龙、匡山习剑等，都和诗人的"谪仙"之名相符，亦充满了故乡人（　　　）李白的尊崇与热爱。

18. 欧阳自远在晚上专门举办了一场（　　　）月球的讲座，文学家们欣然前往，虽然原本诗情画意的月球在院士的描述下成了一个死寂的巨大石头，但他们表示还是愿意了解最新的科研成果，当然这也并不妨碍他们继续写出（　　　）月球的浪漫诗篇。

19. 政府制定的（　　　）鼓励新能源汽车的发展的政策，（　　　）新能源汽车的普及，起很大的推动作用。

3.2　连词及其应注意的问题

3.2.1　连词的分类

连词首先分为并列和偏正两类，但每类还可以表示不同的功能。它们所表示的意义关系也是多种多样的。例如：

表示选择：不是（与"就是"配合）（不是东风压倒西风，就是西风压倒东风）

表示取舍：与其（与其坐飞机去，还不如坐高铁去）；宁（宁要贵的，不要差的）

表示递进：不但、不单、不光、不只、甚至、乃至

表示顺承：跟着、接着、从而

表示解说：譬如、比如、即、总之

表示类及：此外、同样、另外

表示假设：如果、假若、倘使、要是
表示条件：只有、一旦、但凡、除非
表示原因：由于、因为、既然
表示让步：虽然、虽说、尽管、固然

从句法功能上大致可以分为三种。

第一，主要连接词、短语的。例如：

和　与　跟　同　及　以及　或

第二，主要连接词语、分句的。例如：

而　并　而且　并且　或者

第三，主要连接复句中的分句的。例如：

虽然　不但　不仅　但是　如果　因为　所以　然而　与其

3.2.2　连词的语法特征

第一，表示词、短语、分句、句子之间的关系。
第二，不能充当句子成分，也不能单独回答问题。
第三，常常和副词配合使用。如"只有……才……""如果……就……""无论……都……""只要……就……"。

3.2.3　连词和介词的兼类

连词"和、与、跟、同"兼属介词。

（1）我和小李都会说英语。（连词）
（2）我和小李说了那件事了。（介词）

"和、与、跟、同"做连词和介词的区分可以从以下几方面来看。

3.2.3.1　连词"和、与、跟、同"所连接的两部分一般可以调换位置而语义不变，而介词"和、与、跟、同"后面的部分与它们前面的部分调换位置后语义发生了变化。如例（1）变换为"小李和我都会说英语"后语义没有变化，而例（2）变换为"小李和我说了那件事了"语义发生了变化，说"那件事"的由"我"变为"小李"了。

3.2.3.2 连词"和、与、跟、同"连接的两部分在语义和语法上是对等的，连词与它们所连接的两部分同时发生句法关系，处于同一句法平面，所以连词前面不能加入状语，例（3）不能成立。如果加状语要加在连词后面的词语之后，如例（4）。而介词"和、与、跟、同"与前面的部分没有直接的句法关系，它们与后面的部分组合起来构成介词短语以后修饰谓语中心语，主语后面包括介词短语在内的整个谓语和前面的部分发生句法关系。介词与前面的部分不处在同一句法平面，所以介词前面可以加入别的状语，例（5）可以成立。

（3）*我以前和小李都会说英语。
（4）我和小李以前都会说英语。
（5）我昨天和小李说了那件事了。

3.2.4 连词"并"及副词"并"

3.2.4.1 连词"并"的用法
连词"并"表示更进一层的意思，用来连接并列的双音节动词或动词性短语。例如：

（1）我们要保持并发扬优秀的民族传统。
（2）会议讨论并通过了中国第一部《语言文字法》。
（3）我完全赞同并全力支持你们的主张。

连词"并"还可以用在复句中后面的分句前面，仅限于主语与前面分句的主语相同且承前省略的情况。例如：

（4）他们1986年结婚，并于同年生了一对双胞胎。
（5）他应邀参加了会议，并在会上作了一个十分精彩的报告。

3.2.4.2 副词"并"的用法
副词"并"用在否定词"不、没（有）、未、无、非"前，加强否定的语气，带有否定某种看法、说明真实情况的含义。例如：

（1）你不要多心，他并没有跟我说你的坏话。

（2）情况并不像你想象的那么糟，我们还有机会。

（3）这些产品的效果并不像广告中吹得那么神。

（4）讲团结并非不讲原则。

3.2.5 连词的省略

3.2.5.1 连词在复句中的省略。 连词与副词配合主要用在复句中，在这样的句子中，副词作用更大。所以有的复句中的连词可以省略，但副词往往不能省略。例如：

（1）只有你们去我才去。

（2）你们去我才去。

（3）如果明天下雨我就不去了。

（4）明天下雨我就不去了。

3.2.5.2 并列连词有的可以省略。 当并列连词用来连接名词时可以省略。例如：

（1）工人、农民、解放军和知识分子都为我们国家的建设做出了很大的贡献。

（2）工人、农民、解放军、知识分子都为我们国家的建设做出了很大的贡献。

（3）这几年他们家先后买了电冰箱、电视机、洗衣机和计算机。

（4）这几年他们家先后买了电冰箱、电视机、洗衣机、计算机。

当然用上连词"和"更好。

3.2.5.3 连接代词的连词一般不能省略。 例如：

（1）*我们、他们都要去。

（2）*老王邀请他们、你们去。

3.2.5.4 连接人名和代词的连词也不能省略。 例如：

（1）*小王、我都希望你们、小李来。

（2）*我、李明在黄山看到了日出。

思考与练习（15）

一、连词能不能单独回答问题？

二、连词常常和什么词在一起配合使用？

三、在以下句子中适当的位置填上适当的连词。

    1. 你　　他的　　关系　　现在　　怎么样？

    2. 你们学校　　他们学校　　都是　　综合大学吗？

    3. 我　　二十年前　　就认识　　你们的父母　　你们的老师了。

    4. 中国　　古代文学　　当代文学　　你　　更喜欢　　哪一种？

    5. 小王的　　主意　　老李的　　主意　　都　　很有　　价值。

    6. 中国的长城　　埃及的金字塔　　一样　　都是　　人类智慧的结晶。

    7. 我们　　要　　保持　　发扬　　优秀的　　民族　　传统。

四、用"并"改造下列句子。

    1. 工程师找出了机器的毛病，工程师制订了修理的方案。

    2. 他1999年毕业，他留在了学校附属医院工作。

五、用"并"加否定词来完成下列句子。

    1. 说真的，你的意见我 _____。

    2. 我们 _____，我们要鼓起勇气，坚持到底。

    3. 这件事他 _____。

    4. 领导 _____，我们还有机会。

六、请在以下句子中的括号内填上适当的介词或连词。

    1. 为了满足国人长久的向往，中国国家博物馆将于2003年12月5日至2004年1月5日这一黄金时段，迎奉来自古老尼罗河的问候：包括埃赫那吞法老巨像在内的143件埃及国宝将辞别上海，（　　）首都观众见面。

    2. 我国气候变化的趋势（　　）全球气候变化的总趋势基本一致。最近几十年，中国暖冬现象越来越频繁地出现。

    3. 简而言之，除了法老引人注目外，日常生活用品、丧葬习俗文化都值得一看。其中最珍贵者当然是埃赫那吞法老巨像。这尊巨像高1.9米，重1.8吨，下面有裂纹（　　）被破坏的痕迹。在人类历

现代汉语语法教程（第二版）

史上，埃赫那吞法老第一个反对多神教，提倡一神教。

4. 尊老敬老是我们民族的传统美德。在开展"国际老年人年"活动中，我们更要大力弘扬这一传统美德，在全社会倡导充分理解（　　　）尊重老年人，热情关心（　　　）照顾老年人。

5. 正像他们所说，城市的大楼是我们盖，城市的大桥是我们建，首都的发展变化举世瞩目离不开我们的辛勤劳动，看到北京的美好有我们的一份功劳，同时体会劳动是最光荣的。希望越来越多的媒体关注这一群体的工作状况（　　　）业余文化生活，给予物质上精神上的支持，倡导自尊自爱自强。

6. 珀斯造币厂是澳大利亚仍然在生产运营中的最古老的造币厂，建于1899年，生产（　　　）销售的贵重金属币、章、收藏品等均居世界领先水平。中国钱币博物馆副馆长姚朔民说，珀斯造币厂这套生肖猴彩色金银纪念币已在我国发行，收藏价值十分之高。

7. 最近一些年，出生率持续下降，（　　　）政府鼓励生二胎，但是人口老龄化的问题越来越严重，短期内不会得到改善。

8. 中国女排的训练比国外队员要刻苦，人家每天练两个小时，中国女排的姑娘们要练五个多小时，（　　　）国外的训练环境好，选手的身体素质好，但是，因为中国女排比她们流了更多的汗，所以才能夺冠。

9. （　　　）在几年前，有人说冬季到新疆旅游，恐怕会被认为是痴人说梦。然而，近几年来，冬季到新疆旅游的人数大幅增长。今年入冬以来，来新疆旅游的人数，又比去年同期增长10%左右。

10. 刚入冬，就下了一场大雪，漫长的冬天里，（　　　）没有痛痛快快地下过一场雪，会让人心中焦躁。我总以为，冬天无雪，就好像大地有山而无水，失去了灵性，没有了韵致。

11. 父母与子女之间有着特殊的情感关系，家庭是孩子的第一所学校，也是人生情感习得的重要场所，（　　　）家长来说要让幼儿认识自己的情绪和形成初步的情绪调控能力。

12. 这些优惠政策（　　　）外资具有极大吸引力。

3.3　助词

3.3.1　什么是助词

助词是附着在词、短语、句子上面表示一定语法意义的虚词。

3.3.2　助词的分类

助词可以分为以下四类：

结构助词：的、地、得
动态助词：了、着、过
比况助词：似的、一样、（一）般
其他助词：所、给

3.3.3　助词的使用

3.3.3.1　结构助词"的、地、得"的使用

"的、地、得"在口语里都是读作轻声（·de）。
第一，"的"的功能。"的"的功能有以下几种。
① 定语的标志。例如：

工厂的设备　模糊的印象　实在的效果　真正的朋友　他的出现

② 附在实词或短语后面构成"的"字短语，使一个结构名词化。例如：

国家的　红的　我的　吃的　开饭馆的　丈夫在中国开公司的

③ 插在述宾短语中，起某种强调作用[①]。有时"的"插在述宾短语中，或插入离合词中间，强调过去某一时间发生的事情。例如：

（1）他昨天到的北京。
（2）我们去年一月开的业。

---

① 这个"的"也是过去完成体的标记，详细介绍请参见 4.2.3。

现代汉语语法教程（第二版）

有时"的"插在述宾短语中，强调动作的发出者。例如：

（3）今天吃饭是他出的钱，我没有出钱。

有时"的"插在述宾短语中，强调处所。例如：

（4）他在美国读的博士。

第二，"地"的功能。"地"是状语的标志。例如：

关心地问　充满感情地说　客观地历史地分析他在当时的影响

第三，"得"的功能。"得"是补语的标志。例如：

描写得惟妙惟肖　紧张得听得见自己的呼吸　做得像真的

3.3.3.2　其他助词的使用

口语中有些"把"字句和"被"字句的主要动词之前用"给"。
例如：

把钱包给弄丢了　被他给搞坏了　让我给听到了

思考与练习（16）

一、结构助词"的、地、得"的主要功能是什么？

二、请在下列句子的括号中填上适当的结构助词。

1. 在阅读历史文学作品、日记、信函等叙述时，学生要能够避免用现今的观点和价值标准去判断衡量历史，而是要历史（　　）考虑事件的前后联系和具体情况。

2. 在外旅游的那些日子，没有考试的紧张，没有城市的喧嚣，生活愉快（　　）如同一首田园诗。

3. 看到这样的情景，我气愤（　　）话都说不出来。

4. 大自然太神奇了，这幽静（　　）峡谷，山峰云雾缥缈，它像是仙境，也像是梦境。我畅游其中，怡然自得，好不惬意，深深（　　）吸一口气，大自然（　　）气息是那么清纯。

3.4　语气词

3.4.1　语气词及其特点

语气词一般用于句末，表示各种语气。语气词具有附着性，一般附着于句子末尾或分句末尾，读轻声。

3.4.2　语气词的分类

3.4.2.1　表示陈述的语气词

表示陈述的语气词主要有：呢、嘛、来着、着呢、罢了。

"呢" 表示持续或进行，肯定某种行为或状态的存在或不存在，常常和"在、正、正在"等词配合使用。例如：

（1）你的字典在书架上呢。

（2）他们正开会呢。

（3）你的事情还没有研究呢。

（4）刚才吓死我了，我的心现在还怦怦怦地跳呢。

（5）他还在生气呢，你别去惹他。

"呢" 还带有夸张和强调的语气。例如：

（6）有我们呢，你不要害怕！

（7）十万块钱呢，这可不是小数。

"嘛"

第一，表示事情本应如此或者理由是明显的。

（8）我本来就不知道嘛。

（9）有意见就提嘛，有什么不好说的。

（10）没钱就不要买嘛。

（11）这事应该他负责嘛。

第二，表示期望、劝阻。

（12）你走快点儿嘛。

（13）你开慢点儿嘛，这儿路滑。

现代汉语语法教程（第二版）

第三，用在句中停顿处，提醒受话人注意。

A. 用在主语后面强调主语，或用在分句后面，有"说到"或"至于说"的意思。

（14）这个问题嘛，我也不懂。

（15）学汉语嘛，就是得经常说，多看书、看电视。

（16）我们不喜欢看他写的书，理由嘛，主要是他写的都是生活中的琐事。

B. 用在假设分句的末尾。

（17）不喜欢嘛，可以换别的。

（18）没有去过嘛，可以去一趟，那地方挺好的。

C. 用在某些副词、连词或应答语之后。

（19）赶快嘛，时间不多了，去晚了就来不及了。

（20）我没有带伞，所以嘛，我就打车回来了。

（21）好嘛，就照你说的去办。

（22）对嘛，你这样做就对了，别人有困难就应该帮助别人。

（23）其实嘛，这地方我也没有来过，我只是听朋友说这儿很好。

"来着"用在句末，一般表示这是不久前发生的事情。例如：

（24）我们昨天还在一起吃饭来着。

（25）小王刚才还在这儿来着。

"着呢"用在形容词性词语后面，表示肯定某种性质或状态，略带夸张的语气，用于口语。

（26）这辆车贵着呢！

（27）这孩子聪明着呢，才五岁，已经能认一千多汉字了，算术也会算。

（28）那条路难走着呢，十多千米，我们开车走了一个半小时。

（29）去那儿远着呢！

形容词带上"着呢"以后不能再受程度副词修饰，不能再带程度补语。

语气词"着呢"不同于表示动作或状态持续的"[（V+着）+呢]"，后者中的"着"是表示动作或状态持续的动态助词"着"，"呢"是语气词。例如：

（30）他在床上躺着呢。

（31）她昨天哭了一夜，现在眼睛还红着呢。

"罢了"表示"不过如此""算不了什么"，有时含有轻视的语气。例如：

（32）我只是随便说说罢了，没有别的意思。

（33）几十块钱罢了，你不要放在心上。

"罢了"与"呢"正好表达相反的语气。例如：

（34）几千块钱呢，你以为便宜啊？

（35）十千米罢了，不远。

（36）十千米呢，走路怎么去？

3.4.2.2　表示疑问的语气词

表示疑问的语气词有三个：吗、呢、吧。其中只有"吗"是专用的疑问语气词，它只表示疑问语气。"吗"用在一般是非疑问句末尾。所谓"一般是非问"是发话人对情况的是与非没有多少把握，提出问题来问受话人。"吧"用在推测是非问末尾。所谓"推测是非问"是发话人对情况已经有了一定的把握，但又不能完全肯定，从而提出疑问。例如：

（1）他是美国学生吗？（一般是非问）

（2）他是美国学生吧？（推测是非问）

（3）你有自行车吗？（一般是非问）

（4）你有自行车吧？（推测是非问）

（5）商店开了吗？（一般是非问）

（6）商店开了吧？（推测是非问）

"呢"用在特指问、选择问及正反是非问末尾，加强疑问的语气。例如：

（7）你去哪儿呢？（特指问）

（8）假期你是去上海，还是去香港呢？（选择问）

（9）图书馆今天开不开门呢？（正反是非问）

例（7）—例（9）末尾的疑问语气词"呢"可以去掉，但加上它更加强疑问语气。

在一定语境下，"呢"可以加在一个名词性成分后面构成特指问。问"……在哪儿""……怎么办"或"……怎么样"这样的特指问，句末的"呢"不能删去。例如：

（10）你同屋呢？

（11）我的电脑呢？

（12）你骑自行车带孩子摔伤了，孩子呢？

"呢"也可以放在一个动词性成分或名词性成分后面，构成一个带假设语义的问句，让受话人回答如果这样"怎么样"或"怎么办"。这样的句末语气词"呢"不能删去。例如：

（13）A：我不想去逛街。

B：那去游泳呢？（是特指问"如果去游泳怎么样？"的省略形式）

（14）A：周末一定要出去玩。

B：周末下雨呢？（是特指问"如果周末下雨怎么办？"的省略形式）

（15）A：我不想吃麦当劳。

B：那饺子呢？（是特指问"吃饺子怎么样？"的省略形式）

3.4.2.3　表示祈使的语气词

"吧"表示比较舒缓的祈使语气，常常带有商量的语气。"啊"表示的祈使语气比较强，在肯定的祈使句中有催促的语气，在否定的祈使句中有比较强的劝诫或叮嘱的语气。例如：

（1）你吃吧。

（2）咱们坐出租车去吧。

（3）你快来吧。

（4）你吃啊！

（5）你快来啊！

（6）你不要忘了带护照啊！

（7）你可别再抽烟、喝酒啊！

3.4.2.4　表示感叹的语气词

表感叹的语气词主要是"啊"。例如：

（1）多么乖的孩子啊！

（2）这儿的水真清啊！

"了$_3$"是一个语气词，它不表示体的语法意义，[①] 而是表示语气。"了$_3$"常常放在程度副词"太"加形容词性成分的末尾，表示感叹的语气。例如：

（3）这种甜点太甜了，我不太适应。

（4）这个菜太咸了。

（5）你这条裙子太漂亮了。

（6）在这儿住太便宜了，住一天带三餐，一个人才100块钱。

有时前面的程度副词也可以用"最"。例如：

（7）这样最好了，你们可以在这里多陪妈妈几天。

（8）上班的时候下大雨最讨厌了，弄不好会把身上淋湿了。

语气词"了$_3$"也可以放在"太"或"最"与动词性成分构成的"太/最……"句子末尾。例如：

（9）这孩子太能吃了，一顿饭可以吃30个饺子。

（10）他最爱吃草莓了，一千克草莓能一次吃完。

语气词"了$_3$"常与语气副词"可"构成"可……了$_3$"构式，该构式表示说话人认为某种状态达到一个特别高的程度。进入该构式的主要是形容词，一些动词性成分也可以进入该构式。该构式末尾的语气词

---

① "了$_1$"和"了$_2$"属于体范畴中的体标记。关于"体"以及"了$_1$"和"了$_2$"，请参见第四章。

"了₃"不能删去，删去之后句子就不能成立。例如：

（11）那条路可难走了，十千米我们开车走了一个半小时。

（12）汽锅鸡的汤可鲜了，它是我喝过的最鲜的鸡汤。

（13）在这里养老可舒服了，天气不冷也不热，每个季节都有新鲜的蔬菜水果，物价还不高。

思考与练习（17）

一、语气词一般用在什么位置上？

二、从表达的语气来看，语气词可以分为哪几类？

三、普通话有哪几个疑问语气词？

四、哪些疑问句末尾的疑问语气词不能删去？

五、哪些疑问句末尾的疑问语气词可以删去？

六、请在下列句子的括号中填上适当的语气词。

　　1. 你自己去（　　　）。

　　2. 他已经来了（　　　）？

　　3. 我的词典（　　　）？

　　4. 我借一两天（　　　），我很快还你。

　　5. 你真的不想去（　　　）？

　　6. 这样的结局你原来想到了（　　　）？

　　7. 他只是问问（　　　），你不要担心，他不会要你的。

　　8. 我昨天才告诉你的，你不会忘了（　　　）？

　　9. 这东西贵（　　　），你可要保管好了。

　　10. 不喜欢（　　　），咱们可以再逛逛别的商店。

　　11. 他刚才还在这儿（　　　），怎么一转眼就不见了？

　　12. 这顿饭人均三百块钱（　　　），真够贵的。

　　13. 旅游（　　　），一天不能玩太多的地方。

　　14. 多么精细的做工（　　　）！

　　15. 咱们慢慢走（　　　）。

七、请用"可……了"构式造三个句子。

体 范 畴

4.1 体范畴概述

4.1.1 什么是"体",什么是体标记

体（aspect）是语言通过某些手段表示某种动作行为或状态的出现、保持或变化、完结等的情况或方式。具体而言，体是表示一句话说的动作行为或者状态是刚出现，或是过去曾经历过的现在不这样了，或是正在进行的，或是它就一直持续着，还要继续进行下去，或是已经完成，或是出现了一种新情况或情况发生了变化，或是形成了一种新的状态。

每一种语言的体都有其表现形式，这种表现形式就是该语言的"体标记"。不同的语言体标记会存在差异。有的语义虚；有的不太虚，还有一定的词汇意义。体标记出现的位置也有差异。有的语言在动词之后加后缀或加一个虚词作为体标记；有的语言在动词之前加前缀或加一个其他成分作为体标记，如斯拉夫语（Slavic）是在动词前加前缀；有的语言既在动词之前加上一个成分，也在动词之后加后缀作为其体标记；如英语的进行体要在动词前加系动词"be"（be在英语中主要表示时的语法意义），也要在动词后加后缀"-ing"；[①]有的语言的体标记既有放在动词前的，也有放在动词后的，还有放在句末的，汉语就是这样的语言。

---

① 有的语言的体标记是动词词根内部的元音发生屈折变化（inflection），英语的不规则动词就是如此，如take的过去式是took，过去分词是taken。当然，英语的体标记往往包含时的范畴在其中。

4.1.2 现代汉语的体范畴系统及体标记

4.1.2.1 现代汉语的体范畴系统

现代汉语普通话的体范畴系统由以下七种体构成：完成体、已然体、进行体、持续体、经历体、起始体、继续体。

其中有五种体仅在动词之后加上体标记。已然体是在句末加体标记"了$_2$"，完成体主要是在动词之后加体标记"了$_1$"或"过$_1$"等；进行体最为复杂，详细情况见后面的专门介绍。

表4.1 现代汉语体范畴与体标记形式表

体范畴	单一标记形式			综合标记形式
	动词前加副词	谓词后加助词或虚化的趋向动词	句末	动词前加副词，动词后加助词
完成体		V 了$_1$ NP、V 过$_1$ NP、V 的 N	的	
已然体			了$_2$	
进行体	在/正在/正 +VP	V 着	呢	在/正在/正 +V+ 着 +NP+（呢）
持续体		V/Adj. 着、V$_{静态}$了$_{1持续}$ NP		
经历体		V 过$_2$		
起始体		V/Adj. 起来		
继续体		V/Adj. 下去		

4.1.2.2 现代汉语的体标记

现代汉语的体标记按照虚化（grammaticalization）程度和位置的不同可以分为以下五类：

第一类，放在动词和少数形容词之后的虚化程度高的动态助词"了$_1$""着""过$_1$"。例如：

（1）我买了一本《现代汉语词典》。

（2）我进去时他们看着电视。

（3）杰克来过北京。

第二类，虚化程度高、放在句末的动态助词兼语气词"了$_2$"和"呢"。例如：

（4）下雨了。

（5）——你在干什么？

      ——写作业呢。

第三类，一定程度虚化、放在动词和形容词之后的趋向动词"起来"和"下去"。例如：

（6）听了他说的笑话，我们忍不住笑起来。

（7）我既然下决心学钢琴，不管有多大的困难，我都要学下去。

（8）这名歌星是怎么红起来的？

（9）没有哪位歌星能永远红下去。

第四类，一定程度虚化、放在动词之前的副词"在""正在""正"。例如：

（10）——你们俩在干什么？

      ——我们正在练毛笔字。

（11）爸爸进家的时候，妈妈正炒菜呢。

第五类，虚化程度高、既可以放在句末又以可放在宾语之前的动态助词"的"。例如：

（12）你什么时候回来的？

（13）你们什么时候结的婚？

4.2　完成体

汉语的完成体的语法意义是表示动作完成、变化实现，或状态发生了变化。

完成体有三个体标记：动态助词"了₁""过₁""的"。它们有一定的差异。

4.2.1　主要的完成体标记"了₁"

现代汉语主要的完成体标记"了₁"表示动作的完成、变化的实现或状态的变化。它出现的位置是动词和少数形容词的后面，宾语、部分补语之前。

表4.2　完成体标记"了₁"所出现的主要句法结构

序号	句式	例句	备注
1	NP$_施$+V+了₁+NP$_受$	我吃了一碗饭。	
2	V/Adj.+了₁+补语$_{时量/动量}$	看了一遍。叶子红了₁几天了₂。	
3	V+了₁+补语$_{时量/动量}$+NP$_受$	看了一遍《红楼梦》。	
4	V+了₁+VP	我听了很高兴。看了再说。	"了₁"后接另一谓词性短语
5	NP$_受$+NP$_施$+V+了₁+补语$_{时量/动量}$	那本书我读了两遍。	受事移到动词前充当主语

"了₁"的用法比较复杂，其中有两种功能属于完成体。①其核心功能是最为常见的功能，其他的为非核心功能。

第一，"了₁"的核心功能表示完成或变化实现，标记为"了₁核心"。例如：

（1）我昨天买了一本《现代汉语词典》。

（2）午饭后，他睡了一觉。

（3）听了他的演奏，你觉得怎么样？

（4）他叫了你一声，但是你没听见。

（5）我在北京住了三年。

（6）看了你给我的信，我明白了为什么你今年没有寄钱回家。

（7）他要了一盘鱼香肉丝。

（8）夏去、秋来、冬至，叶黄叶落，唯有这片草坪绿不败，即使偶尔枯黄了几天，一逢雨水，就又茵茵地绿了一片。

（9）高原的草木青了25次，黄了25次。

（10）听到这个消息，他确实高兴了一阵。

第二，"了₁去除"表示过去某个时间去除、消耗或失去一定数量的某物或者动物，也是完成了某种任务；换一个角度分析，它表示实现了某种结果，还保留一点词汇意义，因此绝大多数可用语义更加实在的结果

————————

① "了₁持续"是"了₁"的第三种功能，它不是完成体的标记，而是持续体的标记。请看4.6小节中"了₁持续"的介绍。

补语"掉"替换。"了$_{1去除}$"主要是加在具有去除义或消耗义的动词之后，这类动词常见的如：

拆、吃、擦、沉、冲、锄、倒、丢、剁、放$_{释放}$、关、断、还、花、毁、喝、改、砍、给、嫁、剪、卖、灭、开除、泼、切、饶、烧、扔、撒、刷、撕、死、塌、涂、吐、脱、吞、删、忘、杀、洗、熄、瞎、咽、砸、摘、宰、走$_{离开}$

"了$_{1去除}$"既可以用于非将来的事件中，也可以用于将来的事件中。例如：

（11）我们店昨天卖了两吨苹果。
（12）他们昨晚喝了一箱啤酒。
（13）这顿饭一共花了八百块钱。
（14）那些坏人射杀了十多只藏羚羊（Tibetan antelope）。
（15）这篇文章得删了这一段文字才行。
（16）你吃了那几个饺子吧。
（17）你扔了那双旧皮鞋吧，都穿了好几年了。

4.2.2　表示完结语义的完成体标记"过$_1$"

"过$_1$"表示动作的完结，放在动词和宾语之间，不能与"曾经"配合出现在一个句法结构中。它绝大多数是用在有时间先后顺序的顺承复句或连动结构的前一个行为动作之后。它可以用"了$_1$"来替换，[①]也可以用语义更加实在的"完"来替换。"过$_1$"使用得非常少。例如：

> V+过$_1$（了）+O……

（1）看过客厅，他们又去看卧室。
（2）吃过饭，他们又到客厅里坐着说了会儿话。
（3）看过儿子来的信，他终于舒了口气，他担心的事情总算过去了。

---

① 根据是否能与副词"曾经"配合出现在一个句法结构中，"过"可分为两个。不能与"曾经"配合出现在一个句法结构中的是"过$_1$"，能够与"曾经"配合出现在一个句法结构中的是"过$_2$"。"过$_2$"是经历体的标记，将在后面 4.7 节中介绍。

（4）你吃过饭再走吧。

有的"过₁"后面也可以加上"了₁"。例如：

（5）没听见锅响，大约已吃过了饭，是想什么心事。（吕新）

（6）擦过了脸，他掏出一包果脯递给了女儿。（张炜）

（7）刚办过了六十整寿，他的像片又登在全国的报纸上。（老舍）

4.2.3 "的"构成的过去完成体

"的"表示过去完成。怎么证明"的"可以表示完成体的语法意义呢？表示过去完成的带"的"的句子，如果去掉句中的"的"，句子就不再表示已经完成的动作，这就可以肯定，正是这个"的"使得句子变成表示过去完成语义的句子，如"玛丽什么时候来北京？""玛丽什么时候来北京的？"，前一句是问玛丽将要什么时候来北京，后一句加了"的"证明玛丽已经到了北京，问的是玛丽到了北京是什么时候的事情。

表示过去完成的"的"有两种句法位置，一种是放在句末，即为：

> ……的

（1）你什么时候回来的？

（2）你跟他怎么说的？

（3）他坐火车来的。

另一种是放在动词和宾语之间，即为：

> V+的+O

（4）他什么时候上的大学？

（5）我下午到的北京。

（6）你姐姐在哪儿生的孩子？

有的"的"是放在动宾型离合词中间。例如：

（7）我在学校附近一家理发店理的发。

（8）你什么时候结的婚？

（9）你们什么时候上的车？

当然，放在宾语之前的"的"也可移位到句末，句子仍然表示过去完成。例如：

（8）→（10）你什么时候结婚的？
（9）→（11）你们什么时候上车的？

4.2.4 "的"完成体句子与"了₁"完成体句子的主要区别

由"的"构成的完成体句子与由"了₁"构成的完成体句子最主要的区别是，由"的"构成的完成体句子可构成疑问句用在始发句（对话中的），而由它构成的陈述句在始发句中很少用，这样的陈述句主要用于应答他人的问话。如始发句问话人问"你怎么来的？"，回答"我坐火车来的"。又如问话人问"你什么时候到的北京？"，回答"我昨天下午到的北京"。"了₁"构成的完成体句子没有这样的限制，在始发的陈述句可以用，如"今天中午我吃了一个包子，现在有点儿饿了"，但不能说"今天中午我吃的一个包子，现在有点儿饿了"。当问句问"你今天中午吃的什么？"，答句可以是"我今天中午吃的包子"，也可以是"我今天中午吃了一个包子"。

4.3 已然体

4.3.1 已然体的功能及其分类

已然体用"了₂"放在句末。"了₂"总的来说有两种功能：一种是体的功能，表示发生变化；另一种是使句子能够成立的语气的功能（简称为"完句功能"）。①

"了₂"的体功能可分为五种，请看下表：

---

① 还有一种句末的"了"是纯粹的语气词，它是"了₃"，不是体标记，很多"了₃"删去后，句子也可以成立，语义也没有变化。例如"这件衣服太小了""这里光线太暗了"。

表4.3　"了$_2$"体功能分类①

体功能	标记	例句	备注
报告出现新情况、新变化	了$_{2新变化}$	下雪了。叶子黄了。	可加"现在"
最近出现变化	了$_{2最近变化}$	他最近吃肉了。	最近的变化对现在有影响
过去变化完成、变化实现	了$_{2较早变化}$	他前段时间生病了。	重在陈述过去发生了变化
去除、消耗或失去	了$_{2去除}$	剩饭我已经吃了。	可表已然，也可表将然
即将出现新情况、新变化	了$_{2将变化}$	下班了！关门了。	可加"快"或"要"

4.3.1.1　"了$_2$"的核心功能——"了$_{2新变化}$"

"了$_2$"的核心功能：报告出现了新情况或新变化。动词或形容词前可以加"现在"。本书标记为"了$_{2新变化}$"。如果谓语中心语是达成动词，动作一发生就结束了，但会形成一种新的状态，如"我回来了"。如果谓语中心语是非达成动词，行为动作开始并且还在继续，如"火车开了"。如果谓语中心语是静态动词或形容词，新的情况出现就会形成一种状态，如"我有工作了"。

（1）外面下雪了$_{2新变化}$。

（2）地震了$_{2新变化}$。

（3）妈，我回来了$_{2新变化}$。

（4）你手机响了$_{2新变化}$，快接电话。

（5）天晴了$_{2新变化}$。

（6）我的病好了$_{2新变化}$，我明天就去上班。

（7）她怀孕三个月了$_{2新变化}$。

4.3.1.2　"了$_{2最近变化}$"

"了$_2$"的第二种功能是表示说话之前不久的一段时间某一事件或状态出现了变化，现在还受这种变化的影响。本书标记为"了$_{2最近变化}$"。谓语中心语之前可以加上副词"最近"或"刚"。例如：

（1）他以前不锻炼，最近也开始锻炼了$_{2最近变化}$。

（2）这孩子原来不吃鱼，最近吃鱼了$_{2最近变化}$。

---

① 本书对"了$_2$"有的小类的划分受范晓蕾（2021）的启发，但在名称、功能及类别上与其有一些差异。

（3）晚饭我吃了_{2最近变化}。你们吃吧。

（4）他的病好了_{2最近变化}，已经出院一个多月了_{2最近变化}。

4.3.1.3　"了_{2较早变化}"

"了₂"还可以表示较早时间发生了变化，并且变化已完成。本书标记为"了_{2较早变化}"。谓语中心语之前可以加上时间副词"早"，或者加表过去某个时间点的时间词语，如"前年""几周以前"等。相对于"了_{2最近变化}"，"了_{2较早变化}"表示距离说话时间更早的过去发生的变化，最主要的区别在于，它不强调这一变化对现在的影响，而是重在陈述过去发生的变化这一事实。例如：

（1）他的病好了_{2较早变化}，上个月就上班了_{2较早变化}。

（2）他前年就毕业了_{2较早变化}。

（3）那家商店去年就关了_{2较早变化}。

（4）这棵银杏树几年前就开始枯了_{2较早变化}。

（5）他前段时间生病了_{2较早变化}，在家休息了一个多月。

4.3.1.4　"了_{2去除}"

"了_{2去除}"表示去除、消耗或失去一定数量的某物。它还保留一点词汇意义，包含去除和完句两种功能。"了_{2去除}"主要是加在具有去除义或消耗义的动词之后。（请参考4.2.1中对"了_{1去除}"的介绍）它可以表示已经实现的情况，也可以用在祈使句中表示未然的情况。例如：

（1）那些旧书我卖了_{2去除}。（已然）

（2）我把那些废纸扔了_{2去除}。（已然）

（3）你把那些菜吃了_{2去除}。（未然）

（4）炒完菜把火关了_{2去除}。（未然）

4.3.1.5　"了_{2将变化}"

"了₂"的第五种功能是表示在较近的将来某个时间即将出现新的情况、新的变化。本书标记为"了_{2将变化}"。谓语中心语之前可以加上"快、快要、要、将要、就"等词。例如：

（1）关门了_{2将变化}！关门了_{2将变化}！

现代汉语语法教程（第二版）

（2）衣服快要洗好了₂将变化。

（3）天就要亮了₂将变化。

（4）饭就快好了₂将变化，你吃了饭再走吧。

（5）这会儿有事，我干事去了₂将变化。

（6）来了₂将变化！来了₂将变化！我马上就来了₂将变化。

（7）你们的菜马上就好了₂将变化。

4.3.2　已然体出现的句法环境

4.3.2.1　出现在谓词性谓语后面

"了₂"主要出现在动词、形容词性谓语构成的句子末尾，即为：

VP+了₂

（1）太阳出来了。

（2）雨又下大了，我们再等一会儿吧。

（3）看到家里被搞得一塌糊涂，妈妈又不高兴了。

4.3.2.2　出现在顺序义名词性词语后面

具有顺序义的名词性词语后面可以加上"了₂"，表示新情况的出现，或表示已经进入某一阶段。即为：

NP+了₂

但"NP+了₂"构成的绝大多数句子后面需要加一个后续的小句。顺序义的名词性词语如：

星期一　星期二　星期三　星期四　星期五　星期六　星期天

小学生　中学生　大学生　研究生

一月　二月　三月　四月　五月　六月……

助教　讲师　副教授　教授

小姑娘　大姑娘　大妈　老太婆

（1）都大姑娘了，还老哭鼻子，害不害羞？

（2）张老师都教授了还住那么小的房子，更别说我们这些小助教了。

（3）星期五了，你该回家了。

（4）现在四月了，还下雪，实在是少见。

（5）你都研究生了，应该好好搞点儿研究。

4.3.2.3　出现在数量词语后面

"了₂"出现的第三种句法环境是数量词语构成的时段补语、动量补语等成分后面。例如：

（1）他来中国两年了。

（2）这部电影我看了两遍了。

4.3.3　常用的双"了"句

句中完成体标记"了₁"与句末已然体标记"了₂"可以构成以下几种常见的句子。

$$\boxed{V+了_1+时段词语+（N）+了_2}$$

"V+了₁+时段词语+（N）+了₂"表示某种行为动作到说话时为止进行了多长时间，这一动作也可能还会继续进行下去。请比较下列句子：

（1）我在北京住了三年。

（2）我在北京住了三年了。

（3）比尔学了两年汉语。

（4）比尔学了两年汉语了。

（5）这本书我看了一个星期。

（6）这本书我看了一个星期了。

（7）你在香港生活了多长时间？

（8）你在香港生活了多长时间了？

这种句子中谓语中心语可以是一个形容词，表示到说话时为止某种状态持续了多长时间，这种状态有可能继续持续下去。例如：

（9）听到这个好消息，他兴奋了一上午了。

（10）由于吃了不卫生的食物，他难受了一整天了。

$$\boxed{V+了_1+数量短语+N+了_2}$$

"V+了$_1$+数量短语 +N+了$_2$"表示某种行为动作到说话时为止进行了多少数量，包括名量和动量（动作的次数）。请看下列句子的差异：

（11）我的文章写了3000字。

（12）我的文章写了3000字了。

（13）上海我今年去了三趟。

（14）上海我今年去了三趟了。

例（11）的意思是说"我的文章一共3000字"。例（12）的意思是说"我的文章到目前为止写了3000字"，隐含着以下意思：这篇文章还没有写完，还要再写一些字。例（13）的意思是说"上海我今年一共去了三趟"。例（14）的意思是说"到目前为止，上海我今年去了三趟了"，三趟并不是今年去上海的总次数，说不定今年还会再去。

4.4 部分使用"了"的语义及句法制约[①]

汉语"了"加在动词、形容词后面表示完成体语法意义，或者放在句末表示已然体语法意义。不该用"了"而用"了"，是学习汉语的人最容易犯的错误。请先看以下例句：

（1）*他从上幼儿园就学了钢琴。

（2）*明天看电影我就回家了。

（3）*他的同学今天来了看他。

（4）*她一进了房间就哭了。

（5）*我去了上海买了一件毛衣。

是否使用"了"受到谓语中心语语义、句子语义及语境的制约，也有一些规律。有些句子不能用"了"，有些则一定要加"了"，有些句子可以用"了"也可以不用"了"。在此列举一些情况加以分析。

---

① 这一节中所说的"了"的语义及句法制约，既包括完成体"了$_1$"的问题，也包括已然体"了$_2$"的问题。

4.4.1 一些不能带"了"的情况举例分析

4.4.1.1 "是"后面不能带"了$_1$",只能在句末带"了$_2$"。判断动词"是"不论用来表示过去还是现在的情况,它后面都不能带"了$_1$",只有表示新情况的出现才可以在句末加"了$_2$"。例如:

（1）*刚刚下了飞机,便有一个全新的感觉——是了,香港的新机场!
（2）我现在是这家公司的正式员工了。

4.4.1.2 连动结构中后面的部分如果是前面动作行为的目的,前面的动词一般不能带"了$_1$",后面的动词带"了$_1$"。例如:

（1）*他去了书店买词典,但没买到。
（2）*我们单位的同事来了看我。
（3）*我们到了科技馆参观。
（4）昨天他去广州出差了。

4.4.1.3 句子中有表示经常性、反复性语义的词语,如"经常、一直、常常、老是、总是",其谓语中心语动词就不能带"了$_1$"。例如:

（1）*我哥哥经常带了他的同学来家里讨论问题。
（2）*我在日本时,有了什么困难,他总是帮助了我。
（3）*去年冬天我一直坚持了去游泳。
（4）*过去我上课老是给老师出了难题。

4.4.1.4 否定副词"没、没有"后面的动词性成分不能带完成体标记"了$_1$"。这是由于否定副词"没、没有"否定的动词性成分所表示的动作行为并没有实现或完成。例如:

（1）*因为买不到票,他们放假时没去了上海。
（2）*他没带了钱来。
（3）*你没写清楚了地址,当然寄不到。
（4）*他现在没欠了银行钱了。

需要注意的是,句中有否定副词"没、没有",句末可以带已然体标记"了$_2$"。当句末的"了$_2$"表示出现了新的情况时,"没/没有V（O）了"是可以成立的。例如:

（5）上大学时我经常锻炼身体，现在好长时间没锻炼了。

4.4.1.5 **"NP+要+形容词+不定量词"** 由于在形容词之前加了表示希望或估计的助动词"要"，所以不能再加上"了₁"。例如：

（1）企业改革，要有紧迫感，胆子要大一点，决心要大一点，力度也要大一点，不要怕冒一点风险。

（2）*这件衣服要大了一点儿，我要那件吧。

例（1）中的第一个"要"是应当的语义，如果在这个小句末尾加上"了"说为"要有紧迫感了"也是可以的，但最好不加"了"，后面几个分句都不能加"了"。

4.4.2 较少带"了"的情况举例分析

有些动词由于语义的因素，即使表示已完成或者产生了变化的情况，也很少带"了₁"。如强实现义动词"成为"由于含有比较强的实现的语义，所以大多数情况不加"了₁"。[①]例如：

（1）他现在已经成为一名技术精湛的外科大夫。

（2）随着全球计算机科技的迅猛发展，网上银行、网上金融已经成为现实。

4.4.3 必须加"了"的句法语义结构举例分析

可度量的形容词如"大、小、轻、重、宽、窄、深、浅"等构成表示已然状态语义的句式"NP+形容词+了+数量词语"，对已经存在的某种事物进行评价，表达其性质不符合理想的情况，其中的"了₁"必须出现，不能省略。例如：

（1）那件衣服大了一点儿，你试试这件吧。

（2）*那件衣服大一点儿，你试试这件吧。

---

① 丁崇明、荣晶（2018）。在北京大学 CCL 现代汉语语料库中检索到 7596 条"已经成为"语料，其中绝大多数不加"了"，只有 143 条加了"了"，仅约占 1.88%。根据我们的考察，这 143 条语料中的"了"也都能删去。

（3）这双鞋小了一码，我得穿43码的。

（4）*这双鞋小一码，我得穿43码的。

上述可度量的形容词构成的度量补语句式，表示状态产生了变化，有比较的语义时，其中的"了₁"也必须出现。例如：

（5）我重了十斤。

（6）*我重十斤。

当句子表示"去除"义的时候，动词之后要加"了₁"，此"了₁"相当于表示去除语义的补语"掉"，有的相当于"完"。换言之，表示这种语义的动词后可用"掉"替换"了₁"，或用"完"替换"了₁"，不用此类补语就要用"了₁"。这样的句子既可以表示已经发生的事情，也可以表示还未发生的事情。例如：

（7）今天生意不错，我卖了一车西红柿。

（8）*今天生意不错，我卖一车西红柿。

（9）那些过期的药扔了。

（10）*那些过期的药扔。

由同一个动词构成的表示多次反复地做某一动作的构式"V了又V"，前一个动词的后面必须加"了₁"。例如：

（11）舒尔哈齐拿起那个馒头，端详了又端详，然后说道……（李文澄）

（12）我们试了又试，可还是毫无反应。（《读者》）

4.4.4 心理动词构成的句子能否带"了"受制约较多

部分持久性心理动词不能带"了₁"，如"希望、盼望、觉得、认为"等。例如：

（1）*我以前就盼望了到云南去旅游。

（2）*妈妈这几年一直希望了能有机会来中国旅游。

（3）*他们错误地认为了只有汉族才用汉语。

（4）*没有来中国之前，他觉得了中国很多人都会武术。

有的心理动词不能带"了₁"后再带宾语，即几乎不能构成"V$_{心理}$+了₁+NP"结构，如"爱、恨、佩服、思念、讨厌、想念、喜爱、喜欢、羡慕"等，不能说：

　*爱了那个女孩儿　　*喜爱了这个城市　　*喜欢了中国饮食

这几个表示喜爱的心理动词，要加上结果补语"上"之后才能带"了₁"。例如：

　爱上了那个女孩儿　　喜爱上了这个城市　　喜欢上了中国饮食

上述心理动词带"了₁"再带宾语，后面加上时段补语就可以成立，即可以构成"V$_{心理}$+了₁+NP+时段补语"结构。例如：

　爱了那个女孩儿三年　　佩服了他十多年　　想念了故乡几十年
　喜爱了这个城市一辈子　恨了他一辈子　　　讨厌了这种食品一辈子

如果上述心理动词带上受事宾语表示新的情况、新的变化，就可以在句末加"了₂"。例如：

　（5）他以前不爱这个女孩儿，现在爱这个女孩儿了。
　（6）他现在喜欢这个城市了。
　（7）他现在喜欢中国饮食了。
　（8）我以前不佩服他，现在佩服他了。
　（9）你以前不讨厌这种食品，现在怎么讨厌这种食品了？
　（10）我想念你们了，很想赶快回家。

心理动词受程度副词修饰再带宾语，表示一种程度较高的心理状态，其后不能带"了₁"。例如：

　（11）我很感激你们。
　（12）*我很感激了你们。

4.4.5　影响"了"使用频率的其他因素

4.4.5.1　韵律影响"了"的使用
有的句法结构，为了调节音节会减少"了"的使用。汉语表达相近语义的句法结构中，两个音节、三个音节和四个音节的都比较多，五个音节的数量最少。汉语这种韵律上的特征会影响"了"的使用。如"吃惊"是一个离合词，我们在北京大学CCL语料库中检索到"吃一惊"2548条，"大吃一惊"2384条，"吃了一惊"1867条，"大吃了一惊"仅有73条。[①]

4.4.5.2　语体影响"了"的使用

书面语中"了"的使用频率明显低于口语中"了"的使用频率。[②]

4.4.5.3　补语影响"了"的使用

表示过去已经完成的事件的句子中，如果出现表示事情已做好、已完成的补语，可以不用"了"。[③]例如：

（1）既然飞机已经买（　　　）回来（　　　），现在打算与国有企业合搞。

（2）我们已经买来（　　　）东西（　　　），怎好白白的回去。（老舍）

以上句子都是表示已经完成了某事，括号内加上"了"是可以的，但由于有了补语，句子中并没有使用"了"。而如果例（1）没有补语"回来"，例（2）没有补语"来"，那么就必须加上"了"。

4.4.5.4　连续性的陈述中常省略"了"

汉语属于孤立语（isolating language），不同于黏着语（agglutinating language，如日语、韩语）和屈折语（inflecting language，如大多数印欧语系语言），汉语表示语法意义的成分并不是强制性的，有的情况下不加"了"。在一段连续的陈述性话语中，为了保持语气的连贯常常省略"了"，如果在这种句子中的许多位置上都加进"了"，会显得不太流

---

① 见丁崇明、荣晶（2018）实际上，"吃一惊"大多数表示的是已然的情况，但中间的"了"省略了。"大吃一惊"大多数也是表示已经出现的状态，其中也省略了"了"。这些都说明韵律对"了"的使用会产生影响。

② 这一结论是根据徐晶凝（2009）和丁崇明、荣晶（2018）的研究获得的。

③ 丁崇明、荣晶（2018）考察了124例"已经买"的句子，其中有28句（约占22.6%）没有加"了"，但加了表示"买"这个动作已经完成或实现的补语。这就证明加补语是影响这些句子没有加上"了"的十分重要的因素。

畅，甚至感觉不太正常。①例如：

（1）有一年，我从青藏公路进入（　　）拉萨（　　），沿路看到（　　）那些几步一扑、五体投地的朝圣者。他们大都蓬头垢面，衣衫褴褛。在拉萨城，正巧赶上（　　）一个佛教的节日，所有的街巷上都流动着转经的信徒。他们背着孩子，牵着羊，领着狗，全家裹挟在人流中。他们从怀里掏出（　　）大把崭新的钞票，布施给（　　）坐在路旁的僧侣或乞丐（　　）。（刘元满等）

（2）太阳已经斜到（　　）山的西面。那片绿水在阳光下抖动，强烈地吸引着我们。大家几乎是欢呼着向山下走（　　）去，小心翼翼地跨过（　　）或绕开（　　）那些凸起的石块、葛藤。（张炜）

（3）去年我市国合商业、物资企业和个体私营企业拓宽（　　）流通渠道，保证了市场繁荣和物价的基本稳定。（1994年报刊精选）

（4）本来这话不该我说，可去年我家小猴子得了大病，多亏老掌柜给他找（　　）先生，才捡了一条小命！（刘震云）

思考与练习（18）

一、请在下列句中适当的位置填上"了"。

1. 你　上　星期　去　看　展览　吗？
2. 他　在　北京　住　三天　就　走　。
3. 你们　学校的　游泳池　开　吗？
4. 他　昨天　起床　后　去　图书馆　看　一早晨的书。
5. 那本书　我　看　完　马上　还　给　他　，又　借　一本　。
6. 那天　从　你　家　出来　以后，我　打　一个　电话　给　他　。

---

① 我们考察了500个"去年我"构成的复句或者连谓句，其中195个句子在复句的第一个分句或者连谓句的第一个谓语动词后加"了₁"，仅占39%，也就是说有61%的表述过去的事情的句子不加"了₁"。（丁崇明、荣晶，2018）

7. 我　　在这里　　待　　三年　　，我　　明年　　准备　　回国　　　　。

8. 昨天　　我　　吃　　饭　　就　　去　　图书馆　　　　。

9. 当　　他　　来　　的　　时候，我　　已经　　离开　　家　　　。

10. 到　　下个月的　　今天，他　　离开　　故乡　　就　　已经　　有三年　　　。

二、用名词"小学生、经理、十月、星期三"加上"了"各造一个句子。

三、修改下列病句。

1. 我很早以前就盼望了来中国留学。

2. 开始学汉语时我感觉了汉语语音太难。

3. 老太婆请了金鱼为她造一所新房子。

4. 我去了你们家找你。

5. 过去我学过了汉语。

6. 昨天吃了晚饭以前，我去了北京大学。

7. 这是一个很好的机会了，我决定了要去中国南方旅游了。

四、请在下列句子的括号中填上适当的完成体标记。

1. 问：你怎么到上海的？

   答：我坐高铁到上海（　　　　）。

2. 问：你们在西安参观了哪些地方？

   答：我们游览（　　　）兵马俑、西安古城墙、大雁塔，我们还去看（　　　）壶口瀑布。

3. 问：你这学期选（　　　）哪几门课？

   答：我选（　　　）中国历史、中国古代文学，还选（　　　）太极拳。

4. 问：你在哪儿学（　　　）汉语？你的语音很不错。

   答：我在德国学（　　　）汉语，我们的汉语老师是一个中国老师。

五、请用完成体标记"了"或"的"完成下列答句。

1. 问：你怎么到北京的？

   答：＿＿＿＿＿＿＿＿＿＿＿＿＿＿＿＿＿＿＿＿＿＿＿＿

2. 问：你今天中午吃的什么？

   答：＿＿＿＿＿＿＿＿＿＿＿＿＿＿＿＿＿＿＿＿＿＿＿＿

3. 问：你今天中午吃了什么？

   答：_____

4. 问：你到超市买了些什么东西？

   答：_____

5. 问：你什么时候到西安的？

   答：_____

4.5　进行体

进行体是用某些语法标记表示动作正在进行或状态正在变化。

4.5.1　进行体标记及其构成的主要句式

进行体标记分为五类。第一，句末语气词"呢"；第二，动词前的"在"或"正在"（单独的"正"很少用）；第三，动词性结构前的副词和句末语气词"呢"并用；第四，动词后的动态助词"着"；第五，副词、"着"和语气词三种标记一起使用。

各种进行体标记一共有14种，使用比较多的有以下7种：[①]

表4.4　常用进行体标记及其构成的施事带宾主谓句句式（按常用度从高到低排序）

序号	进行体标记	句式构成	例句
1	呢	$N_{施}$＋V+$N_{受}$＋呢	她做饭呢。
2	在	$N_{施}$＋在＋V+$N_{受}$	她在做饭。
3	正……呢	$N_{施}$＋正＋V+$N_{受}$＋呢	她正做饭呢。
4	正在……呢	$N_{施}$＋正在＋V+$N_{受}$＋呢	她正在做饭呢。
5	在……呢	$N_{施}$＋在＋V+$N_{受}$＋呢	她在做饭呢。
6	正在	$N_{施}$＋正在＋V+$N_{受}$	她正在做饭。
7	正……着……呢	$N_{施}$＋正＋V+着＋$N_{受}$＋呢	她正做着饭呢。

---

① 其他使用频率不太高的进行体标记依次是："着……呢""正在……着……呢""正""正在……着……""正……着……"。用得最少的是"在……着……"和"着"。为准确地描写北京话的进行体的形式，我们专门设计了问卷，对20个北京人进行了调查。让被试选择"孩子在干什么（干嘛）？""你到家时，你妈妈在干什么（干嘛）？"这两个问句各自对应的答句15种（共30句），用五度量表进行了调查和统计，获得了这一结论。（丁崇明、荣晶，2022）

如问："孩子在干什么？"用得比较多的答句是：

（1）他写作业呢。

（2）他在看书。

（3）他正弹钢琴呢。

（4）他正在画画呢。

（5）他在踢足球呢。

（6）他正在洗澡。

（7）他正看着电视呢。

如问："你到家时，你妈妈在干什么？"用得比较多的答句是：

（8）她做饭呢。

（9）她在打扫房间。

（10）她正擦窗户呢。

（11）她正在打电话呢。

（12）她在看电视呢。

（13）她正在炒菜。

（14）她正看着书呢。

受事主语句中用进行体构成的句子较多的有以下句式。如问："饭做好了吗？"受事主语句答句用得比较多的依次是以下表中的五个例句。

表4.5　常用进行体标记及其构成的受事主语句句式（按常用度从高到低排序）

序号	进行体标记	句式构成	例句
1	正……呢	NP$_受$+ 正 +V+ 呢	饭正做呢。
2	在……着呢	NP$_受$+ 在 +V+ 着呢	饭在做着呢。
3	正在……呢	NP$_受$+ 正在 +V+ 呢	饭正在做呢。
4	正……着呢	NP$_受$+NP$_施$+ 正 +V+ 着呢	饭妈妈正做着呢。
5	在……着	NP$_受$+NP$_施$+ 在 +V+ 着	饭妈妈在做着。

进行体的受事主语句，动词前面有"在""正""正在"时，动词后面可以只加"着"不加"呢"。例如：

（15）你工作的事领导正商量着。

4.5.2 进行体标记"着"构成的非典型连动结构

典型的连动结构中几个动作的发生是有时间先后顺序的，而非典型连动结构的动作是同时发生的，没有时间先后顺序。

进行体标记"着"可以放在动作动词构成的非典型的连动结构中，表示前一个动作与后一个动作同时发生，前一个动作是后一个动作的伴随动作，即构成以下连动结构：

> V_{动作}+着+（O）+VP
>
> 两个动作同时进行

（1）他笑着对那孩子说："你叫什么名字？"
（2）他们常常吃着饭看电视。
（3）咱们走着说吧。
（4）他喜欢抽着烟想问题。

有的可以变换为"一边……一边……"。例如：

（1）→（5）他一边笑一边对那孩子说："你叫什么名字？"
（2）→（6）他们常常一边吃饭一边看电视。
（3）→（7）咱们一边走一边说吧。
（4）→（8）他喜欢一边抽烟一边想问题。

4.6 持续体

持续体表示某一行为动作或者状态在某个时段中的持续。与进行体强调动态性、强调动作或变化正在进行不同，持续体强调的是静态性，强调某种稳定状态的持续。如"你的书一直在桌上放着，我没有动过""墙上挂着一幅油画""爸爸种的葡萄还活着"。现代汉语持续体标记有两种形式，一种是典型的持续体标记"着"，另一种是非典型的持续体标记"了_{1持续}"。

4.6.1 典型的持续体标记"着"

4.6.1.1 "着"的典型用法

"着"的典型用法是作持续体标记，加在动词或少数形容词之后，表示动作或状态的持续。例如：

（1）门开着，你直接进来吧。

（2）桌上放着一套茶具。

（3）墙上挂着一幅风景画。

（4）那人穿着一件短袖衬衣。

（5）别忘了，你在衣服还在外面晒着。

（6）电脑还开着，你不用就把它关了。

（7）君亭昏睡了一天又一夜，起来了，头还疼着。（贾平凹）

（8）那时，公园里的树叶还红着，可好看了。

（9）瑞宣的眼圈还红着，脸上似乎是浮肿起来一些，又黄又松。
（老舍）

（10）两岸的油菜花黄着，秧苗绿着，粉蝶儿白着，好一副姹紫嫣
红。（王安忆）

4.6.1.2　持续体标记"着"构成的非典型连动结构①

持续体标记"着"可以放在静态动词或形容词构成的非典型连动结构
中，表示前面的动作或者状态是后面动作的伴随状态。

V静态 / 形容词+着+VP

（1）她红着脸笑了笑，什么也没说。

或者表示前一个静态动词是后一个动作进行的方式。例如：

（2）这孩子喜欢躺着看书。

（3）蹲着吃饭不是好习惯。

---

①　进行体标记"着"构成的连动结构与持续体标记"着"构成的连动结构有以下不同。第一，
4.5.2节中介绍的进行体标记"着"构成的非典型连动结构 "V动作＋着＋（O）+VP"结构，有的可
以变换为"一边……一边……"结构，因为其中的动词是动作动词，表示的语义是两个动作同时进
行；而持续体标记"着"构成的非典型连动结构不能变换为"一边……一边……"结构，因为前面
的动词不是动作动词，而是静态动词或者形容词。第二，进行体标记"着"构成的非典型连动结构
前面的动词前可以加"正"表示动作正在进行，而持续体标记"着"构成的非典型连动结构前面的
动词前不能加"正"，因为它不是正在进行的动作。如本小节中的例（1）—（5）都不能加"正"，
而如果句子变为"他躺着看书"和"他蹲着吃饭"，由于都是表示正在进行的动作，所以可以加"正"
说成"他正躺着看书"和"他正蹲着吃饭"，这两个句子中的"着"都是进行体标记。

现代汉语语法教程（第二版）

有的连动结构"着"前面的动词表示方式或状态，后面的动词性成分表示原因或目的。例如：

（4）这个香蕉留着给你姐姐吃。

（5）那台电脑放着没人用，你拿去用吧。

持续体的"着"在句末时，后面可加上语气词"呢"，其意思基本不变。例如：

（6）门开着呢。

表示状态的持续在静态动词或形容词之后加持续体标记"着"的同时，还可以在动词或形容词之前加副词"正"。例如：

（7）在外面冻了一天了，你快趁鸡汤正热着多喝点儿，暖暖身子。

4.6.2　非典型的持续体标记"了$_{1持续}$"

非典型的持续体标记"了$_{1持续}$"加在静态动词"安、放、挂、存"等之后表示状态的持续。这些句子的语义与"着"构成的句子的语义一样，并且句子中的"了$_{1持续}$"可用"着"来替换。例如：

（1）墙上挂了一幅风景油画。→墙上挂着一幅风景油画。

（2）他的书桌上放了一台电脑。→他的书桌上放着一台电脑。

（3）妈妈在银行里存了一笔钱供我们上大学用。

　　　→妈妈在银行里存着一笔钱供我们上大学用。

4.6.3　使用"着"要注意的一些问题[①]

4.6.3.1　误把"着"放在结构较松的动宾型动词的后面

汉语中有的动宾型动词两部分结合得比较松，中间可以加入别的成分，带体标记时要加在它们之间。以下结构要改为"跑着步""洗着澡""吃着饭"。

（1）*孩子们在操场上跑步着。

---

① 　这一节中所说的问题有的是持续体"着"要注意的问题，有的是进行体"着"需要注意的问题。

（2）*他一边洗澡着一边哼着歌。

（3）*我正吃饭着，你等我一会儿，我马上就来。

4.6.3.2 误把"着"放在结构较紧的动宾型动词的中间

有的动宾型动词的两个语素结合得比较紧密，中间不能加入别的成分，加体标记时不能插入它们中间，只能加在它们后面。例如：

（1）虽然他离开家乡已经二十多年了，可是他随时都在关心着家乡的变化。

（2）你们必须密切注意着股票的变化，一有异常情况马上和我联系。

4.6.3.3 个别的动宾型动词可以把体标记插入中间，也可以加在后面。例如：

（1）我们大家还为你担着心呢，你倒好，在外面玩得那么开心。

（2）我还一直担心着这事呢。

4.6.3.4 有的动词可加"着"，也可以不加，加了"着"只是有缓和语气的作用，这种用法主要出现在书面语中。例如：

（1）他们那里的治安存在着许多问题。

（2）人们日常交际中口语的语言和法律法规中的语言代表着语言运用的两个极端。

（3）这件事在国际上有着广泛的影响。

思考与练习（19）

一、请在下列句子中适当的位置填上体标记"着"。

1. 他　从小　就　喜欢　听　音乐　学习。
2. 你　看　他　一下，别　让　他　跑了。
3. 你　好好　听，我们　不会　让　你　在这儿害　人　的。
4. 他们　还　在　那儿　等　你　呢，你　快去　！

5. 老师　让　你们　等　，他　有　话　跟　你们　说　。

6. 我们　正　说　这事　，他　就　进来了。

7. 你　拿　这些　药　，我　去　倒水　。

8. 昨天晚上，我　看　书　就　睡着了。

9. 你　别　开　车　打　手机，这样　很危险　。

10. 她　说　说　忍　不住　笑了　起来。

11. 你　看　路　走　，别　只　顾　说话。

12. 你们　先　走　，我　现在　手上　还　有　点儿　活。

二、用下列词语，选择"着"或"在"，也可以再加上一些必要的词语造句。

1. 一幅山水画　墙上　挂

2. 看　电视　他们俩

3. 路两旁　一些　银杏树　种

4. 他　进去时　领导　开会

5. 那盲人　站　在商店　门口　拉　手风琴

三、修改下列病句。

1. 那老人握我的手激动地说："太感谢你了，年轻人！"

2. 晚会上，我们有的人跳着舞，有的人谈着话，有的人喝着酒，有的人唱着歌，大家玩得很开心。

3. 他激动地看我，一句话也说不出来。

4. 那两个星期，他病着，没有来上课。

5. 他离开着心爱的岗位，心里怪难受的。

四、请用适当的进行体标记完成下列对话。

1. 问：我昨天给你打电话时，你在干什么？
   答：＿＿＿＿＿＿＿＿＿＿＿＿＿＿＿＿＿＿＿＿＿

2. 问：你现在在干嘛？能帮我一个忙吗？
   答：＿＿＿＿＿＿＿＿＿＿＿＿＿＿＿＿＿＿＿＿＿

3. 问：你到家时，你爸爸在干什么？
   答：＿＿＿＿＿＿＿＿＿＿＿＿＿＿＿＿＿＿＿＿＿

4.问：房间打扫干净了吗?

答：_____

五、请选择"着""在""正"或"呢"填在下列句子中适当的位置。

1.你 不要 躺 看 书,会 把 眼睛 弄 坏 的。

2.咱们 走 说,这样 节约 时间。

3.妈妈 替 你 整理 屋子,你 去 帮 整理 一下。

4.客厅的墙上 挂 几幅 他 自己 画 的画。

5.你 小声点儿,孩子 睡 觉 。

6.你爸 理 发 , 不 方便 接 你的电话。

7.他 穿 一件 米色的风衣。

8.房间里 工人 装 空调。

4.7 经历体

4.7.1 经历体的体标记及其语法意义

经历体的体标记是动态助词"过₂",其语法意义是过去曾经有某种经历或某种状态,说话时这种经历或状态已不再存在。

> V+过₂ + （O）

（1）我去过新疆,对那儿的情况有一定了解。（现在"我"不在新疆）

（2）他爸爸当过兵。（现在"他爸爸"不是军人了）

（3）他得过阑尾炎。（现在"他"没有这种病了）

（4）李明的妈妈我曾经见过。

（5）这种车我开过,非常好开。

（6）你看过这部电影吗?

（7）这种水果你吃过吗?

（8）香港你去过吗?

（9）你是学中文的,你肯定读过鲁迅的小说。

（10）我总觉得我曾经跟你说过她过去的情况。

"过$_2$"也可以用在形容词后面表示过去曾经存在的状态。例如：

（11）当年，我也曾漂亮过，也像个人似的。（老舍）

（12）你不要看他现在这样，没人理睬他，他当年也曾经风光过。

（13）他先前也是曾经阔过的，住的是豪宅，开的是豪车。

应注意以下情况不能用"过$_2$"。动词前有"经常、常常"等表示多次性、反复性的词语，或表示一种有规律的行为，动词后就不能加"过$_2$"。例如：

（14）*我们小时候常常去过野外捉青蛙玩。

（15）*一星期我念过一个钟头的古文。

句中有不定的时间词语，动词后也不能加"过$_2$"。例如：

（16）*我以前有时见过这样的情景。

（17）*那时，他们有时来过我们家。

（18）*我那时也不时地去过那家餐馆吃饭。

4.7.2　"过"与"了"的比较

"过$_2$"强调的是过去曾经有某种经历或某种状态，说话时这种经历或状态已不再存在。句中的"了$_1$"表示动作完成、变化实现，句末的"了$_2$"除了表示新的情况出现之外，还有使句子能够成立的陈述或祈使语气的功能。

有的用"过"的句子也可以用"了"，但用"过"与用"了"在语义上有一点差别，相比较而言，用"了"离说话时间更近一些，用"过"则离说话时间更远一些。例如：

（1）我今天早上吃过一个面包，现在有点儿饿了。

（2）我刚吃了一个面包，现在不饿了。

（3）那本书我看过，但现在大多数内容都忘了。

（4）那本书我上星期看了，写得挺好。

（5）那本书我看了，写得很感人。

用"过"一般通过过去的行为、动作来解释说话时的情况，如例

（1）和例（3）；用"了"常常通过已经完成或实现变化的情况来解释说话时的情况，如例（2）。"了"也可以用来纯粹叙述一个事件或行为动作，不牵涉别的时间的人和事。例如：

（6）那孩子看到一位老大爷上来，连忙把座位让给了他。

（7）那儿的环境很好，房子周围种了很多树，栽了很多花。

"了"可以插入动词重叠式中，形成"V了V"重叠式，而"过"则不行。例如：

（8）他看了看我，什么话也没说。

（9）我试了试那件衣服，颜色太鲜艳了，我不太喜欢。

用"过₁"的句子可以用"了"来替换。当然语义上会有一点差别。

> （已经）+V+过₁+O+了

"过₁"前面可以加上副词"已经"，后面带上宾语，句末再带上语气词"了"。这种句子中的"过₁"可以用动态助词"了"来替换，相比较而言，用"了"离说话时间更近一些，用"过"则离说话时间更远一些。例如：

（10）我已经吃过晚饭了，你们自己慢慢吃吧！

（11）我已经吃了晚饭了，你们自己慢慢吃吧！

（12）我试过那台机器了，很好用。

（13）我试了那台机器了，很好用。

（14）他说他看过那部电影了。

（15）我已经看过那篇文章了，的确写得不错。

以上句子可以把宾语移到句首，变换为受事主语句，这样语气词"了"可以直接用在"过₁"后面。

> （已经）+V+过₁+了

这种句子中的"了"实际上兼有动态助词和语气词的功能。相比较而言，用"过了"有点强调的意味。例如：

（16）晚饭我已经吃过了，你们自己慢慢吃吧！

（17）那台机器我试过了，很好用。

（18）那部电影他说他看过了。

（19）那篇文章我已经看过了，的确写得不错。

（20）你说的那首曲子我听过了，的确很好听。

例（16）—例（20）中的"过了"可以换成"了"。

（已经）+V+过₁+动量+（了）

"过₁"后面可以跟动量补语，然后可以再加上语气词"了"，也可以不加，加上"了"有强调的意味。这种句子中的"过₁"可以用动态助词"了"来替换。例如：

（21）中国历史博物馆他已经参观过一次了。

（22）中国历史博物馆他已经参观了一次了。

（23）哈尔滨的冰灯我已经看过两次了，不想再看了。

（24）哈尔滨的冰灯我已经看了两次了，不想再看了。

（25）云南的过桥米线我吃过好几次了，今天咱们吃川菜吧。

（26）云南的过桥米线我吃了好几次了，今天咱们吃川菜吧。

曾经+V+过₂

"曾经+V+过₂"中的"过₂"不能用"了"来替换，末尾也不能加语气词"了"。例如：

（27）中国的四大佛教名山九华山、峨眉山、五台山和普陀山，我都曾经去过。

（28）这话我曾经说过，你们都不听我的。

曾经+V+过₂+动量

"曾经+V+过₂+动量"中的"过₂"不能用"了"来替换，末尾也不能加语气词"了"。例如：

（29）云南的香格里拉我曾经去过一次。

（30）《论语》我们上大学学古汉语课时，我曾经通读过一遍。

（31）《庄子》中的《逍遥游》我曾经认认真真地学过一遍。

$$\boxed{\text{曾经} + V + \text{过}_2 + O}$$

"曾经+V+过₂+O"中的"过₂"不能用"了"来替换，末尾也不能加语气词"了"。例如：

（32）我曾经去过安徽的黄山，俗话说"五岳归来不看山，黄山归来不看岳"，是不是我可以不看山了？

思考与练习（20）

一、用"过"或"了"填空。

1. 我已经在家里吃 _____ 饭 _____，您不用忙 _____。

2. 我年轻时去 _____ 中国的许多地方，比如说北京、上海、西安、广州、成都、重庆、杭州等。

3. 这本书你看 _____ 吗？如果没看 _____，我建议你抽空看一看。

4. 看 _____ 你的信，我对你的误会消除 _____，对不起，我以前错怪 _____ 你。

5. 听 _____ 你介绍的情况，我们对这些少数民族的风俗有 _____ 一定的了解。

6. 你没有尝 _____ 这种鱼吧？

7. 我想你们都没去 _____ 原始森林吧？

8. 他早忘 _____ 他的救命恩人 _____。

9. 他在日本的时候曾经学 _____ 一年日语。

10. 这件事我告诉 _____ 他，他应该知道。

11. 他的头发白 _____ 不少。

12. 这个地方我五年前曾经来 _____。

13. 这部电影我刚看 _____，不想再看 _____。

14. 你说的那家商店我曾经去 _____，我不想再去 _____。

现代汉语语法教程（第二版）

二、修改下列病句。

1. 他以前学过了法语。

2. 这次事故伤过好几个人。

3. 你没去了八达岭长城吧？

4. 他好几年前弹了这首曲子。

5. 他唱的那首歌我以前听了。

6. 听他唱过几遍那首歌，我现在都会唱。

7. 他学过了画国画，现在还能画几笔。

8. 他写的小说我每一篇都曾经读了。

9. 那些农民正在地里收了麦子。

10. 孩子睡觉着，你别去影响他们。

11. 我去的时候，他们还没吃了饭呢。

12. 昨天他打电话来的时候，你干了什么？

三、请在以下句子的括号中填上适当的体标记。

1. 现代科学技术（　　）经历着一场伟大的革命。近三十年来，现代科学技术不只是在个别的科学理论上、个别的生产技术上获得了发展，也不只是有了一般意义上的进步和改革，而是几乎各门科学技术领域都发生了深刻的变化，出现了新的飞跃，产生了并且正在产生一系列新兴科学技术。

2. 记者上前问队伍中的一位中年农民："你们为啥这么急（　　）还贷款？""有借有还，再借不难。"

3. 你先自己看会儿电视，我们洗（　　）碗再来陪你聊天。

4. 据资料介绍，自内蒙古地轴北察右后旗乌兰哈达到商都县南高乌素深断裂带及附近，分布（　　）6座古火山，其中1号、2号、4号山形成规模小且不完整，3号、5号、6号山形成完整且规模大，为圆锥台形的典型状态。

5. 在谈到此次面试的程序及内容时，这位人士介绍说："面试时我们都坐在考场外面，按顺序等（　　），面试是一个一个进行，先陈述自己的竞聘报告，然后评委会问几个问题。问得最多的是对付朝鲜女足的战术策略。"

6. 大多数座椅前后长度不够，再加上部分学校超员严重，有的教室极度拥挤。还有的课桌抽屉很小，放不下书包，孩子把书包放在椅子上，坐（　　　）很容易疲劳。

7. 莎士比亚说（　　　）："聪明的人善于抓住机遇，更聪明的人善于创造机遇。"

8. 这种水果我还是第一次见，我还从来没有吃（　　　）。

4.8　起始体

4.8.1　什么是起始体

起始体是用词汇意义部分虚化的"起来"表示行为动作或状态的开始。如"孩子们听说要去海边玩，高兴地欢呼起来"。

4.8.2　起始体句子构成的条件

起始体标记"起来"构成起始语义的句子有一定的条件，它与动词和形容词的语义有关系。

动词从不同的角度可以分出不同的类别。如从动词所表示的动作是否可以持续，可以分为持续动词与非持续动词（有的称为"结束动词"）。大多数动词是持续动词。

持续动词：吃、看、写、走、游、练、哭、学习、工作、培养、
睡觉、欢呼

非持续动词：毕业、告诉、出生、获得、看见、割断、离开、决定、
死

动词从是否包含趋向的语义可以分为趋向义动词和非趋向义动词。趋向义动词本身含有趋向义素，即[+趋向]。非趋向义动词本身不含趋向义素，即[-趋向]。多数动词是非趋向义动词。例如：

趋向义动词：登、端、放、举、拉、爬、抬、跳、推、提、站
非趋向义动词：唱、叫、说、哭、笑、读、开、学、看、穿、睡

起始体标记"起来"构成起始语义的句法结构有以下句法语义条件。第一，必要条件：必须是持续动词。非持续动词不能形成起始义，因为非持续动词没有持续段，开始就结束了。第二，非必要条件：非趋向义

动词。少数趋向义动词具有持续语义也可以加"起来"构成起始语义的句子。

具有变化语义的形容词也可以加"起来"构成起始语义的句法结构。

表4.6　"起来"构成的起始义句法结构

序号	句式构成	例句
1	V非趋向持续义 / 形容词变化义＋起来	唱起来、红起来
2	V非趋向持续义＋起 +NP+ 来	唱起歌来、讲起笑话来

（1）他们在车上唱了起来。

（2）他与父亲辩论起来。

（3）呆了一会，他才慢慢展开信读起来。

（4）郑柏年忽然剧烈地咳嗽起来。

（5）听了这个笑话，人们忍不住笑起来。

（6）一到秋天山上的树叶一片一片地红起来，黄起来，漂亮极了。

（7）今天她终于高兴起来了。

有的动词带宾语结构可以把宾语插到"起来"中间，构成"V起NP来"的结构，有的离合动词也可以构成这样的结构。例如：

（8）他高兴得唱起歌来。

（9）他是个游戏迷，玩起游戏来常常通宵达旦。

少数趋向义动词后面也可以加"起来"表示起始义。例如：

（10）打开信封时，他的心立刻怦怦怦地跳起来。

绝大多数"起来"构成的起始体的句子可以加动词"开始"，加强起始的语义。

4.9　继续体

继续体是在动词和极少数形容词后面加词汇意义一定程度虚化的"下去"，表示动作或状态从说话时点继续到将来。

继续体与起始体一样，要求动词必须是持续义动词。

（1）你们再这样闹下去，我只好让你们的父母来管教你们了。

（2）这样干下去迟早会出事的。

（3）这地方我绝对不会再住下去。

（4）你一定要坚持下去，坚持就是胜利。

（5）她很清楚她的音乐不会永远红下去。

（6）我们的快餐只有克服其他快餐的缺点，才能长久红下去。

（7）我希望你会快乐，比现在更快乐，且持久地快乐下去。

（8）学汉语使我了解了一种不同的文化，也让我多了一种技能，我会坚持学下去的。

绝大多数"下去"构成的继续体的句子可以加动词"继续"，加强继续的语义。

思考与练习（21）

一、汉语的起始体用什么语法形式？

二、汉语的继续体用什么语法形式？

三、在以下句子中适当的位置填上适当的体标记。

1. 我 从 没 见 这样的 怪事。

2. 他这人 学习 特别 刻苦，学 就 很 难 停 下来。

3. 我们 都 喜欢 下 象棋，有时 下 就 一连 下 五六个小时。

4. 现在的人 比 以前的人 讲究 生活的情趣，有点经济 条件的人 玩 很 舍得 花 钱。

5. 他们 说 以前的 事 没 完 没 了。

6. 他 看 电视 哭 ，看样子 那部 电视剧 太 感 人 。

7. 他 进来 的 时候，我们 大家 讨论 那篇 小说 。

8. 李大夫 给 那个 孩子 检查 身体，你们 先 在 外面 等 一会儿。

9. 看 你的 信，我们 都 为 你 所 获得 的 成绩 感到 十分 高兴。

10. 他 在 那么 差的 条件 下 写 那么 多 文章，我 非常 钦佩 他 自强不息 的 精神。

11. 这 是 我 见 的 最好的 车 。

12. 你们 在 新疆 一定 吃 烤羊肉 吧？

13. 你 用 家 里 给 你 寄 来 的 钱，而 又 不 认真 学习，你 难道 没有 一点 内疚 吗？

14. 我 相信，只要 坚持 干 ，你 一定 会 成功 的。

四、在下列句子的括号中填上适当的体标记。

1. 这是一片神奇壮美的土地，悠悠古汉台，雄奇剑门关，秀丽光雾山，神奇诺水河。这里有巴人文化、三国遗迹、红军故里，美丽的自然山水和灿烂的历史文化在这里交相辉映。"区域联动，优势互补，资源共享。我们（   ）联手构建川陕旅游金三角，打造西部旅游新亮点。

2. 阿根廷，这个遥远的南美国家，（   ）日益被中国的发展所吸引，除了企业界的"中国热"之外，政界和民间也有许多人开始关注中国。

3. 我国的经济发展（   ）处在一个关键时期。

4. 晚上下班回来，见父亲（   ）穿着运动鞋又准备出外跑步，我说："爸，怎么又去跑步啊？不用去了，不然会累的。"

5. 当前，日益严峻的艾滋病问题（   ）得到人们越来越多的关注，艾滋病的防治工作日益受到全社会的理解和支持，而问题的解决更需要社会各界的实际行动和共同努力。

6. 河北省武强县十几户农民引进墨西哥"米帮塔"食用仙人掌，种植成功，20多亩日光温室大棚中的仙人掌长势喜人，但由于信息不灵，这些种植户眼巴巴守（   ）仙人掌卖不出去。随着天气一天天变冷，食用仙人掌成了他们的心病。

7. 这个省（   ）处于工业化从初期向中期过渡的阶段，工业增长速度多年持续下滑造成近几年全省经济增幅不高。

8. 不可否认，无处不在的网络（　　　）愈来愈大地影响着现代社会，并以不可阻挡之势日渐改变着我们的生活方式。

9. 流感目前仍（　　　）继续蔓延，到目前为止，全市每天患流感的人数仍在继续增加。

10. 如果这种传染病继续扩散开来，发展（　　　），将会有更多的人传染上这种病。

11. 这产品还没经过国家批准，不能再生产（　　　），被发现了，会被处罚的。

12. 电子游戏很容易上瘾，不少人玩（　　　）就停不下来。

13. 这孩子很自觉，一回到家，吃点儿水果，就到自己房间做（　　　）作业（　　　）。

14. 您年纪大了，不能跟年轻人这么干（　　　），您得注意自己的身体。

15. 这本小说情节曲折，引人入胜，读（　　　）就不想放下。

现代汉语语法教程（第二版）

补语及其分类

补语是谓词性成分后面补充说明的成分。它是汉语中比较特殊的成分，所以本书专门用一章来介绍它。

5.1 补语与中心语

补语的中心语在补语前，由动词、形容词性成分充当。例如：

（1）你把那个椅子搬出去。
（2）那个孩子机灵得不得了。
（3）他高兴得跳了起来。

例（1）中补语的中心语是动词，例（2）、例（3）中补语的中心语是形容词。

5.2 充当补语的词语

5.2.1 主要由动词、形容词性词语充当

（1）风把那棵小树都刮断了。（动词充当补语）
（2）那个调皮的男孩把我们的玻璃砸坏了。（形容词充当补语）
（3）看了他画的画，我们笑得腰都直不起来了。（动词性主谓短语充当补语）
（4）她打扮得漂亮极了。（形容词性中补短语充当补语）

5.2.2　少数介词短语也可充当

（1）你们坐在我的衣服上了。
（2）他躺在床上看书。
（3）孩子们高兴地奔向大海。

5.2.3　个别程度副词也可充当

（1）我饿极了。
（2）他英语好得很。

5.2.4　量词短语也常充当补语

（1）他们在这里住了一天。
（2）漓江我去过一次。
（3）你再读三遍！

5.3　补语的语义分类

补语从语义上来分，可以分为十类：结果补语、状态补语、程度补语、趋向补语、可能补语、动量补语、度量补语、时段补语、时点补语、处所补语。

用简易加线法分析时，补语用"〈　〉"标注出来。

5.3.1　结果补语

结果补语表示动作或变化所产生的结果。结果补语主要由形容词来充当，常用的形容词大多数都可以做结果补语，少数单音节动词也可以充当结果补语。结果补语与中心语之间不加"得"。例如：

搞清楚　洗干净　说明白　写错　变坏　压低　抓紧　煮熟　哭肿
说完　改成　听懂　看会　拿走　推倒　打死　拉住　撞翻　叫醒
（1）你最近晒黑了。
　　　　　　　　〈　〉
（2）你的衣服洗干净了。
　　　　　　　〈　　〉

（3）那台电脑被搞坏了。

〈　〉

（4）那个可怜的男子被那些流氓打伤了。

〈　〉

（5）我的书被弄湿了。

〈　〉

从语言的深层语义上来分析，带结果补语的结构是由两个句子合加起来的。例如"你最近晒黑了"是由"你最近晒太阳"和"你最近黑了"两个句子合加起来的。再如：

那人把他妻子打伤了＝那人打他妻子＋他妻子受伤了

能做补语的动词不多，常见的有：

到　成　走　跑　倒　翻　掉　懂　见　死　透　丢　住

（6）我终于搞懂这台机器的原理了。

〈　〉

（7）他把我的那本最好用的字典弄丢了。

〈　〉

（8）我军把敌人的先头部队打跑了。

〈　〉

（9）我买到明天晚上的音乐会的票了。

〈　〉

结果补语后面带动态助词"了"后还可以带宾语。例如：

干完了工作　买到了机票　抓住了机遇　哭肿了眼睛　踢断了腿
记错了地方　叫醒了他　　弄坏了电脑　拿走了工资　学会了上网

以汉语为第二语言的学生在造句时，比较容易犯缺少必要的结果补语的错误。例如：

（10）＊有一天，一个老人在回家的路上，看了一只蛇。

（11）＊我们一下车就看许多人手里举着木牌，上面写着一些字，他们大概是来接人的。

（12）*孩子们看西瓜就想吃。

（13）*听这样的话，姑娘脸红了。

（14）*医生们紧张地工作，他们一定会救他。

（15）*这本书我早就想买了，今天可算买一本了。

"看、听"这两个动词后面的补语"到"，以汉语为第二语言的学生比较容易漏掉。例（10）、例（11）、例（12）中"看"的后面应该加补语"到"，或改为"看见"。例（13）"听"后面应该加上补语"到"。例（14）"救"的后面应该加上补语"活"。例（15）第二个"买"的后面应该加结果补语"到"。

5.3.2　状态补语

状态补语从语义上归纳，主要是描写某一行为动作使主语表现出的某种情态，所以又称为情态补语。状态补语前主要用结构助词"得"。

状态补语有肯定形式与否定形式。例如：

肯定　　　　　　　　　**否定**

摆得整齐　　　　　　　　摆得不整齐

长得高　　　　　　　　　长得不高

准备得好　　　　　　　　准备得不好

来得晚　　　　　　　　　来得不晚

讲得清楚　　　　　　　　讲得不清楚

状态补语是补语里最为生动和丰富的一类。从形式上讲，状态补语大多数要加"得"，少数的可以加"得个"或只加"个"。例如：

（1）他把那个盘子打得个稀巴烂。

（2）公车上颠得个东倒西歪的，她偏要从小包包里面摸出面小圆镜
照来照去。

（3）今天我买了很多你们爱吃的水果，让你们吃个痛快。

（4）大家辛苦了一周了，今天让你们喝个够、玩个痛快。

充当状态补语的有动词、形容词、动词性短语、形容词性短语、成语、主谓短语等。例如：

（5）这段时间我忙得不亦乐乎。
  〈   〉

（6）他的字写得很工整。
  〈   〉

（7）教室里静得一根针掉在地上都听得见。
  〈   〉

（8）听了那人的话，他气得脸色发青。
  〈   〉

（9）地里的庄稼长得绿油油的。
  〈   〉

（10）看了那幅画，他笑得前仰后合。
  〈   〉

各类谓词性词语和短语都能够做状态补语。

第一，形容词性状态补语

性质形容词补语   **状态形容词补语**
擦得亮   擦得锃亮
刷得白   刷得雪白
站得直   站得笔直
（对动作的静态说明）   （对动作的状态描写）

性质形容词状态补语多数可以在补语前加"不"进行否定，状态形容词状态补语却不行。例如：

擦得不亮   *擦得不锃亮

状态形容词的补语句可以变成"把"字句，性质形容词的则不行。例如：

*把皮鞋擦得亮   把皮鞋擦得锃亮

形容词重叠形式构成的中补短语可以作为连谓句的前一部分，后面可以出现另一个动作，而非重叠形式的性质形容词构成的中补短语不能作为连谓句的前一部分，它后面不能出现别的动作。例如：

（11）他打扮得漂漂亮亮的出去了。

（12）他穿得体体面面的来参加宴会。

（13）*他打扮得漂亮的出去了。

（14）*他穿得体面的来参加宴会。

第二，动词性状态补语

A. 动词和动词短语做状态补语

动词	动词短语
高兴得笑了	高兴得咧着嘴笑
疼得哭了	疼得直哭
吓得跑了	吓得连忙跑回家去
气得哭了	气得哭起来

动词直接充当状态补语后面一般要加"了"，如果不加"了"就可能成为可能补语。动词短语做补语则没有这个限制。状态补语因为是描述动作的状态的，所以动作都是已经实现的。"吓得跑"表示可能，只是说明动作的可能性，未必已实现；而"吓得跑了"是已经实现了的动作的状态。

B. 谓词性代词做状态补语

谈得怎么样　　瘦得这样　　他昨天急得那样

C. 成语、惯用语做状态补语

（15）教室里静得鸦雀无声。

（16）他忙得不亦乐乎。

（17）公司被他搞得鸡犬不宁。

（18）他把大家搞得不知所措。

（19）他说得天花乱坠。

（20）"文革"把他折磨得人不人鬼不鬼的。

D. 主谓短语做状态补语

干得汗水直流

哭得眼睛都红了

现代汉语语法教程（第二版）

吃得胃病都犯了

喂得孩子胖乎乎的

5.3.3 程度补语

程度补语表示动作或性状的程度。程度补语可以分为用"得"的和不用"得"的，最常见的用"得"的程度补语是程度副词"很"（"很"是副词中唯一可以充当这种补语的），以下词语也可用在"得"后充当程度补语：

多　不行　不得了　了不得　要死　要命　厉害

（1）这孩子聪明得很，你可骗不了他。

　　　　　　　〈　〉

（2）他糊涂得不得了，连自己什么时候结的婚都忘了。

　　　　　　〈　　　〉

（3）这些孩子今天吵架，明天又好得不得了，别管他们的事。

　　　　　　　　　　〈　　　〉

（4）我困得不行，我先睡了。

　　　　　　〈　　〉

（5）他骄傲得不行。

　　　　　　〈　　〉

（6）我身上痒得要命，我得洗个澡。

　　　　　　　〈　　〉

（7）婆婆见添了孙孙，喜得了不得。

　　　　　　　　〈　　　〉

（8）我比这信上写的，要懒得多，坏得多。

　　　　　　　　〈　〉　　　〈　〉

（9）天气热得厉害。

　　　　　　〈　　〉

不用"得"的程度补语有"极、透、多、[①]死"等少数几个词，这类补

---

① "多"是既可以用"得"也可以不用"得"的程度补语。

语要加"了"才能成立；另外还有"万分"，它后面不能加"了"。例如：

（10）她伤心委屈极了。
　　　　　　　〈　〉

（11）你小心，我哥哥恨透了你。
　　　　　　　　　〈　〉

（12）他的病好多了。
　　　　　　〈　〉

（13）一个人在这待着，真是烦死了。
　　　　　　　　　　〈　〉

（14）听到这种情况，我焦急万分，但又想不出什么办法来。
　　　　　　　　　　〈　　〉

"极、万分"还可以在谓语中心语前面充当状语（用"［　］"来标明状语）。例如：

（15）他的英语极好。
　　　　　　［　］

（16）听到这种情况，我万分焦急，但又想不出什么办法来。
　　　　　　　　［　］

程度补语还可以由一些表示程度不高的词语充当，最常见的是不定量词"（一）点儿"和"一些"。例如：

（17）这双鞋大了一点儿。
　　　　　　　〈　　　〉

（18）坐地铁比坐公交车快点儿。
　　　　　　　　　〈　　〉

（19）这件衣服比那件衣服贵一些。
　　　　　　　　　　〈　　〉

5.3.4　趋向补语

趋向补语由趋向动词充当，表示动作行为的趋向、变化及性质状态的变化。趋向补语往往读为轻声。这里的"趋向"是一个笼统的说法，有

现代汉语语法教程（第二版）

时趋向的意味不是太浓。例如：

　　（1）那辆车开过来了。

　　　　　　　〈　　〉

　　（2）我们正在山路上走着，一块大石头从山上滚了下来。

　　　　　　　　　　　　　　　　　　〈　　〉

第一，表示动作行为的趋向。

登上山顶　　　　　　　　发来一封邮件

跑来一个人　　　　　　　寄来一件毛衣

扑了过去　　　　　　　　拿出来

坐起来了　　　　　　　　扔过去

（表示施事动作的趋向）　（表示受事动作的趋向）

第二，表示动作行为或性质状态的变化情况。

爱上集邮了

她终于哭出声来了

他终于明白过来了

天渐渐暗下去了

第三，带趋向动词的结构的语序。

如果是单音节趋向动词充当趋向补语，同时后面又有宾语，有以下两种语序：

　　V+补语+O

　　（3）我给他寄去了一千块钱。

　　　　　　　〈　〉

　　（4）他们公司派来一个高级工程师解决这个技术问题。

　　　　　　　〈　〉

　　V+O+补语

　　（5）你给他送一杯咖啡去。

　　　　　　　〈　〉

（6）他寄了一千块钱来。
　　　　　　　　　　〈　〉

如果趋向动词是双音节的，那么就可能有三种语序，即除了以上两种语序外，还有一种语序：

> V+补语+O+补语

（7）他从柜子里拿出来一份合同书。
　　　　　　　　　〈　〉

（8）他从柜子里拿了一份合同书出来。
　　　　　　　　　　　　〈　〉

（9）他从柜子里拿出一份合同书来。
　　　　　　　〈　〉　　　　　〈　〉

（10）门外走进来一个楚楚动人的姑娘。
　　　　　　　〈　〉

（11）门外走进一个楚楚动人的姑娘来。
　　　　　　　〈　〉　　　　　　　〈　〉

（12）爸爸从图书馆为我借回来一本福尔摩斯的小说。
　　　　　　　　　　　〈　〉

（13）爸爸从图书馆为我借了一本福尔摩斯的小说回来。
　　　　　　　　　　　　　　　　　〈　〉

（14）爸爸从图书馆为我借回一本福尔摩斯的小说来。
　　　　　　　〈　〉　　　　　　　　　〈　〉

趋向补语与中心语之间不加"得"，加了以后就变成了可能补语。

5.3.5　可能补语

可能补语是表示可能和不可能语义的补语。可能补语可以分为两类：带结果意义的可能补语和带趋向意义的可能补语。

带结果意义的可能补语：

吃得饱　吃不饱　看得见　看不见　听得懂　听不懂

带趋向意义的可能补语：

唱得出来　唱不出来　记得下来　记不下来

可能补语的构成形式有三类：

$$
A 类 \begin{cases} 可能式：V+得+动词/形容词 \\ \\ 不可能式：V+不+动词/形容词 \end{cases}
$$

（1）我看得清黑板上的字。
　　　　　〈　　〉

（2）我看不清黑板上的字。
　　　　　〈　　〉

（3）肚子饿了，再难吃的饭都咽得下去。
　　　　　　　　　〈　　　〉

（4）这样的饭我可咽不下去。
　　　　　　〈　　　〉

（5）铁门关着，叫不开，我爬墙进来的。
　　　　　〈　〉

$$
B 类 \begin{cases} 可能式：V+得了（liǎo） \\ \\ 不可能式：V+不了（liǎo） \end{cases}
$$

（6）你吃得了那么多吗？
　　　　〈　〉

（7）我可吃不了那么多。
　　　　　〈　　〉

（8）你管得了他吗？
　　　　　〈　　〉

（9）他又不是我儿子，我管不了他。
　　　　　　　　〈　　〉

（10）明天你来得了吗？
　　　　　　〈　〉

（11）明天我有事，我来不了。
　　　　　　　〈　　〉

这类"V+得了"语义上大致相当于"能+V","V+不了"语义上大致相当于"不能+V"。"吃得了、管得了、来得了"大致相当于"能吃、能管、能来","吃不了、管不了、来不了"大致相当于"不能吃、不能管、不能来"。

$$C\,类\begin{cases}可能式:V+得\\\\不可能式:V+不得\end{cases}$$

充当补语的"得"不是结构助词,而是动词。

（12）这种野菜吃得吗?
〈 〉

（13）这种野菜吃不得。
〈 〉

（14）这样办,要不得。
〈 〉

（15）他的话相信不得。
〈 〉

有许多"V+得"在语义上相当于"能+V","V+不得"相当于"不能+V"。北方话主要用"能+V""不能+V",南方话主要用"V+得""V+不得"。例如"吃得、看得、相信得"相当于"能吃、能看、能相信","吃不得、看不得、相信不得"相当于"不能吃、不能看、不能相信"。

这种中补短语还可以带宾语。例如:

（16）你这样做,今后叫我怎么见得人?
〈 〉

（17）我刚动了手术,吃得海鲜吗?
〈 〉

（18）三仙姑……羞得只顾擦汗,再也开不得口。
〈 〉

（19）他现在还没完全好,还下不得地。
〈 〉

现代汉语语法教程（第二版）

5.3.6　动量补语

动量补语是表示行为动作或状态变化的次数的补语，由动量短语充当。动量补语前面不加"得"。例如：

（1）这本书你看过几遍？
〈　〉

（2）听了这话，她很生气，狠狠看了她丈夫一眼。
〈　〉

（3）这酒味道很好，你喝一口尝一尝。
〈　〉

（4）他朝敌人狠狠踢了一脚。
〈　〉

以上多数是动词后面带动量补语，也有的是动宾短语后面带动量补语。少数形容词后面也可以跟动量补语。例如：

（5）哈里森计划当天就完成铺顶的工作，然后他们向主人讨一瓶白兰地酒高兴一下。
〈　〉

动量补语与宾语的位置：

V＋补语＋O

普通名词做宾语，补语多数紧跟在动词后。例如：

（6）我看了一遍你借给我的那本书，觉得写得很好。
〈　〉

（7）我和老李交换了一下意见，统一了认识。
〈　〉

（8）我们结婚三年，他就买过一次菜。
〈　〉

V＋O＋补语

人称代词做宾语，多数是宾语紧跟在动词后面。例如：

（9）他骗过我们好几次。
〈　　〉

（10）我问过他一次，他不承认。
〈　　〉

（11）我去他们家看过他一次。
〈　　〉

借用的量词构成的补语，一般放在宾语后面。例如：

（12）那流氓从后面砍了他一刀。
〈　　〉

（13）他打了那男的一巴掌。
〈　　〉

（14）你问他一声，他去不去。
〈　　〉

（15）那个队员趁裁判没有看见，狠狠踢了我们的队员一脚。
〈　　〉

有的动量补语可以放在宾语前，也可以放在宾语后。"一把""一眼"充当补语，宾语为指人的词语时，补语可前可后。例如：

（16）你拉老王一把。
〈　　〉

（17）你拉一把老王。
〈　　〉

（18）她看了我一眼。
〈　　〉

（19）她看了一眼我。
〈　　〉

指人的词语、地名做宾语时，补语可前可后。例如：

（20）上星期我去医院看过两次他妈妈。
〈　　〉

（21）上星期我去医院看过他妈妈两次。
〈　　〉

（22）我弟弟去过一趟海南。

〈　　〉

（23）我弟弟去过海南一趟。

〈　　〉

5.3.7　度量补语

度量（dùliáng）补语放在表示比较语义的句子中的形容词之后，表示人或某种物体的高度、长度、重量、体积、面积等具体的数值，或者表示上述物理属性的大概情况。度量补语主要由表示上述属性的数量词语充当。能够带度量补语的主要是表示人或事物物理外形或质量的形容词，如"高—矮""长—短""轻—重""大—小""贵—便宜""高—低""多—少"等。例如：

（1）我弟弟比我高3厘米。

〈　　〉

（2）我两个月重了5斤。

〈　　〉

（3）这辆车油箱的容量比我原先那辆车多20升。

〈　　〉

（4）这间房子比那间房子大5平方米。

〈　　〉

（5）这条裤子比那条裤子长4厘米。

〈　　〉

（6）去八达岭长城比去居庸关长城远十几千米。

〈　　〉

5.3.8　时段补语

时段补语表示与行为动作或状态相关的某种时间的长度。时间不论长短，在时间轴上都有一定的长度。时段补语主要由表示时间意义的量词短语充当。时段补语主要可以分为以下几种：

第一，表示行为动作或状态持续的时间的。例如：

（1）我在这儿等了你一个小时了。
〈　　　〉

（2）他在北京待了三年。
〈　〉

（3）那小伙子追了她两年，她才答应和他好。
〈　〉

（4）恐龙生活在中生代（Mesozoic）。
〈　　〉

（5）你看着孩子一会儿，我出去买点东西。
〈　　〉

（6）我累了一天了，你做饭吧!
〈　〉

（7）我们才轻松了几天他就有意见，我们那些天忙得饭都顾不上
〈　〉

好好吃，他怎么没看见?

第二，表示动作完成以后到说话时间（或到某一特定的时间）有多长时间。

（8）他离家三天了，怎么也不打个电话来?
〈　〉

（9）会议已经结束两年了，我们上次见面后就再也没见过。
〈　〉

（10）到下个月5号，我们就已经认识三年了。
〈　〉

（11）时间过得真快，我们已经大学毕业十年了。
〈　〉

（12）他走了一个小时了。
〈　　〉

"已经"可以放在动词前，也可以放在动词后时量短语前。例（12）是一个歧义句，可以表示"他"离开某地以后已经有一个小时了，也可以表示"他"行走了一个小时了。

现代汉语语法教程（第二版）

第三，表示偏离某个标准时间有多长时间。例如：

（13）对不起，我来晚了几分钟。
〈　　　〉

（14）这趟航班要晚点一小时。
〈　　　〉

（15）你应该提前十分钟，先做些准备工作。
〈　　〉

5.3.9　时点补语

时点补语表示行为动作发生的具体时间。时点有大有小，大的时点可能是某一年，小的时点可能是某一秒。时点补语常常由介词短语充当。例如：

（1）鲁迅出生于1881年。
〈　　　〉

（2）北京大学成立于1898年。
〈　　　〉

（3）这个案件发生在去年夏天的一个晚上。
〈　　　　　　〉

5.3.10　处所补语

处所补语表示与行为动作或状态相关的地点、处所及某些具体或抽象的范围等。处所补语主要由以下四类短语充当：

第一，"在"与方位名词"里、外、内、上、下"等构成的框式介词结构。例如：

（1）剩余的钱我存在银行里。
〈　　　〉

（2）请把行李放在行李架上。
〈　　　〉

（3）请不要把烟头扔在地上。
〈　　〉

第二，"在"或其他介词与处所词语构成的介词短语。例如：

（4）他这些年一直生活在外国。
$$\langle \qquad \rangle$$

（5）大学毕业后，我们班的同学走向天南海北，再也没有机会相聚
$$\langle \qquad \rangle$$
在一起。

第三，方位短语。例如：

（6）请把快递放门外。
$$\langle \quad \rangle$$

（7）那幅国画挂客厅墙上。
$$\langle \qquad \rangle$$

第四，带文言色彩的介词"于"与处所词语构成的介词短语。例如：

（8）鲁迅出生于浙江绍兴。
$$\langle \qquad \rangle$$

（9）长江发源于青藏高原。
$$\langle \qquad \rangle$$

（10）他毕业于北京师范大学。
$$\langle \qquad \rangle$$

5.4 补语的数量

绝大多数句子只有一个补语，也有少数句子有两个补语。如果动词之后带了一个结果补语，有时还可以加上一个处所补语。例如：

（1）他把对手摔倒　在地上。
$$\langle \ \rangle\langle \qquad \rangle$$

（2）那碗汤被孩子不小心打翻　在地上了。
$$\langle \ \rangle\langle \qquad \rangle$$

现代汉语语法教程（第二版）

思考与练习（22）

一、补语的位置在哪儿？
二、带补语的是什么成分？
三、补语从语义上可以分为哪几类？
四、用〈 〉标出下列句子的补语。

   1. 你把那些书收起来。

   2. 我看不完那本书。

   3. 你走得动吗？

   4. 我们已经晚了半小时了。

   5. 听到那个消息，他气坏了。

   6. 电脑被他拿去修了。

   7. 去年北京热得不得了。

   8. 他叫什么名字，我想起来了。

   9. 他今天送了一个快递来。

   10. 昨天晚上，我实在难受得要命。

   11. 他那天带回一个陌生人来。

   12. 如果你接到一些熟人或素不相识的人发来的暧昧短信，你别太当回事。

   13. 冬春换季，不少人显出"春乏"的懒散，加之节日期间整天饱食少动，许多人感觉腹胀。

14. 自己"高姿态"了几回，妻子也有汗颜流露，从此，家庭"战事"逐渐消去。

15. 夫妻间输了不失去什么，赢了也得不到什么，结果不是矛盾激化夫妻反目，就是双方心存芥蒂。

五、修改下列病句。

1. 我一进家就看桌上有一封信。
2. 你听什么声音了吗?
3. 他一说这句话，就出去了。
4. 来中国之前，我学了汉语三年，但还是不会说几句汉语。
5. 我上大学时，曾经去中国五岳中的华山玩过一遍。
6. 我们一段时间在那儿谈话。
7. 再过两个月，我该回去韩国了。
8. 他把衣服放下在床上。
9. 对不起，我给你们带一些麻烦来了。
10. 说完，他又喝酒来。
11. 你们把那些书拿下。
12. 他走进去那家饭店。
13. 我爱我女儿不得了。
14. 它好像掉进去那个洞里了。
15. 海龟说："我很想把你带龙宫。"
16. 他的妻子病得很。

六、请按要求造句。

1. 请造两个带结果补语的句子。
2. 请造一个带程度补语"极"的句子，再造一个带程度补语"要命"的句子。

3. 请造一个带趋向补语"出来"的句子。

4. 请造一个带动量补语的句子。

5. 请造一个带时段补语的句子。

6. 请造一个带时点补语的句子。

7. 请造一个带处所补语的句子。

七、用下列词语做补语，在它前面添上适当的谓词或其他词构成一个中补短语。

1. （　　　）来　　　　　　　　2. （　　　）进来

3. （　　　）极了　　　　　　　4. （　　　）多了

5. （　　　）不得了　　　　　　6. （　　　）了不得

7. （　　　）死了　　　　　　　8. （　　　）要命

9. （　　　）很　　　　　　　　10. （　　　）不行

11. （　　　）要死　　　　　　　12. （　　　）透了

13. （　　　）坏了　　　　　　　14. （　　　）一趟

15. （　　　）一会儿　　　　　　16. （　　　）三年

17. （　　　）跳了起来　　　　　18. （　　　）烦了

19. （　　　）干净　　　　　　　20. （　　　）清楚

21. （　　　）于1995年　　　　22. （　　　）在书架上

23. （　　　）两千克　　　　　　24. （　　　）6平方米

25. （　　　）5厘米　　　　　　26. （　　　）20升

八、请在下列句子的括号内填上适当的度量补语。

1. 这条裤子比那条长（　　　　　）。

2. 我们住的这间房子比那间大（　　　　　）。

3. 今天的气温比昨天低（　　　　　）。

4. 我的箱子比你的箱子重（　　　　　）。

九、请在下列句子的括号内填上适当的形容词。

1. 这双鞋比那双鞋（　　　）两厘米。

2. 我们现在这套房子比原来那套房子（　　　）20平方米。

3. 我比我妹妹（　　　）3厘米。

4. 我的包比你的包（　　　）5千克。

现代汉语基础单句句式

为了让学习者对现代汉语基础单句有一个概括性的认识，本章根据常用性、代表性、实用性及适量性的原则，归纳描写了汉语43种基础单句句式。

6.1 什么是基础单句句式

基础单句句式是一种语言中最基础、最核心、最常用的，能代表该语言绝大多数单句的一些模式。基础单句句式中有一部分还具有可扩展性，它是一类句式的典型代表，由它可扩展出一些下位句式，如"把"字句、"被"字句等特殊句式。

6.2 现代汉语基础单句句式

6.2.1 句式1：单动词谓语句

句式1	单动词谓语句	$S_{NP}+V$

单动词谓语句的谓语只有一个动词，没有其他成分。例如：

（1）他来了。

（2）你过来！

（3）我的手机丢了。

（4）水开了。

6.2.2　句式2：形容词谓语句

| 句式2 | 形容词谓语句 | $S_{NP/VP}+AP$ |

形容词谓语句的谓语由一个形容词或形容词性联合短语充当。其句式语义是表示某人、某物或某种行为动作具有某种性质或状态。这种句式使用频率并不高，它大多数情况下带有与其他事物或者动作行为比较的含义。例如：

（1）那孩子聪明。

（2）这件衣服便宜。

（3）在这儿爬山舒服、畅快。

形容词谓语句的主语可以是有生名词性成分，如例（1）；也可以是无生名词性成分，如例（2）；还可以是动词性成分，如例（3）。谓语可以是一个形容词，也可以是两个或两个以上形容词。

6.2.3　句式3：程度状语形容词谓语句

| 句式3 | 程度状语形容词谓语句 | $S_{NP/VP}+状语_{程度}+AP$ |

程度状语形容词谓语句在形容词性谓语中心语之前有一个表示程度的词语充当状语。其句式语义是表示某人、某物或某种行为动作具有某种程度的性质或状态。这是最常用的句式之一。例如：

（1）这件衣服很时髦。

（2）他男朋友特英俊。

（3）在这里游泳非常安全。

程度状语形容词谓语句的主语可以是名词性成分，如例（1）和例（2）；也可以是动词性成分，如例（3）。句式3中的程度状语最为常见的是程度副词"很""非常""特""特别"等，也可以是表示程度不太高的程度副词"有点儿"。例如：

（4）这件衣服有点儿小。

（5）今天有点儿冷。

6.2.4　句式4：带宾主谓句

句式4	带宾主谓句	$S_{NP1}+V+O_{NP2/VP}$

带宾主谓句中的宾语大多数是名词性的，少数是动词性或形容词性的。例如：

（1）我喝了一瓶牛奶。
（2）孩子喜欢骑自行车。
（3）人人都爱美。

6.2.5　句式5：动词性主语带宾主谓句

句式5	动词性主语带宾主谓句	$S_{VP}+V+O_{NP}$

句式5中的主语是动词性成分，可以是一个动词，也可以是动词性短语。其句式语义是表示做某种行为动作怎么样。例如：

（1）经常游泳有益健康。
（2）适当走路有很多好处。
（3）爬山锻炼心肺功能。

6.2.6　句式6：小句作宾句

句式6	小句作宾句	$S_{NP施事} +V+ O_{小句}$

句式6中主语是施事，宾语由一个小句（即主谓短语）充当，动词绝大多数是心理动词，有的是言说动词。例如：

（1）妈妈希望你能健康快乐地成长。
（2）我相信你一定能实现自己的目标。
（3）老师说我们下学期要开书法课。
（4）学校通知毕业典礼将于下周六在体育馆举行。

6.2.7　句式7：名宾判断句

句式7	名宾判断句	$S_{NP1}+是+O_{NP2}$

句式7中判断动词"是"后的宾语是名词性成分，"是"一般不重读。例如：

（1）那男孩是法国人。

（2）他儿子是外科大夫。

6.2.8　句式8：谓宾判断句

句式8	谓宾判断句	$S_{NP/VP1}$＋是＋O_{VP2}

谓宾判断句的判断动词"是"重读，其后的宾语是谓词性的（即动词性或形容词性的）。"是"是一个焦点标记（focus mark）。该句式的语义是肯定主语的确具有某种性质、状态或情况。

谓宾判断句的使用情境是当其他人陈述了某人、某物或某种行为动作具有某种性质之后，发话人表示肯定或赞同这一看法。句子主语可以是名词性成分，也可以是动词性成分。例如：

（1）那男孩是瘦。

（2）今天是热。

（3）超市是关门了。

（4）逛街是耗时间。

谓宾判断句中的"是"如果删去，句子就变为形容词性谓语句或动词性谓语句，就没有了肯定他人看法的功能。

6.2.9　句式9：主语含定语的主谓句

句式9	主语含定语的主谓句	$S_{定语+N}$＋VP

句式9的主语不是一个简单的词，而是一个定中短语。充当定语的可以是一个动词、名词或形容词，也可以是一个主谓短语、动宾短语、中补短语以及其他动词性的复杂短语（包括连谓短语、兼语短语等）。例如：

（1）我刚买的手机弄丢了。

（2）做好的鱼放在冰箱里。

（3）修车的那个师傅技术很好。

（4）走过来开门的那个姑娘是我中学的同学。

（5）让我们挪车的男子是学校的保安。

6.2.10　句式10：宾语含定语的主谓句

句式10	宾语含定语的主谓句	S+V+O$_{定语+N}$

句式10的宾语不是一个词，而是一个定中短语，其特点与句式9相同。例如：

（1）我看了一篇鲁迅写的小说。
（2）这辆车有自动泊车的功能。
（3）这是刚建起来的新房子。
（4）他正在服治疗糖尿病的药。

6.2.11　句式11：主后非介词短语状语句

句式11	主后非介词短语状语句	S$_{NP/VP}$+状语$_{非介词短语}$+（状语$_{非介词短语}$）+VP+（O）

句式11主语之后加不由介词短语充当的状语，如由时间词或副词、形容词等词语充当的状语，而且有的句子还有两个表义功能不同的状语，该句式可以带宾语，也可以不带宾语。例如：

（1）电影刚开始。
（2）他们明天到北京。
（3）饭已经好了。
（4）油昨天就没了。
（5）我的确非常喜欢这本书。

6.2.12　句式12：无宾带补主谓句

句式12	无宾带补主谓句	S$_{NP}$+V/A+补语$_{V/A/Adv.}$

句式12不带宾语，而有补语。谓语中心语可以是动词，也可以是形容词。补语可以是动词、形容词，也可以是程度副词，从补语的类来分析，可以是结果补语、跟在动词和形容词之后的趋向补语，也可以是跟在动词和形容词之后的程度补语。例如：

（1）我吃饱了。
（2）那老人站起来了。

现代汉语语法教程（第二版）

（3）这种车贵极了。

6.2.13　句式13：动补宾主谓句

句式13	动补宾主谓句	S_{NP1}+V+补语$_{V/A}$+O_{NP2}

句式13补语紧跟在动词之后，宾语在补语之后。补语可以是动词，也可以是形容词。补语从语义类型来分，有的是结果补语，有的是趋向补语或其他补语。例如：

（1）我看完那本书了。

（2）他写好毕业论文了。

（3）服务员端上来一盘菜。

6.2.14　句式14：宾语在双音节趋向补语间的句子

句式14	宾语在双音节趋向补语间的句子	S_{NP1}+V+补语$_1$+ O_{NP2}+补语$_2$

句式14中宾语插到双音节趋向补语之间，主语是施事，宾语是受事。例如：

（1）服务员端上一盘菜来。

（2）护士推进一个病人来。

6.2.15　句式15：趋向补语在宾语后的句子

句式15	趋向补语在宾语后的句子	S_{NP1}+V+O_{NP2}+补语$_{趋向动词}$

句式15的趋向补语放在宾语之后，有的是双音节趋向动词，有的是单音节趋向动词。例如：

（1）服务员端了一盘菜上来。

（2）护士推着一个病人进来。

（3）你拿一个盘子来。

（4）你送一个蛋糕去。

句式15与句式14有变换关系，句式15中的大多数句子可变换为句式14，但例（3）和例（4）不行，因为其补语是单音节趋向动词。

6.2.16 句式16："得"字状态补语句

句式16	"得"字状态补语句	$S_{NP/VP}$+V+得+补语$_{AP/小句}$

"得"字状态补语句的句式语义是表示主语表现出某种状态。状态补语主要由形容词性短语或小句充当。例如：

（1）老师分析得非常好。

（2）妈妈累得腰都直不起来了。

6.2.17 句式17：可能补语句

句式17	可能补语句	S_{NP1}+V+得+补语$_{V/A}$+（O_{NP2}）

可能补语肯定句在"得"后面加上动词或者形容词充当可能补语。其句式语义是表示某人能够做什么事，或某物可达到某种状态。充当可能补语的常见动词如表完成语义的"完""了（liǎo）"等，少数形容词也可以充当。例如：

（1）你吃得了这些饭吗？

（2）这辆车坐得下50人。

（3）我看得见。

（4）这件旧衣服洗得干净吗？

否定的可能补语句是"S_{NP}+V+不+补语$_{V/A}$+（O_{NP}）"，表示做不到某种事或达不到某种状态。例如：

（5）我吃不了这些饭。

（6）这辆车坐不下50人。

（7）我看不见。

（8）这件旧衣服洗不干净了。

6.2.18 句式18：动量补语句

句式18	动量补语句	S_{NP}+V+（O）+动量补语$_{NP动量短语}$

动量补语句的句式语义主要是表示某人做某一行为动作做多少次。动量补语由数词与动量词构成的动量短语充当。例如：

（1）他踢了我一脚。

（2）那只狗叫了几声。

（3）我去过巴黎一次。

6.2.19　句式19：时量补语句

| 句式19 | 时量补语句 | S_{NP}+V+（O）+时量补语_{NP时量短语} |

时量补语句的句式语义主要有两类：①某一行为动作或状态持续的时间长度；②某一行为动作或状态结束之后到某一时间点的时间长度。时量补语由表时间段的词语充当。例如：

（1）他睡了八个小时。

（2）雨下了两个小时。

（3）这个消息让他高兴了几天。

（4）他大学毕业三年了。

6.2.20　句式20：处所补语句

| 句式20 | 处所补语句 | S_{NP}+V+处所补语_{介词+NP处所} |

处所补语句的主要语义是表示某人或者某物存在于某处。例如：

（1）中国大多数大学生住在校园里。

（2）剩余的钱存在银行。

（3）你把手机放在书桌上。

（4）他曾任教于清华大学。

（5）他们全家的照片挂在客厅。

6.2.21　句式21：主语为受事的主谓谓语句

| 句式21 | 主语为受事的主谓谓语句 | S_{NP受事}+ NP_{施事}+V+（补语） |

句式21的谓语是一个主谓短语，主语是受事成分。它属于主谓谓语句中的一个次类。句中的主语是一个话题（topic），是一个交际双方已知的信息。动词后可带补语，也可不带补语。例如：

（1）衣服我洗了。

（2）作业孩子做完了。

这种句式可变换为带宾主谓句，但变换为带宾主谓句之后，主语由受事变为施事。例如：衣服我洗了。→我洗了衣服了。

6.2.22　句式22：主语为施事的主谓谓语句

句式22	主语为施事的主谓谓语句	$S_{NP施事}$+$NP_{受事}$+V+（补语）

句式22中的主语是施事，而充当谓语的主谓短语中的小主语是受事。这种句式动词之后可以没有补语，也可以带补语。例如：

（1）我衣服洗了。

（2）孩子作业做完了。

6.2.23　句式23："被"字句[①]

句式23	"被"字句	$S_{NP受事}$+被+$NP_{施事}$+V+（补语）

句式23是汉语典型的被动句，绝大多数"被"字句动词之后带补语，只有少数句子可不带补语。例如：

（1）我的手机被他摔坏了。

（2）他的钱包被小偷偷了。

被动标记"被"在口语中可以用介词"让""给"替换。例如：

（3）鸡让我烤焦了。

（4）我的手机给他摔坏了。

6.2.24　句式24：无施事"被"字句

句式24	无施事"被"字句	$S_{NP受事}$+被+V+（补语）

句式24被动标记之后没有出现施事，有时是发话人不知道造成某种状况的施事是什么，有时是发话人觉得没有必要说出来或者不便说出来，有时是造成某种状态的施事是人所共知的，不必说的。绝大多数"被"

---

① "被"字句至少可分为15个小类，在"基础单句句式"中仅选了两种，详细的分类将在第七章中进一步介绍。

字句的谓语动词之后都带补语。这种句式中的被动标记主要用"被"，口语中也可用"给"。例如：

（1）你的衣服被淋湿了。

（2）他的膝盖被扭了。

（3）小王的脚给扎破了。

6.2.25　句式25："把"字句[①]

句式25	"把"字句	$S_{NP施事}$+把+$NP_{受事}$+V+（补语）

"把"字句的句式语义主要表示动作行为者如何处置什么东西或处置什么事情。"处置"具体分为两种：一种是表示动作行为产生某种结果，一种是表示动作行为使得某物发生空间位移。绝大多数"把"字句需要带不同种类的补语。例如：

（1）孩子把玻璃杯摔坏了。

（2）他把卡里的钱取了。

例（1）表示动作行为产生某种结果，例（2）表示动作行为使得某物发生空间位移。

6.2.26　句式26：双宾句

句式26	双宾句	$S_{NP施事}$+V+$O_{近宾语（有生）}$+$O_{远宾语（无生/有生）}$

双宾句的句式语义是某人、某单位或机构给予其他人、单位或机构某种东西，这种"东西"可以是具体的事物，也可以是抽象的事物，可以是信息、知识等。

双宾句中紧跟在动词后的宾语绝大多数是表人、单位或机构的名词性成分，距离动词较远的宾语绝大多数是事物或其他有生命的名词性成分，也可以是一个小句。其中的动词主要是包含"给予"义素的动词，如"给""送""教""告诉"等。例如：

---

① "把"字句在"基础单句句式"中只选了一种，本书把它分为 21 种，详细的分类在第七章中介绍。

（1）老人给了他一个风筝。

（2）张老师教我们数学。

（3）我告诉你一个好消息。

（4）学校通知他他考上研究生了。

6.2.27 句式27：存现句

句式27	存现句	NP$_{处所}$+V+NP

存现句分为动态存现句和静态存现句。存现句的句式语义是表示某处出现、存在或者消失了什么人或者物。存现句的主语是表示广义处所的词语，它一般是由名词加方位词"上""里""边"构成的方位短语"……上""……里""……边"等充当。存现句动词之后的宾语可以是某种无生事物，也可以是有生命的人或动物。例如：

（1）墙上挂着一幅油画。

（2）冰箱里有牛奶。

（3）他的脑子里有很多新点子。

（4）树上飞来了一群鸟。

（5）班里走了两个美国同学。

6.2.28 句式28：连谓句

句式28	连谓句	S$_{NP施事}$+VP$_1$+VP$_2$+（VP$_3$）

连谓句是由一个主语发出两个、三个或更多的行为动作，几个谓词性成分之间没有语音停顿。典型的连谓句几个动作有先后顺序，非典型的连谓句几个动作可以同时进行，或者前一个动作是后一个动作的伴随情况等。有少数的连谓句，前一部分是动词性成分，后一部分是形容词性成分。例如：

（1）张英拿出手机打了一个电话。

（2）李明走到窗前打开窗户向外看去。

（3）王强躺在床上看书。

（4）咱们去游泳。

（5）她微笑着点点头。

（6）他收到大学录取通知书高兴得跳了起来。

6.2.29　句式29：兼语句

句式29	兼语句	S$_{NP施事}$+V$_{使令}$+NP$_{兼语}$+VP

兼语句的句式语义是：某人或机构让某人去干某事。句中主语
"NP$_1$"是能发出动作的人或机构；第一个动词是使令性动词，如"派、
让、叫、命令、指派"等；"NP$_2$"身兼二职：既是它前面动词的宾语，
也是其后动词性成分的主语，因此"NP$_2$"是"兼语"。例如：

（1）经理派小王去上海。
（2）公司让我负责这个项目。
（3）妈妈叫我来陪你玩儿。

6.2.30　句式30：能愿动词主谓句

句式30	能愿动词主谓句	S$_{NP/VP}$+V$_{能愿}$+VP

能愿动词主谓句的主要特点是能愿动词之后是动词性成分。大多数
能愿动词可以用"X不X"构成正反问，如"你们能不能走路去？"。其
句式语义主要表示愿意、能、可能、必要做某事，或有能力、有条件、
善于做某事。这种句式的主语主要是名词性的，也可以是动词性的。
例如：

（1）你们能走路去吗？
（2）我可以一个人去。
（3）这里应该有一个洗手的地方。
（4）你愿意去吗？

6.2.31　句式31："是……的"强调句

句式31	"是……的"强调句	S$_{NP1/VP1}$+是+VP$_2$/NP$_2$+的

"是……的"句是一种表示强调的句式，动词"是"的功能是充当焦
点标记，紧跟在它后面的是要强调的成分，如时间、地点、方式或渠道
（way）、施事等。

（1）他是昨天到的。

（2）《祝福》是鲁迅写的。

（3）去西藏是我定的。

（4）我是坐高铁来的。

（5）这手机是中国生产的。

（6）这本书是从网上买的。

6.2.32　句式32：介词短语状语在主语后无宾主谓句

句式32	介词短语状语在主语后无宾主谓句	$S_{NP/VP}$+状语$_{介词短语}$+VP/AP

句式32在主语之后用一个介词引介多种语义角色，谓语中心语是动词性或形容词性成分，句子没有宾语。按照介词引介的语义类别，较为常见的有以下几种：

① 动词或形容词涉及的人或事物，常用的介词是"对、对于"。例如：

（1）我朋友对西安特别熟悉。

（2）王大夫对病人特别好。

（3）骑自行车对身体有益。

（4）这本书对于初学者特别适合。

② 处所，常用介词"在"或框式介词结构"在……里/外/上"。例如：

（5）我们在机场见吧。

（6）孩子们在草地上玩儿。

③ 工具或材料，常用的介词是"用"。例如：

（7）你用手洗。

（8）请用汉语说。

（9）小行星的状况得用天文望远镜观测。

④ 范围，常用框式介词结构"在……里/内/上"或"从……上"。例如：

（10）这种青蛙在城市里很难看到。

（11）你从原理上解释一下。

⑤ 行为动作的起点，常用的介词是"从"。如果既有动作起点又有动作终点，用框式介词结构"从……到……"。例如：

（12）咱们从学校东门出发。

（13）我从家到公司坐车很方便。

⑥ 依据，常用的介词是"按照""按""根据"。例如：

（14）这事根据学校的规定办理。

（15）这病得按医嘱治疗。

⑦ 方向，常用的介词是"向"或"往"。例如：

（16）她向我笑了笑。

（17）我们应该往左转了。

6.2.33　句式33：介词短语状语在主语后主谓宾句

句式33	介词短语状语在主语后主谓宾句	$S_{NP/VP}$+状语$_{介词短语}$+V+O

与句式32不同的是，句式33谓语中心语都是及物动词，动词之后带宾语。例如：

（1）学生对数学课有点意见。

（2）孩子们在球场上踢足球。

（3）大夫根据化验结果提出了一个治疗方案。

（4）公司按照合同的规定发工资。

（5）你用菜籽油煎鱼吧。

（6）系动词在英语里有8种不同的形式。

（7）他们从山脚爬到了山顶。

（8）服务员向我们介绍当地的特色美食。

6.2.34 句式34：含两个介词短语状语的主谓句

句式34	含两个介词短语状语的主谓句	$S_{NP/VP}$+介词$_1$+NP$_1$+介词$_2$+NP$_2$+V+（O）

与句式33不同的是，句式34主语与谓语中心语之间有两个介词短语构成的状语，一个介词短语引介涉及动作的人或者其他有生命者，另一个介词短语引介与动作行为或状态相关的原因、处所、范围、工具等其他论元成分。这种句式动词之后有的有宾语，有的没有宾语。例如：

（1）学校为学生在不同的区域设立了几个食堂。（状语"为学生"表示动作的受益者，状语"在不同的区域"表示处所）
（2）他在花园里跟他女朋友打电话。（状语"在花园里"表示处所，状语"跟他女朋友"表示动作行为涉及的对象）
（3）他妻子因他酗酒跟他吵了一架。（状语"因他酗酒"表示原因，状语"跟他"表示动作行为涉及的对象）

6.2.35 句式35：句首状语主谓句

句式35	句首状语主谓句	状语+ S_{NP}+VP

介词短语放在句首充当状语是汉语的一个特点。句式35句首的状语主要包括三种：①介词短语，②框式介词短语，③时间词语。谓语可以是单个动词，也可以是动宾短语，还可以是动补短语。例如：

（1）对于空气污染，政府采取了很多治理措施。
（2）按照国家规定，这个湖周围不允许建高楼。
（3）在教练指导下，我们练了几遍太极拳。
（4）1969年7月20日，人类第一次登上了月球。

句首状语可以不止一个。例如：

（5）1969年7月20日，通过电视转播，亿万人目睹了人类登上月球的壮举。

现代汉语语法教程（第二版）

6.2.36　句式36：句首及主语后有状语的主谓句

句式36	句首及主语后有状语的主谓句	状语₁+S_NP+状语₂+VP

这种句式不仅在句首有状语，在主语之后也有状语。句首状语主要包括三种：①介词短语，②框式介词短语，③时间词语。例如：

（1）关于中国唐代的诗歌，老师上学期讲了4节课。
（2）在老师的带领下，我们在课堂上练习汉语声调。

句首和主语后还可以有三个、四个甚至更多的状语。例如：

（3）对于中医，在来中国之前，我只了解一点点。
（4）对于针灸，在这次得病之前，我的确从来就不了解。

例（4）句首有两个状语，主语"我"之后有四个状语："的确""从来""就""不"，这个句子共有六个状语。

6.2.37　句式37：不含比较数量差异的"比"字句[①]

句式37	不含比较数量差异的"比"字句	S_{NP1/VP1}+比+NP₂/VP₂+A

不含比较数量差异的"比"字句的句式语义是表示两种事物或两种动作行为在某一方面存在差异。比较项可以是名词性的，也可以是动词性的。例如：

（1）我妹妹比我高。
（2）吃粤菜比吃川菜贵。

6.2.38　句式38：含比较数量差异的"比"字句

句式38	含比较数量差异的"比"字句	S_{NP1/VP1}+比+NP₂/VP₂+A+数量短语

含比较数量差异的"比"字句的句式语义是表示两种事物或两种动作行为在某一方面存在具体多大的差异。例如：

（1）我妹妹比我高两厘米。

---

① 　"比"字比较句可分为13种，"基本单句句式"只选取两种，更多类型请见第七章。

（2）坐高铁比坐快车快四个小时。

6.2.39　句式39：平比句

| 句式39 | 平比句 | $S_{NP1/VP1}$+和+NP_2/VP_2+一样+A/VP_3 |

（1）这件衣服和那件一样大。

（2）坐软卧和坐飞机一样贵。

（3）我和妈妈一样都喜欢这里的气候。

6.2.40　句式40：重动句

| 句式40 | 重动句 | S_{NP1}+V+NP_2+V+（得）+补语 |

重动句的特点是重复出现一个动词，前面的动词带宾语或是一个动宾型双音节离合词；第二个动词之后有的句子加上结构助词"得"，有的句子不加，其后一般是补语，有的是由形容词性成分充当的结果补语，有的是在"得"后面加上状态补语，还有的是数量词语构成的时段补语等。例如：

（1）宝玉想晴雯想呆了。（"想"后加结果补语"呆"）

（2）妈妈做饭做晚了。（"做"后加结果补语"晚"）

（3）杰克说汉语说得很流利。（"得"后加状态补语"很流利"）

（4）他做作业做到半夜。（"做"后加介词短语充当的时点补语"到半夜"）

（5）孩子看电视看了一个下午。（"看了"后加时段补语"一个下午"）

6.2.41　句式41：名词谓语句

| 句式41 | 名词谓语句 | S_{NP1}+NP_2 |

名词谓语句的使用范围有限，句式语义主要表示：①某人是什么地方的人；②时间及日期；③某人的岁数；④某人的外貌特征；⑤空间的尺寸、布局或设施等。句子的谓语是名词或名词性短语。例如：

（1）鲁迅浙江绍兴人。

（2）后天八月十五。

（3）王师傅五十来岁。

（4）他女儿长头发，大眼睛，白皮肤，高个子。

（5）那套新房子一个客厅，三个卧室，两个卫生间，一个厨房，一个阳台。

6.2.42　句式42：动宾无主句

| 句式42 | 动宾无主句 | V+O$_{NP}$ |

动宾无主句不是省略主语的句子，它就是没有主语的句子。例如：

（1）出太阳了。

（2）下雨了。

（3）吃饭啦！

（4）开车了！

6.2.43　句式43：否定句

| 句式43 | 否定句 | S+否定词+VP/AP |

否定句主要是在谓语中心语的动词性成分或形容词性成分之前加上否定词"不"或"没""没有"等。例如：

（1）我不去。

（2）这条鱼不大。

（3）开车不能看手机。

（4）我没有卖那辆旧车。

思考与练习（23）

一、请模仿句式5动词性主语带宾主谓句"S$_{VP}$+V+O$_{NP}$"中的例句，用下面提供的主要动词造两个句子。

1. 有益：

2. 有：

二、请模仿句式6小句作宾句"S$_{NP施事}$+V+O$_{小句}$"中的例句，用下面提供的动词造三个句子。

    1. 相信：

    2. 希望：

    3. 觉得：

三、请模仿句式8谓宾判断句"S$_{NP/VP1}$+是+O$_{VP2}$"中的例句造三个句子。

四、下列句子是句式9主语含定语的主谓句"S$_{定语+N}$+VP"的例子，请在句中的主语下面画上双横线，并模仿这样的句子造三个句子。

    1. 他弟弟画的画获得了一等奖。

    2. 这家餐厅做的饭菜特别可口。

    3. 学校新建的图书馆离我们住的地方很近。

五、下列句子是句式10宾语含定语的主谓句"S+V+O$_{定语+N}$"的例子，请在句中的宾语下面画上波浪线，并模仿这样的句子造两个句子。

    1. 我昨天看了一部美国最近上映的科幻片。

    2. 我们特别喜欢吃妈妈做的饭。

六、请模仿句式26造两个双宾句。

七、请模仿句式29中的例句，用下面提供的主要动词造三个兼语句。

    1. 让：

    2. 派：

    3. 叫：

八、请模仿句式30造三个能愿动词主谓句。

九、请模仿句式32"S$_{NP/VP}$+状语$_{介词短语}$+VP/AP"中的例句，用下面提供的介词造四个句子。

    1. 对：

    2. 在：

    3. 从：

    4. 用：

十、请模仿句式35"状语+ S_{NP}+VP"中的例句，用所提供的词语造三个句子。

    1. 空气污染的问题

    2. 师傅的指导

    3. 学校的规定

十一、请模仿句式40重动句，用下面提供的主要动词造三个句子。

    1. 说：

    2. 做：

    3. 写：

十二、请用句式41名词谓语句回答下列问题。

    1. 问：他是什么地方的人？

    答：＿＿＿＿＿＿＿＿＿＿＿＿＿＿＿＿＿

    2. 问：你弟弟今年多大了？

    答：＿＿＿＿＿＿＿＿＿＿＿＿＿＿＿＿＿

    3. 问：你们租的房子是什么样的？

    答：＿＿＿＿＿＿＿＿＿＿＿＿＿＿＿＿＿

十三、请模仿句式42动宾无主句造三个句子。

部分特殊句式

7.1 "被"字句

汉语的"被"字句是应用得最多的表示被动意义的句子。"被"字句从形式上可以分为两种，一种是"被"字后面有动作行为发出者的，另外一种是"被"字直接加在动词性成分之前的。例如：

（1）她的钱包被那个男的偷走了。

（2）她的钱包被偷走了。

"被"字的语法功能是什么呢？它的语法功能是构成被动句。和"被"字用法相似的还有介词"叫（教）、让、给"，这几个介词常用于口语。

7.1.1 "被"字句的语义

"被"字句对主语来说大多数是不如意的事情或者是不希望发生的情况。但是仔细分析起来有的句子不一定对主语来说是不如意的。例如：

（1）优秀的毕业生都被那些大公司挑走了。

（2）好的姑娘都叫人家挑完了。（赵树理）

（3）悄悄话让他给听见了。（杜鹏程）

例（1）和例（2）都含有一种不如意的情绪，例（3）表示了一种不希望发生的情况，但这些都不是针对主语的，而是针对未进入句子的说话人的。

另外，随着语言的发展，"被"字句表示不如意的情况也有了一些变化，有一些对主语来说明显是有利的情况也可以用"被"字句来表达。"他被老师批评了"是很常见的句子，但是也可以说"他今天被老师表扬了"。也可以说"他被授予了上校军衔""他被上级嘉奖了""他被选为人民代表"。

有一些反义词或反义的短语，都可以构成"被"字句。例如：

（4）孩子被你教育坏了。

（5）孩子被我教育好了。

被惩罚　／　被嘉奖

被否决　／　被通过

被赶走　／　被请来

被说哭了／　被说笑了

7.1.2　"被"字句的构成

7.1.2.1　最典型的"被"字句

"被"字句最典型的构成形式是：

句式1	NP$_{1受事}$＋被＋NP$_{2施事}$＋VP

"被"字句中谓语动词可以只是个光杆动词，但是这种情况很少。例如：

（1）我要利用你们，而不被你们利用。（老舍）

（2）他们被敌人包围，在风搅雪雪搅风的雪地里，艰苦作战。（刘白羽）

（3）我爸爸被他们杀害，一定也和小林有关系。

（4）那时做百姓才难哩，全留着头发的被官兵杀，还是辫子的便被长毛杀。（鲁迅）

"被"字句中谓语动词大多数是中补短语，或者要带"了、着、过"。例如：

（5）他儿子被那些坏人打伤了。

（6）他儿子被那些坏人打了。

（7）*他儿子被那些坏人打。

（8）那些蛋糕被你的朋友吃完了。

（9）那些蛋糕被你的朋友吃了。

（10）*那些蛋糕被你的朋友吃。

（11）众人都被他说乐了。（浩然）

（12）无论在哪里，自己也没像今天这样，被人这样尊重过。（刘白羽）

（13）灯影不住地给风吹动着，屋里的器具也像跟着晃动起来。（草明）

有时"被"字后面可以是几个并列的名词性成分。例如：

（14）这些年，妈妈一直被我们几个孩子的学费、住宿费、生活费压着，她自己一直没有买过一件新衣服，一直都在穿她出嫁时的那几件衣服。

有的"被"字句可以出现几个并列的"被+NP$_{施事}$"。例如：

（15）他做这样的坏事，也常常被自己的良心、被自己的同情心所困扰。

（16）人们在这里行走，四面叫水、叫树木包围，真不知道水和绿色是从天上来的、四边来的，还是从下面那深得像井底似的、水面上不断蹿着水花和布满浮萍的池子里涌上来的。（孙犁）

"被"字后面的施事也可以是非名词性的成分，可以是动词短语或主谓短语。例如：

（17）别让他们也被唱戏吸过去。（陆文夫）

（18）孩子们被那些人打架吸引住了，围在那儿观看。

（19）我被他善于应付各种复杂场面征服了，于是慢慢地喜欢上了他。

"被"字句句首的受事成分有时也可以是主谓短语。例如：

（20）我和她逛街被她妈妈看见了。

（21）他们俩谈恋爱被他们的父母知道了。

主动句型与"被"字句的变换：

他打了我。⇔我被他打了。

7.1.2.2 带"所"字的"被"字句

书面语中动词前面可以加上助词"所"构成以下"被"字句：

句式2	NP$_{1受事}$ + 被 + NP$_{2施事}$ + 所 + VP

（1）他这样的不讲道德的行为被我们大家所唾弃。

（2）我们都被他超人的毅力所感动。

带"所"字的"被"字句中的"被"字常常可以用"为"字，这样，书面语的色彩更浓。例如：

（3）他们的办法虽然干脆，怎奈行不通，为人民所痛恨。（老舍）

（4）他的卖国行为为大家所不齿。

这种"被"字句"被"后面的成分有时也可能是并列的几个谓词。例如：

（5）她全身被悔恨、羞愧、痛苦、恐惧所控制。（冯德英）

7.1.2.3 带"给"字的"被"字句

句式3	NP$_{1受事}$ + 被 + NP$_{2施事}$ + 给 + VP

"被"字句中动词前面加上助词"给"是一种口语性比较强的句子，其中的"给"也可以省略。例如：

（1）我们真让你给弄糊涂了。

（2）那些钱又教他们给吃了。（老舍）

（3）我的自行车叫他给弄坏了。

（4）妈妈你管管哥哥，我的书都叫他给撕坏了。

7.1.2.4　带宾语的"被"字句

| 句式4 | NP$_{1受事}$+被+NP$_{2施事}$+VP+NP$_3$ |

第一，宾语NP$_3$是前面NP$_{1受事}$所属的

这种"被"字句中的动词性成分带有宾语NP$_3$，这个宾语是前面NP$_{1受事}$所属的，有可能是他身体的一部分，有可能是他的什么东西或他的什么人。例如：

（1）他被机器轧断了一个指头。

（2）后来骂我的人也被警察剪去了辫子。（鲁迅）

（3）由于他们经营的食品出了大问题，他们被工商局没收了营业执照。

（4）这几个可怜的孩子被侵略者害死了父母，他们成了孤儿。

句中"被"字后面的成分可以不出现。例如：

（5）由于他们经营的食品出了大问题，他们被没收了营业执照。

句子变换举例：

机器轧断了他的一个指头。

⇔ 他的一个指头被机器轧断了。

⇔ 他被机器轧断了一个指头。

侵略者害死了这几个可怜的孩子的父母。

⇔ 这几个可怜的孩子的父母被侵略者害死了。

⇔ 这几个可怜的孩子被侵略者害死了父母。

第二，宾语NP$_3$是前面NP$_{1受事}$中的一部分

这种"被"字句中的动词性成分带有宾语NP$_3$，这个宾语也是受事，是前面NP$_{1受事}$中的一部分，是一个表示数量的词语。

这种句子的语义是表示某一个总数的人或者事物被用去（占去、消耗）了多少。例如：

（6）50个饺子被他一个人吃了40个。

（7）他儿子花钱大手大脚的，一万块钱被他一个月用了8000块。

（8）我们这个专业当时特别好找工作，我们班的同学被一家大公司一下就要走了四分之一。

（9）我的工资被她用去了一大半。

（10）这栋七层的大楼被他们公司占了五层。

句子变换举例：

她用去了我的工资的一大半。

⇔ 我的工资的一大半被她用去了。

⇔ 我的工资被她用去了一大半。

第三，宾语NP₃是被给予的某种东西或者名称

这种"被"字句中的宾语NP₃也是受事，是被给予的某种东西或者名称。这种名称可以是好的名誉或荣誉，也可以是坏的称呼。进入这种句子的动词都是带有"给予"的语义成分在内的，如"授予、给予、誉为、称为"。例如：

（11）他被北京大学授予荣誉博士学位。

（12）他在战斗中英勇顽强，击退了敌人的多次进攻，被授予了"二级战斗英雄"的光荣称号。

（13）他经常做好事，被群众誉为"活雷锋"。

（14）那些没有生命的东西，在童话中被赋予了生命。

（15）他多年来在这一带作恶多端，总给群众带来灾难，被大家称为"活阎王"。

句子变换举例：

北京大学授予他荣誉博士学位。⇔ 他被北京大学授予荣誉博士学位。

大家称他为"活阎王"。⇔他被大家称为"活阎王"。

第四，宾语NP₃是工具或材料

有的"被"字句动词后的NP₃从语义上分析是工具或材料，是被强调的成分。例如：

（16）箱子被他捆好了绳子。

（17）"文化大革命"时期的标语被人涂上了石灰。

（18）他正走在河滩上，一颗炸弹把他震倒，浑身被盖上一层浮土。（杨朔）

这种句子中动词后面的NP₃有的可以用介词"用"提到动词之前，也有的可以把"被"后面原来的施事成分去掉，表示工具或材料的成分直接跟在"被"之后。例如：

箱子被他捆好了绳子。

⇔ 箱子被他用绳子捆好了。

⇔ 箱子被绳子捆好了。

"文化大革命"时期的标语被人涂上了石灰。

⇔"文化大革命"时期的标语被人用石灰涂上了。

⇔"文化大革命"时期的标语被石灰涂上了。

如果不强调句中的工具或材料，可以把其中表示工具或材料的名词性成分删掉。例如：

箱子被他捆好了绳子。

⇔ 箱子被他捆好了。

"文化大革命"时期的标语被人涂上了石灰。

⇔"文化大革命"时期的标语被人涂上了。

第五，宾语NP₃是动词的结果

有的"被"字句动词性成分后面的宾语是动词性成分产生的结果。例如：

（19）我的衣服被火烧了一个洞。

（20）我们小学时每天写60行汉字，还有很多数学作业要做，三年级的小学生，中指就被笔磨出了一个很大的老茧。

（21）那时冬天他没有手套，手被冻出了一些冻疮。

句子变换举例：

我的衣服被火烧+出现了一个洞→我的衣服被火烧了一个洞。

⇔火把我的衣服烧了一个洞。

手被冻+出现了一些冻疮→手被冻出了一些冻疮。

现代汉语语法教程（第二版）

第六，主语NP$_{1受事}$是材料或者工具

有的带宾语的"被"字句前面的主语NP$_{1受事}$是材料或者工具。这种句子语义表达的重点在于强调某种材料用于做什么，或者某种工具用来干什么。例如：

（22）那些木料被他打了一套家具。

（23）你送她的那块花布被她做了窗帘。

（24）那支派克金笔被我用来签名。

（25）那辆卡车被他们用来拉煤。

句子变换举例：

他用那些木料打了一套家具。

⇔ 那些木料被他打了一套家具。

⇔ 那些木料他打了一套家具。

我用那支派克金笔来签名。

⇔ 那支派克金笔被我用来签名。

⇔ 那支派克金笔我用来签名。

⇔ 我签名用那支派克金笔。

第七，宾语NP$_3$是其他人（第三方）

这种"被"字句所表达的语义是什么东西被什么人送给或卖给其他人（第三方）了。句首的NP$_{1受事}$常常是一种东西（个别情况下也可能是人或者动物），"被"后面的NP$_{2施事}$有时可以省略，句末的NP$_3$是被送的东西（或人、动物）的接受者。例如：

（26）那些旧衣服被我送给我们家的小时工了。

（27）你的旧棉衣被妈妈捐给灾区了。

（28）那只小狗被我爸爸送给别人了。

（29）那时他爸爸生病，家里兄弟姊妹多，她刚生下来，就被她妈妈送给了她现在的父母。

（30）你的中学课本被我给了你表弟了。

（31）我的自行车被我卖给刚进校的新生了。

（32）我本来想借他那间在学校附近的房子住几年，但是那房子被他租给留学生了。

进入这种句子的动词主要是"送、捐"，这是无偿的（即不要钱）；也可以是"卖、租"等，这是有偿的；还可以是"借"等动词；还可以是"告诉、透露"等动词。例如：

（33）我的字典被他借给别人了。

（34）我们的秘密被他女朋友告诉给别人了。

（35）你们的秘密计划被他透露给记者了，今天的报纸已经登出来了。

句子变换举例：

那只小狗我爸爸送给别人了。

⇔ 那只小狗被我爸爸送给别人了。

⇔ 我爸爸把那只小狗送给别人了。

我的字典他借给别人了。

⇔ 我的字典被他借给别人了。

⇔ 他把我的字典借给别人了。

我们的秘密他女朋友告诉给别人了。

⇔ 我们的秘密被他女朋友告诉给别人了。

⇔ 他女朋友把我们的秘密告诉给别人了。

7.1.2.5 带处所介词短语的"被"字句

句式5	NP$_{1受事}$+被+NP$_{2施事}$+V+介词+NP$_3$

有的"被"字句动词后面带表示处所的介词短语，这些介词短语主要是由"在"加上表示处所的名词或方位短语构成，少数的可以由介词"于"构成。例如：

（1）我的笔记本电脑被那几本破书压在下面。

（2）那位球星被球迷们围在中间。

（3）济南沦陷，交通断绝，我们母子被困于济南。（胡絜青）

跟在动词后面的大多数是表示处所的框式介词短语。所谓框式介词短语是由"介词+NP+方位名词"构成的介词短语。例如：

现代汉语语法教程（第二版）

在桌子下面　在山里　在河边　在海上　在学校外面

（4）曾沧海父子和押着他们的七八个人被围裹在一大群杂色的队伍里了。（茅盾）

（5）没有票的观众被拦在运动场外面。

（6）他的外衣被他落（là）在火车上了。

（7）我的钥匙被锁在屋里了。

句子变换举例：

那位球星被球迷们围在中间。⇔球迷们把那位球星围在中间。

没有票的观众被拦在运动场外面。⇔把没有票的观众拦在运动场外面。

7.1.2.6　带趋向动词再带处所词语的"被"字句

句式6	NP$_{1受事}$+被+NP$_{2施事}$+V+趋向动词+处所词语

（1）那孩子被他推下了坑。

（2）她被她爸爸带回了乡下。

（3）但四天之后，阿Q在半夜里忽被抓进县城里去了。（鲁迅）

（4）他的孩子被他送进了城里的学校。

句子变换举例：

她爸爸带她回了乡下。

⇔她被她爸爸带回了乡下。

⇔她爸爸把她带回了乡下。

他送他的孩子进了城里的学校。

⇔他的孩子被他送进了城里的学校。

⇔他把他的孩子送进了城里的学校。

7.1.2.7　带动量补语/时段补语的"被"字句

句式7	NP$_{1受事}$+被+NP$_{2施事}$+V+动量补语/时段补语

有的"被"字句动词后面的数量短语是动量补语或时段补语。例如：

（1）他被那个树桩绊了一跤。

（2）我们被洪水困了三天三夜。

（3）一条静静的小溪，也许被敌人与我们抢渡过多少次。（老舍）

（4）今年夏天他们在香格里拉玩时，也被大雾困了几个小时。

（5）你知道吗？你被他骗了三年，他在那边早就结婚了，还有一个
五岁的儿子。

"被"字后面的$NP_{2施事}$可以不出现。例如：

（6）我刚来时也被骗过一回。

句子变换举例：

那个树桩绊了他一跤。⇔ 他被那个树桩绊了一跤。

洪水困了我们三天三夜。⇔ 我们被洪水困了三天三夜。

他骗了你三年。⇔ 你被他骗了三年。

7.1.2.8 由兼语句变换来的"被"字句

句式8	$NP_{1受事}$+被+$NP_{2施事}$+VP_1+VP_2

有的"被"字句与兼语句有变换关系，句首的$NP_{1受事}$是后面的"动词$_1$"
的受事，而"动词$_1$"是构成兼语句的使令性动词，如"叫、派、选、选
举、逼"等。例如：

（1）她丈夫被总公司派来北京工作。

（2）李静被大家选为班长。

（3）他被妈妈叫来帮忙。

（4）那孩子被那些小流氓逼着交出钱包里的钱。

句子变换举例：

总公司派她丈夫来北京工作。

⇔ 她丈夫被总公司派来北京工作。

⇔ 总公司把她丈夫派来北京工作。

大家选李静为班长。

⇔ 李静被大家选为班长。

⇔ 大家把李静选为班长。

7.1.2.9　与部分连谓句有变换关系的"被"字句

句式9	NP$_{1受事}$+被+NP$_{2施事}$+VP$_1$+VP$_2$

有的"被"字句是从主动的连谓句变换而来的。例如：

（1）那些不健康的画报被他爸爸找出来扔了。

（2）那些照片被他女朋友看到删了。

（3）那几张好的照片被我朋友看到要走了。

（4）他儿子被警察找到送回家了。

句子变换举例：

他爸爸找出那些不健康的画报扔了。

⇔ 他爸爸找出那些不健康的画报把它们扔了。

⇔ 那些不健康的画报被他爸爸找出来扔了。

警察找到他儿子送回家了。

⇔ 警察找到他儿子把他送回家了。

⇔ 他儿子被警察找到送回家了。

上述句子中第一个动作和第二个动作都是"被"字后面的施事所做的，而有的句子第二个动作不是施事做的，可能是句首的受事自己主动的动作。

（5）他被自行车撞伤住进了医院。

句子变换举例：

自行车撞伤他，他住进了医院。⇔ 他被自行车撞伤住进了医院。

例（6）在一般情况下，第二个动作是其他人所做的，但是做这事的人没有出现在句中。

（6）他儿子被汽车撞伤送进了医院。

句子变换举例：

汽车撞伤了他儿子，他儿子被送进了医院。

⇔ 他儿子被汽车撞伤送进了医院。

255

7.1.2.10　带两个"被"字结构的连谓"被"字句

句式10	$NP_{1受事}$＋被＋$NP_{2施事}$＋VP_1＋被＋$NP_{3施事}$＋VP_2

有的"被"字句两个动作是不同的施事所做的,这样句子中就可以出现两个"被"字,句中的第二个动作是NP_3做的:

（1）他儿子被汽车撞伤被警察送进了医院。

（2）他这样只会花钱不会挣钱的男人被媳妇看不起被外人鄙视。

（3）这样的卖国贼被国人唾骂被外国人看不起。

（4）周杰伦创作的新歌一出来就被年轻人传唱被唱片公司刻录成CD在市场上发售。

句子变换举例:

国人唾骂这样的卖国贼,外国人看不起这样的卖国贼。

⇔ 这样的卖国贼被国人唾骂被外国人看不起。

有的带两个"被"字结构的连谓"被"字句,其中第二个"被"字后面的施事可以不出现,这样就形成了以下句式:

句式11	$NP_{1受事}$＋被＋$NP_{2施事}$＋VP_1＋被＋VP_2

（5）在这里学生整天被教师看着被管着,他们觉得很不自由。

（6）周杰伦创作的新歌被年轻人传唱被做成CD在市场上发售。

（7）这些大片儿被网上恶搞被编成各种笑话。

句子变换举例:

网上恶搞这些大片儿,它们被编成各种笑话。

⇔ 这些大片儿被网上恶搞被编成各种笑话。

有的带两个"被"字结构的连谓"被"字句,其中"被"字后面的施事都可以不出现,这样就形成了以下句式:

句式12	$NP_{1受事}$＋被＋VP_1＋被＋VP_2

（8）这些大片儿被恶搞被编成各种笑话。

（9）他儿子被撞伤被送进了医院。

（10）他被谩骂被侮辱。

（11）在这里，孩子们整天被看着被管着，觉得很不自由。

（12）现在的独生子女被宠着被爱着，什么苦都没吃过。

句子变换举例：

他被别人谩骂被别人侮辱。

⇔ 他被谩骂被侮辱。

⇔ 他被谩骂侮辱。

现在的独生子女被长辈宠着被长辈爱着。

⇔ 现在的独生子女被宠着被爱着。

⇔ 现在的独生子女被宠着爱着。

7.1.2.11　连谓句后面是"被"字结构的句子

句式13　$NP_{1受事}+VP_1+被+NP_{2施事}+VP_2$

有的连谓句后面是一个"被"字结构。例如：

（1）我滑冰被人撞伤了腿。

（2）老太太上街被别人撞伤了。

（3）他偷税被税务局罚了款。

（4）他爸爸做生意被别人骗了一大笔钱。

句子变换举例：

老太太上街，别人撞伤了老太太。

⇔ 老太太上街，老太太被别人撞伤了。

⇔ 老太太上街被别人撞伤了。

他偷税，税务局罚了他款。

⇔ 他偷税，他被税务局罚了款。

⇔ 他偷税被税务局罚了款。

7.1.2.12　兼语句与"被"字句结合的句子

句式14　$NP_{1施事}+VP_1+NP_{2兼语}+被+NP_{3施事}+VP_2$

这种"被"字句是兼语句与"被"字句结合的句子，其中第一个动词是构成兼语句的使令性动词"使、叫、让"等，它后面的名词性成分既是使令性动词的宾语又是后面动词性成分的主语。例如：

（1）接连几天的暴雨使河边的十几辆汽车被洪水冲走了。

（2）他让自己的身子被雨淋湿了。

（3）他伏在小李的身上，让自己给冰雹打得一身疼痛。（巴金）

句子变换举例：

河边的十几辆汽车被接连几天的暴雨形成的洪水冲走了。

⇔ 接连几天的暴雨使河边的十几辆汽车被洪水冲走了。

他被雨淋湿了自己的身子。

⇔ 他让自己的身子被雨淋湿了。

7.1.2.13 　与"把"字句结合的"被"字句

| 句式15 | NP$_{1受事}$+被+NP$_{2施事}$+把+NP$_{3受事}$+VP |

（1）他被小偷把自己一年辛辛苦苦挣的钱偷了。

（2）那个精美的木雕仙鹤被他把嘴摔断了。

（3）那枚珍贵的纪念邮票被他把一个角弄掉了。

句子变换举例：

小偷把他自己一年辛辛苦苦挣的钱偷了。

⇔ 他自己一年辛辛苦苦挣的钱被小偷偷了。

⇔ 他被小偷把自己一年辛辛苦苦挣的钱偷了。

他把那个精美的木雕仙鹤的嘴摔断了。

⇔ 那个精美的木雕仙鹤的嘴被他摔断了。

⇔ 那个精美的木雕仙鹤被他把嘴摔断了。

他把那枚珍贵的纪念邮票的一个角弄掉了。

⇔ 那枚珍贵的纪念邮票的一个角被他弄掉了。

⇔ 那枚珍贵的纪念邮票被他把一个角弄掉了。

思考与练习（24）

一、请模仿以下句式及例句造三个句子。

1. NP$_{1受事}$+被+NP$_{2施事}$+VP（他被老师批评了。）

2. NP$_{1受事}$+被+NP$_{2施事}$+给+VP（我的自行车被他给弄坏了。）

3. NP$_{1受事}$+被+NP$_{2施事}$+V+动量补语/时段补语（你妹妹被他骗了三次。你妹妹被他骗了三年。）

二、"50个饺子被他一个人吃了40个"中的宾语NP是前面NP$_{受事}$中的一部分，这种句子的语义是表示某一个总数的人或者事物被用去（占去、消耗）了多少，请造两个这样的句子。

三、模仿"那些木料被他打了一套家具"这样的主语NP$_{1受事}$是材料或者工具的"被"字句造两个句子。

四、"那些旧衣服被我送给我们家的小时工了"这种句子所表达的语义是什么东西被什么人送给或卖给其他人（第三方）了，请造两个这样的句子。

五、有的"被"字句动词后面带表示处所的介词短语，如"那位球星被球迷们围在中间"，请造两个这样的句子。

六、"我的钥匙被锁在屋里了"中，跟在动词后面的是表示处所的框式介词短语，请造两个这样的句子。

七、"她被她爸爸带回了乡下"的构成形式是"NP$_{1受事}$+被+NP$_{2施事}$+V+趋向动词+处所词语"，请按照这样的句式造两个句子。

八、有的"被"字句动词后面的数量短语是动量补语或时段补语，如"他被那个树桩绊了一跤"和"我们被洪水困了三天三夜"，请各造两个这样的句子，并按照以下句子变换的方式，将自己所造的句子进行变换：

那个树桩绊了他一跤。⇔ 他被那个树桩绊了一跤。

九、"她丈夫被总公司派来北京工作"是由兼语句变换来的"被"字句，其句式为"NP$_{1受事}$+被+NP$_{2施事}$+VP$_1$+VP$_2$"，请按照此句式造两个句子，并根据以下变换方式对自己造的句子进行变换：

总公司派她丈夫来北京工作。⇔ 她丈夫被总公司派来北京工作。

十、"那几张好的照片被我朋友看到要走了"的句式是"NP$_{1受事}$+被+NP$_{2施事}$+VP$_1$+VP$_2$",请按照这一句式造两个句子。

十一、有的"被"字句两个动作是不同的施事所做的,这样句子中就可以出现两个"被"字,句中的第二个动作是NP$_3$做的,如"他儿子被汽车撞伤被警察送进了医院"。请模仿该句造两个句子。

十二、"他儿子被撞伤被送进了医院"的句式为"NP$_{1受事}$+被+VP$_1$+被+VP$_2$",请按照这一句式造两个句子。

十三、有的连谓句后面是一个"被"字结构,如"老太太上街被别人撞伤了",请模仿该句造两个句子,并按照以下变换方式,对自己所造的句子进行变换:

　　老太太上街,别人撞伤了老太太。

　　⇔ 老太太上街,老太太被别人撞伤了。

　　⇔ 老太太上街被别人撞伤了。

十四、"那个精美的木雕仙鹤被他把嘴摔断了"是"被"字句与"把"字句结合的句子,请模仿这一句子造两个句子,并根据以下变换方式,对自己造的句子进行变换:

　　他把那个精美的木雕仙鹤的嘴摔断了。

　　⇔ 那个精美的木雕仙鹤的嘴被他摔断了。

　　⇔ 那个精美的木雕仙鹤被他把嘴摔断了。

十五、请把以下主动句变换为"被"字句。

　　1. 我打坏了你的眼镜。

　　2. 我把房间打扫干净了。

　　3. 银行的监控器拍下了抢劫者抢劫的全过程。

　　4. 她烧了我过去给她写的所有信件。

　　5. 他伤透了我的心。

　　6. 大家都嘲笑他,看不起他。

　　7. 他摔坏了我的那个精美的花瓶。

　　8. 韩国的总公司派我爸爸来北京的分公司工作。

　　9. 他一个月花了我工资的一大半。

　　10. 我看见他儿子躲着抽烟。

7.2 “把”字句

7.2.1 “把”字句的句式语义

“把”字句是汉语中常见而又复杂的一种特殊句式。“把”字句的句式语义主要是主语对动词的受事作了某种处置。根据学者的研究，不少“把”字句表示某一物体在外力的作用下从甲点转移到乙点。例如：

（1）他把家从昆明搬到了北京。

（2）他一到北京就把钱存进了中国银行。

7.2.2 “把”字句的构成及其运用

“把”字句中的“把”是一个介词，其功能是把原来充当动词宾语的受事成分提到动词之前。

7.2.2.1 单动词“把”字句

句式1	NP$_{1施事}$+把+NP$_{2受事}$+V+（了/着）

汉语中由一个动词单独充当谓语的“把”字句并不多，大多数动词后面也要带上“了”或者“着”。例如：

（1）你把盘子里的菜吃了。

（2）小李把那只小狗送别人了。

（3）你把护照带着。

（4）把窗户开着，透透气。

（5）他们把门锁了。

（6）要知道你们主要是把大家的心伤了。（王朔）

也有少数“把”字句动词后面可以不加“了”或者“着”，但是，动词前面要加状语。例如：

（7）你先把话题往低处引，改变形象，让她认为你是个粗俗的人。
　　（王朔）

（8）代表团来了，你把他们往环境好的地方引，别去旧房子那儿。

（9）他们统帅大军，冲锋陷阵，驰骋疆场，直到把敌人全歼。

例（7）中的状语是"往低处"，例（8）中的状语是"往环境好的地方"，例（9）中的状语是"全"。

句子变换举例：

你吃了盘子里的菜。⇔ 你把盘子里的菜吃了。

小李把那只小狗送别人了。⇔ 那只小狗被小李送别人了。

7.2.2.2　重动形式"把"字句

句式2	NP₁施事+把+NP₂受事+V—V

如果单个的动词后面不带"了"或者"着"，那么动词也可以用重动形式作为句子的谓语中心语来构成"把"字句。动词重动形式有多种，在"把"字句中出现的主要是带"一"的，如"谈一谈、说一说、试一试"。这样的"把"字句只能用在口语中，而且主要是用在祈使句中。例如：

（1）你把你的看法说一说。

（2）你先把你的想法谈一谈。

（3）辛楣又把相片看一看，放进皮夹。（钱锺书）

表示已经发生过的事情用带"了"的重动形式"V了V"，当然这样的用法不多见，仅限于个别动词。例如：

（4）崇祯把稿子看了看，提笔改了两个字，加了一个内容。（姚雪垠）

句子变换举例：

你说一说你的看法。⇔ 你把你的看法说一说。

7.2.2.3　结果补语"把"字句
第一，结果补语"把"字句的构成

句式3	NP₁施事+把+NP₂受事+V+补语结果

"把"字句中大多数"把"字结构后面的谓词性部分不是一个单一的动词，而是一个动词带上补语构成的中补短语，而在各类补语中，结果补语构成的"把"字句又是比较常见的。

第二，结果补语"把"字句的主要使用情境

当一个人或团体对某人或某物施加动作之后产生了一个结果，这样的情况下就用结果补语"把"字句。如小王用了"我"的电脑，结果是"我"的电脑坏了，汉语可以用"把"字句来说：

（1）小王把我的电脑搞坏了。

例（1）也可以用一般的带宾语的主谓句说成"小王搞坏了我的电脑"，但是多数中国人会选择用"把"字句来说。例（1）也可以转换成"被"字句，当人们回答"你的电脑怎么了？"或者"你的电脑呢？"这样的问句时，倾向于用"被"字句。

又如，"他"修冰箱，结果是冰箱好了，用"把"字句说就是：

（2）他把冰箱修好了。

例（2）中国人常常把受事成分"冰箱"放在主语的位置上，用受事主语句表达，说成"冰箱他修好了"。也可以用一般的带宾语的主谓句说成"他修好了冰箱"，但这样的说法要少于前面两种说法。

（3）你把盘子里的菜吃完了，别剩那么一小点儿又不吃了！

（4）他不说还好，他这一说把我弄糊涂了。

（5）阴城的深夜，静寂得可怕，他们觉得若是吐出一个字，就必定像炸弹似的把一切震碎。（老舍）

句子变换举例：

小王搞坏了我的电脑。

⇔ 小王把我的电脑搞坏了。

⇔ 我的电脑被小王搞坏了。

7.2.2.4 趋向补语"把"字句
第一，趋向补语"把"字句的构成

句式4	NP$_{1施事}$+把+NP$_{2受事}$+V+补语$_{趋向}$

有的"把"字句充当谓语主体部分的是趋向补语构成的中补短语。

第二，典型的趋向补语"把"字句的主要使用情境

典型的趋向补语"把"字句主要用于表述什么人通过动作使某物体从原来所在的空间位置向着某一个方向移动。如车原来在车库里，"他"的动作使得车出来了，移动方向是从里往外，这一语义用"把"字句表达就说成以下例（1）：

（1）他把那辆车从车库里开出来了。

（2）你把药从柜子里拿出来！

例（1）和例（2）都在句子中说明了物体原来的位置。但是在语境中，很多物体原来的位置是交际双方明白的，或者是语境已经提供的，不言自明的，不用在句子中说出来，所以多数句子不用说明被移动物体原来的位置。例如：

（3）你把脚抬起来，我扫一下这里。

（4）别把狗放出来！我害怕！

（5）中士，把我的车开过来。（王朔）

（6）巡警们把学生押了进去。（老舍）

（7）我看把我所有的力量拿出来，直接的或间接的去杀几个敌人，便是我的立场。（老舍）

（8）国际局势很糟，欧洲免不了一打，日本是轴心国，早晚要牵进去的，上海天津香港全不稳，所以他把母亲接到重庆去。（钱锺书）

句子变换举例：

你抬起脚来。⇔ 你把脚抬起来。

有的趋向补语"把"字句并不能进行这样的变换，例（1）变换为非"把"字句以后就很别扭，所以不进行上述变换。

7.2.2.5 动量补语"把"字句
第一，动量补语"把"字句的构成

句式5	NP$_{1施事}$+把+NP$_{2受事}$+V+补语$_{动量}$

动量补语"把"字句中的补语是一个表示动作次数的动量短语。

第二，动量补语"把"字句的主要使用情境

典型的动量补语"把"字句主要用于表述某人对某物或另外的人施加了某一动作，并说明动作的次数。如"他爸爸"批评了"他"一次，而且批评得很重，可以用一般的带宾语的主谓句说"他爸爸狠狠地批评了他一顿"，也可以用介词"把"把宾语"他"提到动词之前，这样就形成了以下例（1）：

（1）他爸爸把他狠狠地批评了一顿。

例（1）强调"他爸爸"是怎样处置"他"的。

（2）他们公司的领导把他教训了一番。
（3）我把要考的古文背了一遍。
（4）安佳迅速把屋里归置了一遍，使一切井井有条，一尘不染。
（5）金山把这两句重复了好几遍。（老舍）
（6）他把听写中的错字又写了三遍。

句子变换举例：

他爸爸狠狠地批评了他一顿。
⇔ 他爸爸把他狠狠地批评了一顿。
⇔ 他被他爸爸狠狠地批评了一顿。

我背了一遍要考的古文。
⇔ 我把要考的古文背了一遍。

7.2.2.6 时段补语"把"字句
第一，时段补语"把"字句的构成

句式6	NP$_{1施事}$＋把＋NP$_{2受事}$＋V＋补语$_{时段}$

时段补语"把"字句中的补语是一个表示时间长度的时段短语，如"一天、半小时、三年、一个世纪"。

第二，时段补语"把"字句的主要使用情境

典型的时段补语"把"字句主要用于表述什么人对某物或某人进行某种动作，并且说出动作的时间长度。例如：

（1）他们出去玩把这只小狗饿了一整天。

（2）我们把会议延长了半天。

（3）他们把我的签证手续耽误了一个星期。

（4）他跟方老太太关了房门，把信研究半天。（钱锺书）

（5）警察把肇事司机的驾照扣了一个星期。

句子变换举例：

他们把我的签证手续耽误了一个星期。

⇔ 我的签证手续他们耽误了一个星期。

⇔ 我的签证手续被他们耽误了一个星期。

7.2.2.7　状态补语"把"字句
第一，状态补语"把"字句的构成

句式7	NP$_1$+把+NP$_{2受事}$+V+得+补语$_{状态}$

状态补语"把"字句的主要动词后面加结构助词"得"，然后加表述具体状态的词语，有时可能是一个小句。例如：

（1）今天把我冻得直哆嗦。

（2）他那个不孝之子的话把他气得全身直发抖。

第二，状态补语"把"字句的主要使用情境

当表述某人或者某物所进行的动作使得动作的受事表现出某种状况时，就可以使用这样的"把"字句；当表述某种无生命的事物致使产生某种状态时，也可以用该句式。如"那个顾客"批评"那个女售货员"，使"那个女售货员"说不出话来，这样的情况就可以说成以下例（3）：

（3）那个顾客把那个女售货员说得话都说不出来。

（4）牧乾很想不坐下，而且要还给他一句漂亮的话，可是她真打不起精神来，像个小猫似的，她三下两下把身子团起，在极难利用的地势，把自己安置得相当的舒适。（老舍）

（5）大姐在农村当了十年知青，接到大学录取通知书，把她高兴得一夜没有合眼。

（6）像咱们这样的业余杀人犯根本没技术把死者的笔迹模仿得惟妙惟肖。（王朔）

现代汉语语法教程（第二版）

句子变换举例：

今天把我冻得直哆嗦。

⇔ 今天我被冻得直哆嗦。

⇔ 今天我冻得直哆嗦。

那个顾客把那个女售货员说得话都说不出来。

⇔ 那个女售货员被那个顾客说得话都说不出来。

7.2.2.8　位置处置"把"字句

位置处置"把"字句有不同的构成形式，一种是处所补语构成的，另一种是非处所补语后面再跟处所宾语构成的。

第一，位置处置"把"字句的种类

A. 处所补语"把"字句

句式8	$NP_{1施事}$+把+$NP_{2受事}$+V+补语$_{处所}$

句式8中的处所补语主要由"在+名词性词语+方位名词"这样的框式介词短语放在句中的动词后面构成，也可以由少数别的介词加上名词性词语构成的介词短语充当。例如：

（1）他把哨子放在唇边。（老舍）

（2）你把我的包放在椅子上。

（3）他要把我们公司引向何方？

B. 处所宾语"把"字句

句式9	$NP_{1施事}$+把+$NP_{2受事}$+V+（补语）+宾语$_{处所}$

处所宾语"把"字句是动词后面跟一个动词做补语（也可以不用加这样的动词补语），然后再加上处所宾语。例如：

（4）小李把他女儿送回姥姥家了。

（5）你把他送老家吧，现在你们夫妻俩都忙，孩子假期没有人照顾。

（6）你把我的自行车停到我家门口。

例（4）动词后面跟趋向动词"回"做补语，然后接处所宾语"姥姥家"；例（5）动词后面没有补语，直接跟着处所宾语"老家"；例（6）动词后跟动词"到"做补语，然后接处所宾语"我家门口"。

第二，典型的位置处置"把"字句的使用情境

当表述甲人或甲物通过外力使得乙物（或乙人）从A位置置于B位置时，就可以使用位置处置"把"字句。这里的位置可以是具体空间上的位置，如上述几例，又如例（7）、例（8）；也可以是比较抽象的位置，如例（9）、例（10）、例（11）。

（7）他们要打，都不愿把拳头打在教育局局长的脸上，那张脸上挂着官场中所有的卑污，与二三十年来所积聚的唾骂。（老舍）

（8）我问你，你赚多少钱一个月可以把我供在家里？（钱锺书）

（9）如果你不是以救死扶伤的革命人道主义去对待他，那无异于落井下石、谋财害命，把自己的欢乐建筑在他人的痛苦之上！（王朔）

（10）他没有必成个学者的志愿，可是也不愿把时间都花费在办事上。（老舍）

（11）您要时刻想到，多少不相干的人把理想寄托在您身上呢。（王朔）

句子变换举例：

你把我的包放在椅子上。 ⇔ 我的包你放在椅子上。
把理想寄托在您身上。 ⇔ 在您身上寄托理想。

7.2.2.9　带助词"给"的"把"字句

句式10	NP$_{1施事}$+把+NP$_{2受事}$+给+V+（补语）

有的"把"字句要把助词"给"加在谓语中心语动词前面，多数情况下后面要加补语。这种句式主要用于口语。例如：

（1）他不说还好，他这一说把我给弄糊涂了。

（2）你把帽子给戴好了！

（3）大风把我们的自行车给刮倒了。

（4）我把大门给锁上了。

（5）杨妈这一番话，算是把金秀心里那点委屈给挑透了。（陈
建功、赵大年）

（6）他还真把我给问住了。

（7）对对对，吴老板，我只记住老板了，把姓儿给忘了。（陈
建功、赵大年）

句子变换举例：

我把大门给锁上了。

⇔ 我锁上了大门。

⇔ 大门我锁上了。

⇔ 大门被我锁上了。

7.2.2.10　与双宾句有变换关系的"把"字句
第一，与双宾句有变换关系的"把"字句的句式种类

句式11	NP$_{1施事}$+把+NP$_{2（受事1）}$+V+给+NP$_{3（受事2）}$

句式11中谓语中心语后面加上动词"给"。例如：

（1）他把这只小狗送给了我。

（2）高松年的亲随赶来，满额是汗，把大信封一个交给鸿渐，说奉
校长命送来的。（钱锺书）

句式12	NP$_{1施事}$+把+NP$_{2（受事1）}$+V+ NP$_{3（受事2）}$

句式12中谓语中心语后面直接带宾语。例如：

（3）把实话告诉了他们，他们必定会马上释放了他的。（老舍）

（4）鸿渐把适才的事告诉辛楣。（钱锺书）

第二，与双宾句有变换关系的"把"字句的使用情境

与双宾句有变换关系的"把"字句中有两个受事，"把"后面有一个
受事，这一般是东西，也可以是有生命的受事（人或者动物），动词后
面的受事是人或者单位机构等。当要把某物或者某人处置给另一方时，
就可以用这种句式。

（5）孙小姐知趣得很，说自己有雨帽，把手里的绿绸小伞借给他。
（钱锺书）

（6）他把这支派克金笔赠给了我。

有时所谓处置不是某一物体或人转移给另一方，而是认识或者知晓。例如：

（7）也许他真把你介绍给人了呢？（钱锺书）

句子变换举例：

他把这支派克金笔赠给了我。

⇔ 他赠给了我这支派克金笔。

⇔ 这支派克金笔他赠给了我。

7.2.2.11 "把A+V作B"句式
第一，"把A+V作B"句式的构成

句式13	NP$_{1施事}$+把+NP$_{2（受事1）}$+V（作为）+NP$_{3（受事2）}$

谓语中心语动词是"作为、当作、看作"。例如：

（1）你不要客气，把这儿当作是你的家，想吃什么就说。

（2）他提议，把这两间房作为交换条件。

（3）我把他当作自己的亲兄弟。

（4）不自知的东西，照了镜子也没有用——譬如这只衔肉的狗，照镜以后，反害它大叫大闹，空把自己的影子，当作攻击狂吠的对象。（钱锺书）

第二，"把A+V作B"句式的使用情境

本来A不是B事物（或人、或行为），而某人把A看作是B事物（或人、或行为），这种情况就可以使用句式13。例如：

（5）他把吃苦看作是锻炼意志，所以他不怕吃苦。

（6）她把这只狗当作她最好的朋友。

现代汉语语法教程（第二版）

句子变换举例:

我把他当作自己的亲兄弟。

⇔ 他被我当作自己的亲兄弟。

⇔ 他被我当作自己的亲兄弟来看待。

7.2.2.12 "把A+V成B"句式
第一,"把A+V成B"句式的构成

| 句式14 | NP$_{1施事}$+把+NP$_{2(受事1)}$+V+成/为+NP$_{3(受事2)}$ |

(1)你们可以把这间房子改为书房。

(2)我们不能扣留住闪电来代替高悬普照的太阳和月亮,所以我们
也不能把笑变为一个固定的、集体的表情。(钱锺书)

第二,"把A+V成B"句式的使用情境

动作行为使A变成B,表述这样的情况就可以用句式14。如:

(3)他把这篇小说改成了电影剧本。

(4)他们把那些木料做成了家具。

(5)他决心把自己的孩子培养成一个音乐家。

(6)这种快乐,把忍受变为享受,是精神对于物质的最大胜利。
(钱锺书)

句子变换举例:

他们把那些木料做成了家具。

⇔ 那些木料他们做成了家具。

⇔ 那些木料被他们做成了家具。

7.2.2.13 "把"字比较句
第一,句式15的构成

| 句式15 | NP$_{1施事}$+把+NP$_{2(受事1)}$+和+NP$_{3(受事2)}$+比(一下) |

"把"字比较句中的动词可以是"比、比较、相比、对比"。例如:

(1)柔嘉没想到她会把鸿渐跟老李相比。(钱锺书)

（2）你把不满一岁的小孩子或小狗跟小猫比一下，就明白猫和其他两种四足家畜的不同。（钱锺书）

（3）穆勒曾把"痛苦的苏格拉底"和"快乐的猪"比较。（钱锺书）

（4）通过示范使学生把自己的动作和示范动作对比，认识错误的所在，以便纠正。

第二，句式15的使用情境

当表述某人拿A和B相比时，就可以用句式15。又如：

（5）你不要老把自己和别人比，这样你会很痛苦，俗话说"人比人，气死人"。

第三，句式16的构成

句式16	NP$_{1施事}$+把+NP$_{2（受事1）}$+和+NP$_{3（受事2）}$+比+……

句式16中"比"后面可以加上其他词语，用来说明这样比会怎么样，有时句首的施事可以不要。例如：

（6）有时你把自己的短处和别人的长处比会让你很痛苦。

（7）把自己的短处和别人的长处比会让你看到自己的不足。

第四，句式16的使用情境

当表述某人拿A和B比会怎么样时，就用句式16。又如：

（8）老把自己的丈夫与别人的丈夫比是很不好的。

7.2.2.14　不及物动词/形容词致使"把"字句

第一，不及物动词/形容词致使"把"字句的构成

句式17	NP/VP+把+NP$_{施事}$+V$_{不及物}$/形容词+……

句子的主语可以是名词性词语，也可以是动词性词语，谓语中心语可以是不及物动词，也可以是形容词。例如：

（1）儿子的婚事把他妈都愁成什么样了。

（2）这一大堆孩子可把你们夫妻俩累坏了。

（3）那几年闹饥荒把我父母都苦老了。

第二，不及物动词/形容词致使"把"字句的使用情境

表述某事或某人使得（致使）什么人表现出什么样或者什么状态，就用这种句子，而且多数情况是表示产生不如意的结果。又如：

（4）谈恋爱的事把她伤心透了。

（5）很多公司歧视女性，她找工作的经历把她气坏了。

（6）儿子考上大学把他高兴坏了。

句子变换举例：

谈恋爱的事把她伤心透了。 ⇔ 谈恋爱的事让她伤心透了。

儿子考上大学把他高兴坏了。 ⇔ 儿子考上大学使他高兴坏了。

7.2.2.15 及物动词致使"把"字句
第一，及物动词致使"把"字句的构成

句式18	NP/VP+把+NP受事+V及物+……

与句式17不同，句式18的谓语中心语是及物动词。例如：

（1）你这样叫把我都吓出心脏病来了。

（2）外面的鞭炮声把我惊醒了。

第二，及物动词致使"把"字句的使用情境

表述某事或某人使得（致使）什么人怎么样了，就用这种句子。又如：

（3）买这套房子把他父母一辈子的积蓄都花光了。

句子变换举例：

买这套房子把他父母一辈子的积蓄都花光了。

⇔ 他父母买这套房子花光了一辈子的积蓄。

⇔ 买这套房子他父母一辈子的积蓄都花光了。

⇔ 买这套房子使他父母花光了一辈子的积蓄。

7.2.2.16　联合短语充当"把"后面的受事

句式19	NP$_{1施事}$＋把＋NP$_{2受事（联合短语）}$＋VP

有的"把"字句中的受事是一个联合短语。例如：

（1）什么也不想，他已把过去现在及将来完全献给抗战。（老舍）

（2）他又摹仿上海大商店卖"一元货"的方法，把脸盆、毛巾、牙刷、牙粉配成一套卖一块钱，广告上就大书"大廉价一元货"。（茅盾）

（3）想到了这个，他们三步当作一步走的，急快回到庙中，好把热泪、委屈，和一切要说的话，都尽情的向大家倾倒出来，仿佛大家都是他们的亲手足似的。（老舍）

7.2.2.17　"把"字结构后面是连谓短语

句式20	NP$_{1施事}$＋把＋NP$_{2受事}$＋VP$_1$＋VP$_2$

有的"把"字句中"把"字结构后面是多个动词性成分构成的连谓短语。例如：

（1）你把这首诗多抄几遍背下来。

（2）譬如一串葡萄到手，一种人挑最好的先吃，另一种人把最好的留在最后吃。（钱锺书）

（3）鸿渐郁勃得心情像关在黑屋里的野兽，把墙壁狠命的撞、抓、打，但找不着出路。（钱锺书）

7.2.2.18　"把"字兼语句

句式21	NP$_{1有生}$＋把＋NP$_{2有生/无生}$＋VP$_{1使令/给予}$＋NP$_{3有生}$＋VP$_2$

"把"字兼语句是"把"字句与兼语句结合的特殊句式。其主要动词为使令动词或给予动词。句式语义是某人（或组织机构）把某种事情指派给另一个人（或组织机构）去做，或者表示某人（或组织机构）把某种东西给另一个人（或组织机构）去使用。例如：

（1）我们公司把这种产品交给一家德国公司生产。

（2）总经理把这个项目让老王全权负责。

（3）领导把这些任务分派给我们三个人完成。

"把"字兼语句可以变换为兼语句。句式变换举例：

我们公司把这种产品交给一家德国公司生产。

⟺ 我们公司让一家德国公司生产这种产品。

总经理把这个项目让老王全权负责。

⟺ 总经理让老王全权负责这个项目。

领导把这些任务分派给我们三个人完成。

⟺ 领导分派我们三个人完成这些任务。

思考与练习（25）

一、请在下列句子中横线处填上适当的介词。

  1. 不行，我不能跟你们聊了，光聊天 _____ 正事都耽搁了。

  2. 好吧，_____ 游戏机放回去。

  3. 你不能这样，为钱 _____ 自己卖了。

  4. 我还想开玩笑，他却立即 _____ 电话挂了。

  5. 我记得我 _____ 照片取了下来装进我的包里然后回到了餐厅。

二、把下列句子变换为"把"字句。

  1. 你拿出护照来。

  2. 你带孩子回老家去。

  3. 他记下了昨天发生的事情。

  4. 老师告诉了大家考试分数。

  5. 衣服他洗得干干净净的收了起来。

  6. 房间他搞得乱七八糟的。

  7. 他辞了他的工作。

  8. 他儿子的成绩使他气坏了。

  9. 打扫房间、洗衣服、做饭累得她腰都直不起来了。

  10. 那块丝绸料子她打算做一件旗袍。

三、用下列词语造"把"字句，语序自己安排，还需要加一些别的必要的词语。

  1. 做   红烧肉   猪肉   妈妈

2. 从　　柜子　　拿　　存折　　他

3. 他　　交　　电话费　　电信局

4. 中国银行　　存　　美元　　我

5. 电视机　　修　　拿　　维修部　　爸爸

6. 菜　　吃　　你

7. 搞　　电脑　　他

8. 护照　　延长　　半年

9. 踢　　他　　我的小狗

10. 放　　桌子　　箱子　　你

四、按下列要求造"把"字句。

1. 用句式1"$NP_{1施事}$+把+$NP_{2受事}$+V+（了/着）"造两个"把"字句。

2. 用句式2"$NP_{1施事}$+把+$NP_{2受事}$+V一V"造两个"把"字句。

3. 用句式3"$NP_{1施事}$+把+$NP_{2受事}$+V+补语$_{结果}$"造两个"把"字句。

4. 用句式4"$NP_{1施事}$+把+$NP_{2受事}$+V+补语$_{趋向}$"造两个"把"字句。

5. 用句式5"$NP_{1施事}$+把+$NP_{2受事}$+V+补语$_{动量}$"造两个"把"字句。

6. 用句式9"$NP_{1施事}$+把+$NP_{2受事}$+V+（补语）+宾语$_{处所}$"造两个"把"字句。

7. 用句式11"$NP_{1施事}$+把+$NP_{2（受事1）}$+V+给+$NP_{3（受事2）}$"造两个"把"字句。

8. 用句式13"$NP_{1施事}$+把+$NP_{2（受事1）}$+V（作为）+$NP_{3（受事2）}$"造两个"把"字句。

7.3　主谓谓语句

7.3.1　什么是主谓谓语句

主谓谓语句是谓语部分由一个主谓短语构成的句子，充当谓语的主谓短语中的谓语可以是动词性的，也可以是形容词性的。如"这部电影我看过了""巴黎我去过一次""我胃疼"。

> $NP_{1大主语}$+$NP_{2小主语}$+VP/AP

主谓谓语句有的大主语后面可以加入一个状语，有的小主语后面也可以加入一个状语，甚至加入两个状语。例如：

（1）我今天胃有点儿不舒服。

（2）他技术的确很好。

例（1）中"今天"是大主语后面的状语，"有点儿""不"是谓语部分小主语后面的状语；例（2）中"的确"和"很"是谓语部分小主语后面的状语。

7.3.2 主谓谓语句的分类

7.3.2.1 大主语与小主语具有领属关系

句式1	NP$_1$+NP$_2$+AP/VP 具有领属关系

这类主谓谓语句句首的大主语与它后面的小主语之间具有领属关系，大主语主要是指人或动物的名词性成分，小主语可以是人或动物的身体的某个部分，如"头""胃""脚""头脑""后背"等。小主语后面的谓词性成分多数是形容词性成分，也可以是动词性成分。这种句子大主语和小主语后均可以插入状语。例如：

（1）这人头脑灵活。

（2）我胃疼。

（3）您这几天牙还疼吗？

（4）列车开动的时候，妈妈眼睛里还含着泪水。

这类大主语与小主语之间是领属关系的句子中，大主语是表人的名词，小主语可以是表示人的精神、气质、性格等的名词，或是人具备的其他外在的东西。例如：

（5）他妻子性格特别温柔。

（6）李老师英语很不错。

（7）这孩子的确思想太单纯。

（8）王教授思维很缜密。

两个主语之间有领属关系的这类主谓谓语句，主语也可能是表示非人或动物的其他名词。例如：

（9）这个手机样式很时尚。

（10）香椿树叶子可以食用。

（11）这台电脑的确硬盘不大。

（12）新上市的奔驰车电子系统很先进。

（13）我刚买的那辆车油耗不高。

7.3.2.2　大主语是施事，小主语是受事，且两者之间有领属关系

句式2	NP$_{1施事}$+NP$_{2受事}$+（状语）+VP

（14）他们公司销售任务已经完成了。

这种句子大主语NP$_1$和小主语NP$_2$之间具有领属关系，因此它们之间可以加上结构助词"的"变成一个定中短语，当然这样变换之后的句子只有一个NP，就成为一个受事主语句了。例如：

（14）⇔（15）他们公司的销售任务已经完成了。

这种句子的动词是及物动词，NP$_{2受事}$可以移位到动词性短语之后，这样句子就变换为常见的带宾主谓句。例如：

（14）⇔（16）他们公司已经完成销售任务了。

7.3.2.3　大主语是受事，小主语是施事

句式3	NP$_{1受事}$+（状语）+NP$_{2施事}$+（状语）+VP

这种主谓谓语句大主语NP$_1$是受事（动作的承受者），谓语部分的主谓短语中的小主语NP$_2$是施事（动作的发出者），它后面是一个动词性短语。句子的大主语后面有的可加入状语，谓语部分中小主语之后也可加状语。例如：

（17）电脑我修好了。

（18）你的衣服妈妈已经洗了。

（19）卫生间昨天我已经打扫干净了。

（20）飞机票我明天在网上订。

（21）那部电影我看过了。

（22）他的个人能力我特别欣赏。

这类主谓谓语句的大主语也可以移位到后面的动词性短语之后充当其宾语，这样就变成了一般的带宾主谓句了。如例（17）可变换为"我修好电脑了"。

7.3.2.4　大主语是后面谓语动词涉及的对象

句式4	NP$_{1对象}$ +（状语）+ NP$_{2有生}$ +（状语）+VP

这种主谓谓语句大主语NP$_1$是后面谓语中动词性成分涉及的对象，它前面可以加上介词"对于""对"或"关于"；小主语NP$_2$是有生命的名词性成分（包括可以发出动作的机构等）。句子的大主语后面有的可以加入状语，谓语部分的小主语之后也可插入状语。例如：

（23）交通的问题，政府有关部门正在研究具体解决方案。

（24）孩子的教育，学校和家长都有责任。

（25）那里的情况我也不了解。

（26）这里大气污染的原因，这篇文章讲得很清楚。

这类主谓谓语句如果在句首加上介词 "对于""对"之后，句首的介词短语就变成了句首的状语，不再是主语，句子就变换成其他主谓句了。例如：

（23）⇔（27）对于交通的问题，政府有关部门正在研究具体解决
　　　　　　　方案。

（24）⇔（28）对于孩子的教育，学校和家长都有责任。

（25）⇔（29）对于那里的情况我也不了解。

（26）⇔（30）对于这里大气污染的原因，这篇文章讲得很清楚。

7.3.2.5　大主语是工具或材料

这类主谓谓语句大主语是工具或材料，其前面可以加上介词"用"。例如：

（31）这个手机拍照非常清晰。

（32）那块布我做了一个窗帘。

（33）那些木料他做了一套家具。

这类主谓谓语句的大主语前面加上介词"用"，整个介词短语就变为

句首状语，句式就不是主谓谓语句了，如例（32）可以变换为"用那块布我做了一个窗帘"，例（33）可以变换为"用那些木料他做了一套家具"。当然最常见的语序是"我用那块布做了一个窗帘""他用那些木料做了一套家具"。

主谓谓语句还有一些其他类型，如有一类：大主语是受事，小主语是施事，在动词性成分后面加一个代词，指代前面的大主语，如"那个明星我们在一个聚会上见过他""你们的经理我几年前就认识他了"。这两个句子末尾的"他"指代句首的大主语。

思考与练习（26）

一、请模仿"我胃疼""李老师英语很不错"这样的大主语与小主语具有领属关系的主谓谓语句的模式，造三个句子。

二、请模仿"我胃疼"变换为"我的胃疼"的变换模式，把下列主谓谓语句变换为一般的主谓句。

　　1. 他牙疼。

　　2. 我妹妹性格很好。

　　3. 我们学校地理位置很好。

　　4. 我数学作业做完了。

三、请模仿"他们公司销售任务已经完成了"变换为"他们公司已经完成销售任务了"的变换模式，把下列主谓谓语句变换为带宾主谓句。

　　1. 我论文写完了。

　　2. 他们房子装修好了。

　　3. 我衣服洗好了。

四、请模仿"那部电影我看过了"这种大主语是受事、小主语是施事的主谓谓语句的模式，造三个句子。

五、请模仿"电脑我修好了"变换为"我修好电脑了"的模式，把下列主谓谓语句变换为带宾主谓句。

　　1. 飞机票我明天在网上订。

　　2. 那台空调他修好了。

　　3. 那几篇文章我读过了。

　　4. 这件衣服我现在试一试。

现代汉语语法教程（第二版）

六、请模仿"孩子的教育，学校和家长都有责任"这样的大主语是后面谓语动词涉及的对象的主谓谓语句，造三个句子。

七、请模仿"那块布我做了一个窗帘"这种大主语是工具或材料的主谓谓语句，造两个句子。

7.4　"是……的"强调句及相应的"是……的"特指疑问句

"是……的"句是一种表示强调的句式，动词"是"的功能是充当焦点标记（focus marker），紧跟在它后面的是要强调的成分，如时间、地点、方式/渠道（way）、施事等。

"是……的"句法结构不仅可以构成陈述的强调句，还可以构成相应的特指疑问句。

7.4.1　强调时间的"是……的"句

强调时间的"是……的"句及相应的特指问构成形式是：

| 强调时间的"是……的"句（1） | NP+是+时间词语+VP+的。 |
| 强调时间的"是……的"特指问（1） | NP+是+什么时候+VP+的？ |

"是……的"句中间加入时间词语，强调某个动作行为在过去的某个时间发生。这种句子主要有以下几种表述功能：

第一，表达某人在过去什么时间做了什么事情，进行了什么活动，可以用于提问或者回答某人过去什么时间干了什么事情，或者某人的某件事是什么时间发生的。例如：

（1）A：他是什么时候到的？
　　　B：他是昨天到的。
（2）A：你们是什么时候来北京的？
　　　B：我们是8月底来北京的。
（3）A：你是什么时候毕业的？
　　　B：我是2018年7月毕业的。
（4）A：这孩子是什么时候出生的？
　　　B：他是2016年出生的。

第二，表达某种东西或某种现象在过去某个时间产生或者出现，可以用于提问或者回答某种东西或者某种现象在过去什么时间产生或者出现。例如：

（5）A：地震是什么时候发生的？

B：地震是昨天夜里两点发生的。

（6）A：最近的那次日食（solar eclipse）是什么时候发生的？

B：最近的那次日食是2018年8月11日发生的。

（7）我的手机是昨天刚修好的。

进入这种时间强调"是……的"句的时间可以是具体的时间点或某个大概的时间，如"1989年5月18日、今天上午8点、昨天晚上8点、三年前、一周以前、上个星期五、唐代、清代末年"；也可以是一个表示时间的定中短语，常见的如"……的时候""……时""……期间"；还可以是表示时间的方位短语，如"……以后""……后""……以前""……前""……之前"。例如：

（8）他们俩是上大学的时候相爱的。

（9）我是来中国留学以后认识我女朋友的。

这种时间强调"是……的"句的时间词语之后可以是一个不及物动词，也可以是及物动词，如"我们是昨天到北京的""他是去年考上北京大学的"，还可以是一个复杂的连谓短语，例如：

（10）他儿子是去年来北京读大学的。

（11）他们是2016年大学毕业结婚成家的。

强调时间的"是……的"句的变换句式

强调时间的"是……的"句（2）	NP+是+时间词语+V+的+O。
强调时间的"是……的"特指问（2）	NP+是+什么时候+V+的+O？

7.4.2 强调地点的"是……的"句

强调地点的"是……的"句在"是"之后加上表示地点的词语：

现代汉语语法教程（第二版）

强调地点的"是……的"句（1）	NP＋是＋地点词语＋VP＋的。
强调地点的"是……的"特指问（1）	NP＋是＋（在/从）＋哪儿＋VP＋的？

强调地点的"是……的"句表义功能是强调过去某个已经发生的动作行为是在某个地点发生的。例如：

（1）A：安妮是哪儿出生的？

　　B：她是在巴黎出生的。

（2）A：杰克是从哪儿来的？

　　B：杰克是从美国来的。

（3）玛丽是普林斯顿大学来的。

（4）她是在北京协和医院出生的。

（5）他们俩是在教堂结婚的。

（6）我的这个手机是在中国买的。

强调地点的"是……的"句"是"之后的地点词语包括地名、单位名，形式可以是一个单独的表示地点的名词，也可以是由介词"在"或"从"构成的表示地点的介词短语。

强调地点的"是……的"句的变换句式

带宾语的或者常用动宾型离合词构成的强调地点的"是……的"句式与上述句式不同，宾语要放在句末，"的"放在动词与宾语之间，形成以下句式：

强调地点的"是……的"句（2）	NP＋是＋地点词语＋V＋的＋O。
强调地点的"是……的"特指问（2）	NP＋是＋（在/从）＋哪儿＋V＋的＋O？

（7）A：大卫是在哪儿读的大学？

　　B：大卫是在普林斯顿大学读的大学。

　　C：大卫是在美国读的大学。

（8）A：你是在哪儿吃的早饭？

　　B：我是在食堂吃的早饭。

（9）A：你是在哪儿买的这个手机？

　　B：我是在北京买的这个手机。

有的常用的动宾型离合词也用这种句式提问和回答问题。例如：

（10）A：你是在哪儿理的发？

B：我是在校内的理发店理的发。

（11）A：你这么快就回来了，你是在哪儿看的病？

B：我是在校医院看的病。人不多，很方便。

7.4.3 强调方式/渠道的"是……的"句

强调方式/渠道的"是……的"句在"是"之后加上表示方式/渠道的词语，其特指问是用"怎么"来提问。

强调方式/渠道的"是……的"句（1）	NP+是+方式/渠道词语+VP+的。
强调方式/渠道的"是……的"特指问（1）	NP+是+怎么+VP+的？

强调方式/渠道的"是……的"句表述的是某种东西是过去通过某种方式或某种渠道而得到的。表示方式/渠道的词语如"网上""微信""电话"等，也可以是由介词"在"或"从"等构成的介词短语，如"在网上""从网上""通过电话"等。若是表述到达某地的方式，常用的词是"坐"或"乘"。强调方式/渠道的"是……的"特指问除了用疑问代词"怎么"来提问之外，若问的是渠道还可用"NP是从哪儿VP的？"来提问。例如：

（1）A：你的这件衣服是怎么买的？/你的这件衣服是从哪儿买的？

B：这件衣服是在网上买的。

（2）A：这个眼科专家的号太难挂了！你的号是怎么挂到的？/你的号是从哪儿挂到的？

B：我的号是通过微信挂的。

C：我的号是在医院的网上提前三天挂的。

（3）A：你是怎么来的？

B：我是坐高铁来的。

（4）A：你和你妻子是怎么认识的？

现代汉语语法教程（第二版）

284

B：我们是通过朋友介绍认识的。

上述应答句中的主语在对话中常常省略，如"是在网上买的""是通过微信挂的""是坐高铁来的""是通过朋友介绍认识的"。

强调方式/渠道的"是……的"句的变换句式

带宾语的或者常用动宾型离合词构成的强调方式/渠道的"是……的"句，可以变换为以下句式：

强调方式/渠道的"是……的"句（2）	NP+是+方式/渠道词语+V+的+O。
强调方式/渠道的"是……的"特指问（2）	NP+是+怎么+V+的+O？

（5）A：你是怎么挂的号？

　　　B：我是通过微信挂的号。

（6）A：春节是旺季，回家的高铁票很难买，你是怎么买的票？

　　　B：我是提前两个星期在网上买的票。

7.4.4　强调施事的"是……的"句

强调施事的"是……的"句在"是"之后加上表示施事的名词性成分，其特指问是用疑问代词"谁"来提问。

强调施事的"是……的"句（1）	NP$_{1受事}$+是+NP$_{2施事}$+VP+的。
强调施事的"是……的"特指问（1）	NP$_{受事}$+是+谁+VP+的？

（1）A：红烧肉是谁做的？

　　　B：红烧肉是我妈妈做的。

（2）A：墙是谁刷的？

　　　B：墙是我们自己刷的。

（3）A：房间是谁打扫的？

　　　B：房间是小时工打扫的。

强调施事的"是……的"句的变换句式

强调施事的"是……的"句（2）	是+$NP_{1施事}$+VP+的+$NP_{2受事}$。
强调施事的"是……的"特指问（2）	是+谁+VP+的+$NP_{受事}$？

$NP_{1受事}$+是+$NP_{2施事}$+VP+的。⇔是+$NP_{1施事}$+VP+的+$NP_{2受事}$。

红烧肉是我妈妈做的。⇔是我妈妈做的红烧肉。

墙是我们自己刷的。⇔是我们自己刷的墙。

房间是小时工打扫的。⇔是小时工打扫的房间。

$NP_{受事}$+是+谁+VP+的？⇔是+谁+VP+的+$NP_{受事}$？

红烧肉是谁做的？⇔是谁做的红烧肉？

墙是谁刷的？⇔是谁刷的墙？

房间是谁打扫的？⇔是谁打扫的房间？

7.4.5 不同"是……的"强调句之间的变换

"是……的"强调句中的"是"是一个强调标记，被它强调的语义成分紧跟在它后面。有的"是……的"强调句有"施事""时间""地点"等多个语义成分，因此可以通过移动不同的语义成分的位置，改变句子所强调的成分，这就实现了不同的"是……的"强调句之间的变换。句子所强调的成分不同，语义就有一定的差异。例如：

（1）他的手术是王主任去年在华西医院给他做的。（强调施事）

（2）他的手术是去年王主任在华西医院给他做的。（强调时间）

（3）他的手术是在华西医院去年王主任给他做的。（强调地点）

需要说明的是，上面介绍的"是……的"句如果是肯定句的话，其中的"是"都可以删去不用，而不用"是"就没有强调的表义功能了；但否定的"不是……的"强调句中的"是"不能删去。如"他不是昨天到的，他是前天到的"可以说成"他不是昨天到的，他前天到的"。

现代汉语语法教程（第二版）

思考与练习（27）

一、请用"是……的"强调句回答下列问题。

    1. 你是什么时候来中国的？

    2. 你是什么时候开始学汉语的？

    3. 你们俩是怎么认识的？

    4. 你今早是怎么来学校的？

    5. 你怎么买的票？

    6. 你是在哪儿读高中的？

    7. 你昨天是在哪儿看病的？

    8. 饭是谁做的？

    9. 碗是谁洗的？

二、请按照以下句式要求，每个句式造三个句子。

    1. NP+是+时间词语+VP+的。

    2. NP+是+地点词语+VP+的。

    3. NP+是+方式/渠道词语+VP+的。

    4. $NP_{1受事}$+是+$NP_{2施事}$+VP+的。

三、请把下列句子按照要求进行变换。

    1. 这些留学生是上星期来北京的。

       请把此句变换为这样的句子：NP+是+时间词语+V+的+O。

    2. 我这本书是在韩国买的。

       请把此句变换为这样的句子：NP+是+地点词语+V+的+O。

    3. 我的这本书是在网上买的。

       请把此句变换为这样的句子：NP+是+方式/渠道词语+V+的+O。

    4. 卫生间是我打扫的。

       请把此句变换为这样的句子：是+$NP_{1施事}$+VP+的+$NP_{2受事}$。

四、请在下列"是……的"强调句前面加上一个合适的"是……的"特指问，使两个句子形成两个人的对话。

    1. A：_____

       B：玛丽是在伦敦出生的。

    2. A：_____

       B：大卫是星期天下午到北京的。

3. A：_____

   B：这本书是在网上买的。

4. A：_____

   B：车是我爸洗的。

5. A：_____

   B：电脑是工程师修好的。

7.5　"连"字句

介词"连"常常和副词"都、也"构成一种表示强调的句子，另外还隐含着比较的含义。"连"字句中，"都"配合出现的频率要远高于"也"。

连……都/也……

（1）连孩子都知道这里不能来。（隐含着：大人更应该知道）

（2）这道题连老师都不会做。（隐含着：学生更不会做）

（3）现在连路也看不见了，我怎么敢开车呢?

（4）这种鱼我连见也没见过。（隐含着：更别说吃了）

（5）他连那么难的题都能做出来，可见他的数学水平的确很高。

（6）连老师都不认识这个字，更别说我们了。

（7）他连下象棋都不会，更别说下围棋了。

（8）你怎么连他也认不出来了?

7.5.1　"连……都/也……"句的语义特点

第一，"连……都……"通过对一个语义范畴连续统（continuum）的两端的否定或肯定来强调某种情况。我们可以用以下示意图来表示：

A B C D E F G H I J K

由于A是最低程度的，K是最高程度的，否定A，隐含着K是根本不可能达到的。例如：

（1）连手都没拉一下。（王朔）（隐含着别的事根本不可能做过）

（2）说出来连自己都不信。（王朔）（隐含着别人更不可能信）

现代汉语语法教程（第二版）

由于K是最高程度的，肯定达到K或K附近的程度，隐含着不用说A或A附近的程度自然也是如此。例如：

（3）那时他连坐都坐不稳，要四周堆满枕头才能煞有介事地环顾左右，目力所及之处皆为新鲜有趣、闻所未闻的东西。（王朔）（隐含着站或走等其他动作根本不可能做）

（4）她连我都指使得像个球儿似的团团转。（王朔）（隐含着她指使起别人来更不用说怎么指使了）

第二，根据我们对王朔24部小说中160个"连……都……"句的研究，否定性的"连……都……"占60%。例如：

（5）我从小胆小，走路连蚂蚁都不敢踩。（王朔）

（6）要说你连鸡都没见过，连我也不信。（王朔）

（7）兜了一圈，连十分钟都没有就回去了。（王朔）

7.5.2 "连……都/也……"句的成分特点

第一，连+NP+都/也。

根据我们的调查，在王朔24部小说中的160个"连……都……"句中，"连"和"都"之间为名词性成分的占87.5%（其中68.1%是受事，13.75%是施事）。

（1）我这病怎么连饭都不能吃了？（王朔）

（2）怎么连个媳妇都留不住？（王朔）

"连"后的名词性成分中带有数词"一"的，后面多数是否定的。例如：

（3）教室里连一个人都没有。

（4）我连一分钱都没有。

（5）他连一句英语也不会说。

（6）他们连一分钟也没休息。

第二，连+VP+都/也。

"连……都"之间也可以是动词性成分，根据我们的调查，在王朔24

部小说中的160个"连……都……"句中，"连"和"都"之间的成分动词性的占10%。例如：

（7）那时他连翻身都没有力量。（王朔）

（8）我连想都没想过。（王朔）

"连……都"之间有少数形容词可以进入。王朔24部小说中的160个"连……都……"句中，"连"和"都"中间的成分为形容词性成分的仅有1例，即"连红都不红"。我们可以这么说：

（9）他说那么大的谎话，脸连红都不红一下。

第三，连+复杂形式+都/也。

有少数比较复杂的成分可以进入"连……都"之间，构成"连……都……"句。例如：

（10）你那么有能耐，连我被窝里放个屁你都给数着。（王朔）

"连"主要放在主语后面部分，也有的放在句首。例如：

（11）连客气、寒暄都很慌张。（王朔）

有的句首的"连"所引介的名词性成分是谓语中心语的受事，这样的"连"和它后面的受事可以移到句子的主语后面。例如：

（12）连这么个笨蛋你们都瞒哄不住，干什么吃的！（王朔）
　　→你们连这么个笨蛋都瞒哄不住，干什么吃的！

7.5.3　"连……都/也……"句的句法功能

"连……都/也……"结构充当分句和谓语的占大多数，充当其他句法成分的不多，但都能充当。这一结构可以融入兼语句、"把"字句、"被"字句、连谓句等句式中，还可以构成紧缩复句。例如：

（1）你竟连我十年前的天涯海角随便说的话都知道得一清二楚。（王朔）

（2）没劲还是没劲，但再没劲也不至于连筷子都拿不动。（王朔）

（3）吓得连家都不敢回。（王朔）

（4）这是个连傻瓜都能遵循的逻辑，或者说是个简单的傻瓜式的思路。（王朔）

（5）你到农贸市场买菜连价钱都不好意思问嘛。（王朔）

（6）虽说他是一个加拿大人，但是他把普通话说得连专家都听不出有一点儿外国腔调。

（7）王师傅中国传统建筑的雕花技艺太精湛了，连我们省技术最好的老师傅都让的徒弟来向王师傅学习。

（8）张老师太会培养学生了，连原来最不喜欢学习的那几个学生都被她培养得考上大学了。

7.5.4　"连……都/也……"句的歧义

有的"连……都/也……"句，如果句首的主语和"连"后面的成分是人或动物，有可能造成歧义。例如：

（1）这孩子连他爸爸都不认识了。

（2）这只狗连他的主人都认不出来了。

思考与练习（28）

用"连……都/也……"改造下列句子。

1. 他没有见过他的亲生父亲。

2. 我不会说一句法语。

3. 老师觉得这道题很难。

4. 这个字幼儿园的孩子也认识。

7.6　比较句

7.6.1　比较句及其分类

比较句是出现比较项、表示比较语义的句子。例如：

（1）北京比上海冷。

（2）他高我两厘米。

（3）我弟弟和我一样高。

比较句又可以分为差比句和平比句。差比句是两个或两个以上比较对象在程度和性状等方面有差别的句子。如例（1）和例（2）。又如：

（4）日本学生掌握的汉字比我们多多了。

（5）她写汉字比我写得好。

平比句是两个或两个以上比较对象在程度和性状等方面没有差别或差别很小的句子。如例（3）。又如：

（6）她的衣服的样式和我的一样。

（7）他们跟我们一样喜欢吃北京烤鸭。

7.6.2　差比句

差比句又分为六种，其中最常用的是"比"字句。

7.6.2.1　最典型的差比句——"比"字句

差比句中最常用、最典型的是用"比"字构成的比较句。"比"字句中有很多种句式。

句式1	NP$_1$+比+NP$_2$+形容词

句式1是最简单的"比"字句。"比"是一个介词，它后面的NP$_2$是被比较的人或事物，"比+NP$_2$"是一个介词短语，它后面的形容词表示具体比较某一方面的性状。例如：

（1）哈尔滨比北京冷。

（2）*哈尔滨冷比北京。

（3）美惠子的汉语比苏珊的好。

（4）*美惠子的汉语好比苏珊的。

（5）中国的物价比我们国家的便宜。

（6）南方的天气比北方的潮湿。

（7）唐代的诗人比宋代的诗人多。

句式2	NP$_1$+比+NP$_2$+V+得+形容词

句式2中有动词性词语，"V+得+形容词"是比较的具体内容。例如：

（1）他比我唱得好。

（2）*他唱得好比我。

（3）我女儿比我长得白。

（4）*我女儿长得白比我。

句式3	NP_1+V+得+比+NP_2+形容词

句式2与句式3有变换关系，即：句式2⇔句式3。

（1）他唱得比我好。

（2）我女儿长得比我白。

句式4	NP_1+比+NP_2+V+的+NP_3+形容词
句式5	NP_1+比+NP_2+V+的+形容词

句式4中NP_1和NP_2是"箱子、车、碗、锅、书架"等容器类成分，V是"装、盛、收"之类的动词，NP_3是可以进入前面的容器类的东西，有时也可以是人。句式4和句式5是有联系的句式，它们之间有时有变换关系。要注意的是，不是每一个句式4的句子都可以变换为句式5，能否变换与动词和名词有关系。有的句式4的句子只有在一定的语境下才能变换为句式5。例如：

（1）这个书架比那个书架装的书多。

（2）这个书架比那个书架装的多。

（3）这个碗比那个碗盛的东西多。

（4）这个碗比那个碗盛的多。

（5）这个箱子比你的箱子装的东西多。

（6）这个箱子比你的箱子装的多。

（7）这辆汽车比那辆坐的人多。

（8）这辆汽车比那辆坐的多。（在一定语境下）

名词性成分如果是有生命的成分，要进入句式4和句式5，动词和动词性成分要受到很大的限制，只有少数高频动宾型动词或高频动宾组合能够进入这两种句式，如"唱歌、吃饭""说汉语/英语……"等，而且进入句式5有时还需要一定语境。

$NP_{1有生命}+比+NP_{2有生命}+V+的+NP_3+形容词$

$→NP_{1有生命}+比+NP_{2有生命}+V+得+形容词$

（9）小谷比我唱的歌好。　　（10）小谷比我唱得好。

（11）老张比小王吃的饭少。　（12）老张比小王吃得少。

（13）小李比我写的字好。　　（14）小李比我写得好。

（15）我比我丈夫挣的钱少。　（16）我比我丈夫挣得少。

句式5中的句子出现频率要高于句式4的，换言之，人们使用句式5多于使用句式4。

句式6	$NP_1+V+的+NP_2+比+NP_3+形容词$
句式7	$NP_1+V+得/的+比+NP_2+形容词$

如果句式7的主语是能够发出行为动作的有生命的名词性成分时，动词后面的助词要用"得"；而如果句子的主语是没有生命的其他事物时，动词后面的助词用"的"。

（1）小谷唱的歌比我好。

（2）小谷唱得比我好。

（3）小李写的字比我好。

（4）小李写得比我好。（在一定语境下）

（5）朴研贞说的汉语比她流利。

（6）朴研贞说得比她流利。（在一定语境下）

（7）这个书架装的书比那个书架多。

（8）这个书架装的比那个书架多。

（9）这个箱子装的东西比那个多。

（10）这个箱子装的比那个多。

（11）这辆汽车坐的人比那辆多。

（12）这辆汽车坐的比那辆多。（在一定语境下）

句式6中"的"后面的名词可以省略，这样就形成了句式7，换句话说，句式7是由句式6变换来的，即句式6⇔句式7。如例（2）是由例（1）变换来的。

很显然，句式6、句式7与句式4、句式5之间也有变换关系：

句式4 ⇔ 句式5 ⇔ 句式6 ⇔ 句式7

这辆汽车比那辆坐的人多。（句式4）

⇔这辆汽车比那辆坐的多。（句式5）

⇔这辆汽车坐的人比那辆多。（句式6）

⇔这辆汽车坐的比那辆多。（句式7）

| 句式8 | A比B+形容词+得多/多了/一些/一点儿 |

在比较时加上表示程度的语义就形成了句式8。例如：

（1）李明比我高得多。

（2）他比你瘦多了。

（3）北京比武汉冷多了。

（4）他的汉语比我好一些。

（5）北京比天津冷一点儿。

句式8中的比较项A和B可以是名词性的，也可以是谓词性的，即可以是一个行为动作，或者是某人的行为动作。例如：

（6）他下象棋比我好多了。

（7）吃粤菜比吃川菜贵得多。

（8）走这条路比走那条路近一些。

（9）住校内比住校外方便得多。

（10）他游泳比我快多了。

这种"比"字句形容词后面可以加"多、远、少、不少"等表示程度，但不能加程度副词。例如：

（11）昆明的气候比北京好得多。

（12）我掌握的汉字比他少多了。

（13）我的汉语比他的差远了。

（14）这篇文章比那篇文章长得多。

（15）这个包装的东西比那个包多不少。

（16）他唱的歌比我唱的好不了多少。

（17）我的武功比我师傅差远了。

（18）*上海比杭州大得很。

（19）*南京比天津热极了。

例（18）要改为"上海比杭州大多了"，例（19）要改为"南京比天津热多了"。

| 句式9 | A比B+形容词+数量词语 |

如果要在比较时说出二者差别的具体数量就用句式9。这种句式是在形容词后面加上表示具体数量的数量词语。例如：

（1）我弟弟比我矮5厘米。

（2）这双鞋比那双鞋贵50块。

（3）我比他大3岁。

（4）走这条路比走那条路近5千米。

（5）这件衣服比那件衣服短1厘米。

（6）他工作比我早一年，我结婚比他晚两年。

| 句式10 | A比B+形容词状语+VP |

"早、晚、迟"等少数表示时间的形容词可以放在含有动词的"比"字句的动词前面做状语，构成句式10。例如：

（1）他比我早来。

（2）我弟弟比我晚工作。

（3）我比我丈夫早下班。

（4）我比他早结婚。

（5）小张比我迟离开公司。

句式10可以变换为句式2、句式3。如例（1）可以变换为例（6）、例（7），例（2）可以变换为例（8）、例（9）：

（6）他比我来得早。（句式2）

（7）他来得比我早。（句式3）

（8）我弟弟比我工作得晚。（句式2）

现代汉语语法教程（第二版）

（9）我弟弟工作得比我晚。（句式3）

但例（8）、例（9）是有歧义的，一种意义是表示晚参加工作，另一种意义是某一天结束工作的时间晚。

需要注意的是，句式2、句式3中有不少句子不能变换为句式10。例如：

（10）豹子比老虎跑得快。（句式2）

（11）豹子跑得比老虎快。（句式3）

（12）*豹子比老虎快跑。（句式10）

| 句式11 | A比B+形容词$_{状语}$+VP+数量词语 |

句式10末尾加上表示比较的具体数量的词语就变为句式11。例如：

（1）他比我早工作两年。

（2）我比我丈夫晚到家半小时。

（3）我比我妹妹早结婚一年。

（4）她比我早生孩子一年。

| 句式12 | A比B+形容词+数量词语+VP |

（1）他比我早两年工作。

（2）我比我丈夫晚半小时到家。

（3）我比我妹妹早一年结婚。

（4）她比我早一年生孩子。

句式11与句式12有变换关系，即句式11⇔句式12。

同动词"比"字句

有的"比"字句中出现了两个完全相同或部分相同的动词，这样的比较句出现频率非常高。例如：

（1）他说汉语比我说得流利。

（2）我弟弟看电影比我看得多。

（3）南方下雨下得比北方多得多。

（4）你吃饭吃得比我快。

（5）你游泳比我游得好多了。

（6）日本人吃鱼比其他国家的人吃得多。

（7）他说话比我说得快，我写字比他写得快。

7.6.2.2 "没（有）"差比句

由副词"没"或"没有"构成的比较句是差比句中的又一种类型。其基本句式是：

句式13	A+没（有）+B+形容词

（1）我吃的没有你多。

（2）夏天天津没有北京热。

"没（有）"差比句中的比较项有的可以是动词性的。例如：

（3）她开车没你快。

（4）她做饭没有你好。

"没（有）"差比句中主要的动词可以重复出现，构成同动比较句。

（5）她唱歌唱得没你好，但她跳舞跳得比你好。

（6）他开车没有你开得快。

（7）我说汉语没有我弟弟说得流利。

（8）我没有我弟弟说汉语说得那么流利。

7.6.2.3 "不如"差比句

"不如"差比句是表示"甲比不上乙"的意思。其基本句式是：

句式14	A+不如+B

（1）现在的环境不如以前了。

（2）我爸爸的身体不如前几年了。

（3）我的英语不如他。

有的比较项也可能是动词性的。例如：

（4）在我爸爸看来，学艺术不如学医。

"不如"前面可以加上"远、远远、大大"等词语做状语。例如：

（5）这些年学新闻的大学生找工作远不如学中文的。

（6）现在市场上卖的肉远不如我们小时候吃的肉好吃。

（7）爸爸的身体大大不如前几年了，毕竟是八十多岁的人了。

| 句式15 | A+不如+B+谓词性成分 |

比较项有的是名词性的。例如：

（1）北方的蔬菜不如南方多。

（2）在有的山区，火车的速度不如汽车快。

有的比较项是动词性的。例如：

（3）在有的山区，坐火车不如坐汽车快。

（4）她唱歌不如你好，但她跳舞比你跳得好。

（5）在他们那里，学文科不如学理科受欢迎。

（6）我做事不如你做事细致。

（7）她开车不如你开车稳。

这类句式后面的谓词性词语前面可以加上"这么、那么"。例如：

（8）你修电脑不如我修汽车这么挣钱。

（9）我做菜不如你做菜那么好吃。

7.6.2.4 　"和……不一样"差比句

| 句式16 | A+和+B+不一样 |

介词"和"可以替换为"与、跟、同"。例如：

（1）你好好看一看，你的和我的不一样。

（2）你们家的客厅和我们家的不一样。

（3）你哥哥的性格跟你的不一样，你比较开朗，他比较内向。

| 句式17 | A+和+B+不一样+形容词 |

（1）你们家的客厅和我们家的不一样大。

（2）这本书和那本书不一样厚。

（3）我们说汉语和你说得不一样流利。

（4）我的这件衣服和你的那件衣服不一样长，我的这件长一点儿。

有的由"不一样"构成的差比句没有出现比较的A和B两项，但句首的词语中实际包含了两项。这样就形成了以下句式：

句式18 NP+不一样

（1）你们俩说的不一样。

（2）这两件衣服不一样，有一件稍微长一点儿。

（3）北京人、上海人不一样，北京人比较喜欢谈政治，上海人喜欢谈经济。

句式19 NP+不一样+形容词

（1）这两件衣服不一样长。

（2）这两套房子不一样大，那套要大一点儿。

（3）他们俩不一样大，个子高的那个大半岁。

7.6.2.5 "于"字差比句

句式20 NP₁+形容词+于+NP₂

比较句中的"于"字句是古汉语中就有的一种句式，唐代诗人杜牧的诗歌名句"停车坐爱枫林晚，霜叶红于二月花"用的就是这种句式。这种句式在现代汉语中仍然保留着，它是一种用于书面语的比较句。

一般能进入这种句子的形容词是单音节的，少数双音节的形容词也可以构成这样的句子。例如：

（1）今年的农业收成好于往年。

（2）5大于4。

（3）他们的收入高于一般人。

（4）今年夏天北京的平均气温低于去年的。

（5）他们制造的这种武器远远先进于当时很多国家。

7.6.2.6 不出现比较标记的差比句

差比句中有一种不出现比较标记"比、没（有）、不如、不一样、于"的比较句。其句式为：

> 句式21 │ NP₁+形容词+NP₂+数量词语

能够进入这种句式的形容词不多，常见的有"高、矮、轻、重、大、小"。例如：

（1）她爸爸大她妈妈10岁。

（2）我矮他3厘米。

（3）我弟弟高我一个头呢。

（4）我得减肥了，我重他10斤呢。

（5）我根本不瘦，我只轻你3斤。

7.6.3 平比句

7.6.3.1 最典型的平比句——"和……一样"平比句

表示两者相同或相似的最典型的平比句是"和……一样"构成的句式。与"和"功能相同的词还有"与、跟、同"，这些词是用来引进比较的对象的，使用频率最高的是"和"。具体来说有以下这些句式：

> 句式22 │ NP₁+和+NP₂+一样

句式22是这类句式的基本句式，其中的"一样"是做谓语的。例如：

（1）我的帽子和你的一样。

（2）这里的气候和我们家乡一样。

"一样""和"前面可以加入"完全、几乎、差不多"以及时间词语等。例如：

（3）你的大衣跟我的完全一样。

（4）我脾气以前跟你一样。

句式23	NP₁+和+NP₂+一样+谓词性词语

"一样"后面加入谓词性词语，就形成句式23。"一样"前面也可以加入"完全、几乎、差不多"等词语做修饰语，"和"前面也可以加时间词语等。例如：

（1）我和他差不多一样高。

（2）她的脾气以前和这老太婆差不多一样怪。

有时"和……一样"后面的谓词性成分是陈述怎么样一样的具体内容的。例如：

（3）我和她一样，是到中国来才开始学汉语的。

（4）电脑和电视一样，对人们生活的影响越来越大。

句式24	NP₁+V+得+和+NP₂+一样
句式25	NP₁+V+得+和+NP₂+一样+形容词

（1）他长得和他爸爸一样。

（2）这件毛衣打得和那件完全一样。

（3）他游得跟我一样快。

（4）我跑得和他差不多一样快。

句式26	NP₁+VP+和+NP₂+V+得+一样
句式27	NP₁+VP+和+NP₂+V+得+一样+形容词

这两种句式中的动词有的完全相同，有的部分相同，是同动比较句。

（1）她写字和你写得一样。

（2）他弹钢琴和那个音乐家弹得一样好。

（3）他拉小提琴和那个音乐家拉得一样好听。

（4）他弟弟游泳和你游得一样快。

（5）刘汉武用汉语写文章和中国人写得一样好。

句式28	NP₁+VP+V+得+和+NP₂+一样
句式29	NP₁+VP+V+得+和+NP₂+一样+形容词

句式26可以变换为句式28。例如：

（1）她写字写得和你一样。

句式27可以变换为句式29。例如：

（2）他弹钢琴弹得和那个音乐家一样好。

（3）他拉小提琴拉得和那个音乐家一样好听。

（4）他弟弟游泳游得和你一样快。

（5）刘汉武用汉语写文章写得和中国人一样好。

"差不多"有时可以替换有的"和……一样"句式中的"一样"。例如：

（6）她的年纪跟你差不多。

（7）我的工资和你的差不多。

（8）你别看我儿子小，他吃饭跟我吃得差不多。

（9）他弹钢琴和那个音乐家弹得差不多。

有的句子中的"一样"不能用"差不多"替换，但是可以把"差不多"加在"一样"之前修饰它，这样降低了两者的相似程度。例如：

（10）他读书读得跟你这个大学生一样多。

（11）他读书读得跟你这个大学生差不多一样多。

7.6.3.2　"一样"平比句

句式30	NP+一样

句式30中不用"和"等介词，句首的名词性成分是包括两个或两个以上主体的名词短语。例如：

（1）他们兄弟俩的想法几乎一样。

（2）这些房间的构造完全一样。

（3）这两种菜的味道差不多一样。

要注意的是"一样"后面不能直接跟名词，中间要加"的"才行。例如：

（4）*这两个句子一样意思。　（5）这两个句子一样的意思。

（6）*他们的衣服一样样式。　（7）他们的衣服一样的样式。

| 句式31 | NP+一样+谓词性成分 |

句式31"一样"后面的谓词性成分是陈述怎么样一样的具体内容的，它可以是一个短语，也可以是比较复杂的分句。例如：

（1）我们俩一样不喜欢吃太油腻的东西。

（2）她们姊妹俩一样，以前没有学过汉语，来中国以后才学汉语的。

（3）我们两个学校一样都离市区比较远。

（4）我们几个都一样，喜欢吃中餐，不喜欢吃麦当劳。

| 句式32 | NP+V+得+一样 |
| 句式33 | NP+V+得+一样+形容词 |

句式32和句式33句首是包括两个或两个以上主体的名词性成分。例如：

（1）他们俩掌握得一样。

（2）他们俩掌握得一样好。

（3）我们两个学校学得一样。

（4）我们两个学校学得一样多。

（5）她们姐妹俩长得一样。

（6）她们姐妹俩长得一样漂亮。

（7）这两件衣服做得一样。

（8）这两件衣服做得一样合身。

| 句式34 | NP+VP+V+得+一样 |
| 句式35 | NP+VP+V+得+一样+形容词 |

句式34中的动词有的是一样的，也是所谓"同动比较句"，其中的VP是动宾短语。另外，其中的"得"有的时候可以换成"的"。例如：

（1）那一对双胞胎穿衣服穿得一样。

（2）我们两个学校学英语学得一样。

能构成句式34的只有少数动宾短语，更多的动宾短语构成这样的比较句时，"一样"后面要加形容词，用它来具体说明"一样"的内容，即句式35。例如：

（3）他们兄弟几个学英语学得几乎一样好。

（4）我们这些孩子说普通话说得一样好。

（5）他们几个孩子看书看得差不多一样多。

（6）校内这几个水果摊卖水果卖得一样贵。

7.6.3.3　"有"字平比句

句式36	NP₁+有+NP₂+（这么）+形容词

"有"字平比句表示的是两者相同的语义。其中的代词"这么"可以不出现，也可以换用"那么、这样、那样"。例如：

（1）我们上大学时栽的树已经有你这么高了。

（2）那个乌龟有磨盘那么大。

（3）我上星期天在这条小溪钓到的鱼有手掌那么长。

（4）我女儿快有我高了。

这种句式"有"后面的名词性词语可以不说，而说成"有+这么+形容词"，在说"这么"等时常常伴随着手势。例如：

（5）没想到她儿子已经有那么高了。

思考与练习（29）

一、比较句可以分为哪两大类？

二、最典型的差比句是用哪个词构成的？

三、修改下列病句。

　1. 这两本书一样内容。

　2. 那两件衣服一样颜色。

3. 这幅画比那幅画不好。

4. 北京春天的风比其他季节非常大。

5. 骑摩托快比骑自行车多了。

6. 我的这本书不如你的那本书一样好。

7. 我们学校的校园比他们的很大多了。

四、把下列每组词语组合成正确的比较句。（用前面所讲过的句式，以下词序不一定正确，有的还需要自己增加一些词语）

1. 今天的风　　昨天的

2. 拉小提琴　　拉得　　他们俩

3. 你们家的院子　　他们家的　　比

4. 这种药的效果　　那种药的效果　　几乎

5. 他们的礼堂　　一样　　我们的礼堂　　坐的人

6. 这辆车　　不如　　那辆车　　坐的人

7. 这本小说　　差不多　　故事情节　　那本

8. 我喜欢的菜　　他喜欢的菜　　完全

9. 骑自行车　　坐汽车

10. 打羽毛球　　打得　　他　　我

11. 开车　　我儿子　　有　　开得

12. 有　　你　　下象棋　　下得　　他

13. 空气质量　　以前　　现在　　远不如

14. 根本　　这里的水　　我们家乡的

五、请按要求造比较句。

1. 用句式2 "NP$_1$+比+NP$_2$+V+得+形容词"造三个比较句。

2. 用句式3 "NP$_1$+ V+得+比+ NP$_2$+形容词"造三个比较句。

3. 用句式4 "NP$_1$+比+ NP$_2$+V+的+NP$_3$+形容词"造三个比较句。

4. 用句式6 "NP$_1$+V+的+NP$_2$+比+NP$_3$+形容词"造三个比较句。

5. 用句式8 "A比B+形容词+得多/多了/一些/一点儿"造三个比较句。

6. 用句式9 "A比B+形容词+数量词语"造三个比较句。

7. 用句式11 "A比B+形容词$_{状语}$+VP+数量词语"造三个比较句。

8. 用句式13 "A+没（有）+B+形容词"造三个比较句。

现代汉语语法教程（第二版）

9. 用句式21 "NP$_1$+形容词+NP$_2$+数量词语" 造三个比较句。

10. 用句式23 "NP$_1$+和+NP$_2$+一样+谓词性词语" 造三个比较句。

11. 用句式27 "NP$_1$+VP+和+NP$_2$+V+得+一样+形容词" 造两个比较句。

复　句

8.1　复句概说

8.1.1　什么是复句

复句是由两个或两个以上分句构成的句子，复句末尾有终结性的停顿。分句是复句的构成成分，分句与分句之间一般有较短的停顿，书面语中用逗号、分号或冒号表示不同的停顿。

复句中的分句有的是主谓分句，有的是非主谓分句，有的甚至是一个词。例如：

（1）他们去上海，我们去香港。

（2）运动可以锻炼身体，还可以愉悦身心。

（3）姥姥每天早晨都起得很早，然后做早饭，打扫卫生，锻炼，最后买菜回家，准备做中午饭。

8.1.2　复句中的主语

复句中的各个分句，有的出现主语，有的不出现主语。出现主语的，有的主语相同，有的主语不同。不出现主语的，很多是由于主语相同而省略了主语。8.1.1中的例（1）是两个主谓分句构成的复句，两个分句的主语不同；例（2）两个分句中前一个分句出现了主语，后一个分句的主语与前面的分句相同，承前省略了；例（3）第一个分句出现了主语"姥姥"，后面分句的主语都是"姥姥"，所以都省略了，其中有一个分句仅出现了一个动词"锻炼"。

复句中有的由于主语相同，前面的分句主语不出现，主语出现在后面的分句中。这样的情况称为主语蒙后省略。例如：

（1）考虑到他的身体状况最近不太好，领导让他不要上班了。
（2）看到他闷闷不乐的样子，我们也不敢多说话。
（3）展望未来，我们对中国市场的前景充满了信心。

有的复句主语相同，分句都不长，但主语都出现，这是为了强调主语。例如：

（4）时间就是金钱，时间就是生命。

8.1.3　复句中的关联词语

有的复句中有关联词语。所谓关联词语包括连词、副词两种。书面语中的复句关联词语出现得比较多，口语中的复句关联词语出现得比较少。例如：

（1）她不仅饱读诗书，而且琴、棋、书、画样样都会，是公认的才女。
（2）没有饭可以喝粥，没有肉可以吃素，但没有知识就只能绝望。
（3）即便是最博学的人，也有他不懂的东西。

8.2　复句的分类

复句按照分句之间的意义联系，可以分为联合复句和偏正复句两大类。联合复句中的各个分句之间的关系是平等的，偏正复句的分句有主要与次要的区别。偏正复句中的正句是表达主要句意的。例如：

（1）他喜欢看书，也喜欢旅游。
（2）李明浩在北京学了两年汉语，又去上海读研究生。
（3）虽然李明善口语不太好，可是她的阅读能力很强。
（4）你只有学好了英语和汉语，才能得到这份工作。

例（1）和例（2），两个分句没有主次之分，它们之间的关系是平等的，属于联合复句；而例（3）和例（4）后面的分句是句子主要要表达的句意，属于偏正复句。

复句的分类如下：

8.2.1 联合复句

8.2.1.1 并列复句

并列复句中的分句是叙述或描写有关联的几件事情或者是同一件事情的几个方面。分句之间的关系是平列的，或是对举的。有的没有关联词语，有的有关联词语。常用的关联词语有：

平列	单用	又、也（还可以合用）		
	合用	既……又……	又……又……	一方面……另一方面……
对举	合用	不……而……	不是……而是……	是……不是……

表示平列关系的如：

（1）读史可以辨是非，读诗可以养性情。

（2）悲剧将人生的有价值的东西毁灭给人看，喜剧将那无价值的撕破给人看。（鲁迅）

（3）游戏是儿童最正当的行为，玩具是儿童的天使。（鲁迅）

（4）于是——洗手的时候，日子从水盆里过去；吃饭的时候，日子从饭碗里过去；默默时，便从凝然的双眼前过去。（朱自清）

（5）风停了，雨也停了。

（6）他又想多拿钱，又不想干活。

（7）他这个人既有学问又幽默。

（8）我来中国学习一方面可以提高我的汉语听说水平，另一方面可以游览中国的名山大川。

表示对举的并列复句，不同的分句是从肯定和否定两方面的对照来陈述事情或道理的。例如：

（9）我不是批评你，而是要帮助你找出失败的原因。

（10）这是他的错，不是你的错。

8.2.1.2 顺承复句

顺承复句是几个句子按照一定的顺序说出连续的动作或相关的情况。顺承复句有的没有关联词语，有的有关联词语。常用的关联词语有：

单用	就　　便　　然后　　于是		
合用	一……就……	先……然后……	首先……然后……

（1）我们看完电影，就回家了。

（2）老师讲完以后，我们便展开了讨论。

（3）先把料备好，然后把花生油烧至六成热，煸炒泡辣椒待出红油后，撒入辣椒粉，放入肉丝煸炒，菜肴将熟时，把小碗内兑好的汁倒入锅内翻拌均匀，淋入香油，于是一道美味的鱼香肉丝就做好了。

（4）大伙一鼓励，于是我又有了信心，坚持学了下来。

（5）等你爸爸回来，我们就开饭。

（6）你先从基本的动作学起，然后再学难的。

8.2.1.3 选择复句

选择复句可以分为两种：一种是未选定的，说话人说出两种或两种以上的情况，让人从中选择；另一种是选定的，说话人说出两种情况，并且已经选定了其中的一种。常见的关联词语有：

未选定	多选一	还是　　或者 是……还是……　　或者……或者……　　要么……要么……
	二选一	不是……就是……
已选定	选前舍后	宁可……也不……
	舍前选后	与其……不如……

说话人未选定的，例如：

（1）你要那个红色的，还是要那个蓝色的？

（2）你唱一首歌吧，或者跳舞。

（3）你们是吃川菜，还是吃粤菜？

（4）咱们或者坐公交车去，或者坐地铁去，或者坐出租车去。

（5）要么去海南三亚，要么去广西桂林。

（6）你要么到北京学习，要么到上海学习，要么到广州学习，随你的便。

（7）不是鱼死，就是网破。

（8）不是你去，就是小王去。

（9）这事不是你做的，就是你哥哥做的。

已经选定的是说话人在权衡了所存在的两种情况之后，选定了其中的一种。"宁可……也不……"是选定了前面分句说的情况，舍弃后面分句说的情况。例如：

（10）宁可与敌人明打，不欲受同人暗算。（鲁迅）

（11）宁可多出钱买质量好的，也不买便宜的质量差的。

"与其……不如……"是说话人舍弃前面分句说的情况，而选择了后面分句说的情况。例如：

（12）与其临渊羡鱼，不如退而结网。这句话本意是说，与其站在河塘边，急切地期盼着、幻想着鱼儿到手，不如回去下功夫结好渔网，这样就不愁得不到鱼。

（13）与其跟着他干，看着他挣大钱，还不如咱们自己干呢。

（14）咱们与其在这儿闲着，还不如找点儿活干干，挣点儿零用钱。

现代汉语语法教程（第二版）

8.2.1.4　递进复句

递进复句后面的分句的意思比前面的在程度上更进一层。分句之间的意思一般由小到大、由浅到深、由易到难，反之也可以。分句之间一般要用关联词语。常用的关联词语有：

一般递进	单用	而且　　并且　　更	
	合用	不但（不仅）……而且（还、也）…… 不但不……反而……	
衬托递进	合用	尚且……何况……　　　别说……连……	

一般递进关系的复句如：

（1）这儿的水果品种多，而且还非常便宜。

（2）代偿制度不仅解决了贫困地区缺乏高素质教师的问题，而且解决了贫困家庭学生就业、还款难的问题，同时为银行化解了风险。

（3）各个阶段的糖尿病人都要充分重视对自身胰岛功能的保护，而且是越早越好。

（4）什么美白产品没有副作用并且效果好？

（5）在千钧一发之际，走在最后的次仁多吉迅速将冰镐插进冰里，并且用强健的身躯死死顶住，他用机智和勇敢保护了友人的生命。

（6）日本的公共厕所随处可见，都十分清洁卫生并且有残疾人专用设施。

（7）他不但会写汉字，而且会画中国画。

（8）有的动物不但有记忆而且有幻想。

（9）普洱茶不仅具有独特的陈香气，滋味醇厚，而且具有可贵的药效，历来被认为是一种具有保健功效的饮料。

（10）西丛鸦不仅能记住自己藏食物的时间和地点，还能记住自己在藏食物时有没有被看到。

有的递进关系复句比较特殊，前一个分句是否定的，后面的分句是肯定的，通过正反的比较把意思推进一层。例如：

（11）你帮了他很大的忙，他不但不感谢你，反而在背后说你的坏话，真是不应该。

（12）你这样做不仅不能帮助孩子，反而会害了孩子。

衬托递进的复句是一种强调的说法，前面的分句提出一种对比明显的情况作为衬托，后面的分句根据前面的情况对同类的事情得出进一步的结论。例如：

（13）那么简单的现代文尚且看不懂，何况古汉语呢。

（14）这样的问题别说小孩子回答不出来，连大人也不一定回答得出来。

8.2.1.5　解说复句

解说复句分句之间的关系是解释或说明的关系。绝大多数不用关联词语，少数的后面的分句用"即""就是"等词语。有后面的分句解释前面的分句的，例如：

（1）上班族长时间使用鼠标，手腕要进行密集、反复、过度的活动，使贯穿手掌部的经络受到压迫，进而导致食指、中指关节疼痛，拇指肌肉无力等症状，即人们常说的"鼠标手"。

（2）我有一个好伙伴，他的名字叫回忆。他是一个诚挚不变的朋友，不管黎明到黄昏，或是黑夜到白昼，常会为我捕捉往日快乐。（千百惠歌词）

有的是前面的分句总说，后面的分句解释说明，例如：

（3）世上有两种东西最美丽，一种是失去的，另一种是还未曾得到的。

（4）从北师大到故宫有两条路线：一是坐22路公共汽车，到前门下，穿过天安门广场，从天安门城楼下面的门洞到故宫前门；另一条线路是坐810路到故宫后门。

现代汉语语法教程（第二版）

8.2.2　偏正复句

8.2.2.1　转折复句

转折复句正句与偏句意思相反。例如，前面的偏句听着是好话，后面的正句变成不好的话了；或者反过来，前面的偏句听着是不好的话，后面的正句转成好话了。常用的关联词语有：

单用	但是　　只是　　可是　　不过　　却
合用	虽然……但是……　　虽然……可是……　　尽管……但（是）……

（1）她数学成绩很好，可是她英语听说能力还不行。
（2）我好心让她跟我们一起出去玩，却被她拒绝了。
（3）我很喜欢吃北京烤鸭，可是又怕吃多了发胖。
（4）我很想见她，只是不知道见了她说什么好。
（5）他虽然成绩不好，但是应变能力很强。

"尽管"的语气比"虽然"重一些。例如：

（6）这里尽管生活条件不是太好，但学习条件我比较满意。
（7）尽管领导不支持我们，但是我们最终还是成功了。
（8）尽管这件衣服不是什么名牌，但是价格也不便宜。

8.2.2.2　条件复句

条件复句前面的偏句提出条件，后面的正句说出在这样的条件下产生的结果。条件复句分为两种：第一种是有条件的，偏句中往往用连词"只要、只有"等；第二种是无条件的，偏句中用"无论、不论、不管"等连词。关联词语有单用的和合用的。合用的关联词语主要有：

有条件的	只要……就……　　只要……便……
	只有……才……　　除非……才……
无条件的	无论（不论、不管）……都（总、也、还）……

用"只要"的是所谓充足条件句，表示有了所说的条件，就会产生某种结果，但不排除别的条件下也可能产生同样的结果。例如：

（1）只要坚持天天练习，你就能学好汉语。

（2）只要我喜欢，他就会给我买。

（3）只要还有一线希望，我便会做百分之百的努力。

用"只有"的是所谓必要条件句，必要条件是必不可少的，没有这样的条件，就不能产生所说的结果。例如：

（4）语言只有经常说，才不会遗忘。

（5）除非公司出钱，我才考虑去。

无条件的条件复句如：

（6）无论刮风下雨，他都按时上班。

（7）不管困难多大，我都要坚持下去。

有的句子偏句可以在后面。例如：

（8）天天锻炼很难坚持，除非是退休在家或没有事情干的人。

8.2.2.3 假设复句

假设复句是偏句说出一种假设，正句表示假设实现之后产生的结果。常用的关联词语有：[①]

一致	单用	如果　就　便　那么
	合用	如果（假如、倘若）……就（那么、那）……
相悖	单用	也　还
	合用	即使（就算、哪怕、即便）……也（还）……

用表示一致关系的关联词语的复句，假设与结果是一致的，也就是说，假设成立，结果就会出现。例如：

（1）没有钱，就不要买那么贵的了。

（2）如果下雨，我们就不去了。

（3）倘只看书，便变成书橱。（鲁迅）

（4）假使做事要面面顾到，那就什么事都不能做了。（鲁迅）

---

① 有些同义的连词如例（3）中的"倘"和例（4）中的"假使"不太常用，本书按照语法书的惯例，只列出常用关联词语。

现代汉语语法教程（第二版）

（5）如果一只西丛鸦发现自己在藏食物时被另一只西丛鸦看到了，它会再把食物重新藏到另外一个地点。

（6）倘若世界上有后悔药，那么很多悲剧就不会发生了。

用表示相悖的关联词语的复句，偏句和正句的意思是相悖的，假设和结果不一致。偏句是退一步说，大多有一些夸张，假设出现一种极端的情况，把假设当成事实承认下来；正句强调假设实现以后结果也不会改变。例如：

（7）即使所有的钟表都停止了，时光也会照样流动。

（8）这样的东西即便是不要钱白送给我，我也不要。

（9）即使天才，在生下来的时候的第一声啼哭，也和平常的儿童的一样，决不会就是一首好诗。（鲁迅）

8.2.2.4　因果复句

因果复句一般是偏句说出理由，正句说出结果。因果复句分为两种，所用的关联词语不同，常见的有：

说明	单用	由于　　因为　　所以　　因此　　因而				
	合用	因为……所以……　　　由于……所以……				
推论	单用	既然　　就				
	合用	既然……那么……　　　既然……就……				

（1）他经常锻炼身体，所以很少生病。

（2）因为这里气候炎热、雨水多，所以热带植物十分茂盛。

（3）因为这里气候寒冷，野生动物繁衍很困难。

（4）这里山高、路滑、坡陡，所以必须限制车速。

"由于"常常单用，也可以与"因此、因而、所以"合用。例如：

（5）由于没有蔬菜，许多人的嘴角都烂了。

（6）由于运动降压易付诸实施且见效快，因此，专家们建议凡有正常生活能力的高血压患者都应该积极参加运动。

有的句子正句在前，偏句在后。例如：

（7）云南泸沽湖近些年吸引了大量的游客，因为它被声称是世界上最后一个母系社会。

用"既然"的是推论关系的因果复句，偏句提出理由或根据，正句推出结论。例如：

（8）既然这种产品很多人都需要，我们就一定能打开销路。

（9）既然他那么有钱，为什么还捡垃圾？

（10）你们既然找到了房子，就尽快结婚吧。

8.2.2.5 目的复句

目的复句的偏句表示行为，正句表示这种行为的目的。目的复句分为两种，一种正句说的是要达到什么目的，另一种正句说的是要避免什么。常见的关联词语有：

达到目的	以	以便	用以	
避免什么	以免	以防	免得	省得

（1）科技部决定组织实施12项重大科技专项，以提高我国重点科技产业核心竞争力。

（2）微软开始将一些美国本土的工作向印度转移，以便降低技术支持和开发成本。

（3）英国试验存储夏天热量，用以融化冬天道路冰雪。

（4）洗衣机、空调等大的家用电器一定要接地，以免漏电发生危险。

（5）不要在网吧、电脑室等公共场所使用网上银行，以防账号被盗。

（6）多练太极拳，免得病来缠。

（7）冬季常开窗，省得开处方。

（8）我还是自己学一学使用电脑吧，省得总是麻烦别人。

8.3 多重复句

以上举出的复句绝大多数是简单复句，它们都是在一个层面上组合起来的。在人们实际使用的语言中，有些复句包含着多个分句，它们是在两个或两个以上的层面上组合起来的，这种在两个或两个以上层面上组合起来的复句就是多重复句。例如：

（1）一般的茶叶由于带有咖啡因成分（a），喝过后可能会影响睡眠（b），而普洱茶茶叶中的咖啡碱和黄烷醇类化合物可以增加消化道的蠕动（c），饮用后不仅有助于入睡（d），而且能提高睡眠质量（e）。

（2）中国的经济在发生变化，妇女有时找工作更容易，因为服务业发展得很快，而这个行业更需要女性。

（3）惟有民魂是值得宝贵的，惟有他发扬起来，中国才有真进步。（鲁迅）

（4）其实地上本没有路，走的人多了，也便成了路。（鲁迅）

（5）做一件事，无论大小，倘无恒心，是很不好的。（鲁迅）

（6）牡丹江是著名的雪城，不仅仅因为有它的雪堡，还因为牡丹江所辖的双峰林场是中国著名的雪乡。

（7）理想不抛弃苦心追求的人，只要不停止追求，你们就会沐浴在理想的光辉之中。（巴金）

（8）赚钱之道很多，但是找不到赚钱的种子，便成不了事业。

（9）人之所以有一张嘴，而有两只耳朵，原因是听的要比说的多一倍。

（10）伟人之所以伟大，是因为他与别人共处逆境时，别人失去了信心，他却下决心实现自己的目标。

（11）蜜蜂整日忙碌，受到赞扬；蚊子不停奔波，人见人打。

（12）如果你希望成功，以恒心为良友，以经验为参谋，以小心为兄弟，以希望为哨兵。

（13）时间就像海绵里的水，只要愿挤，总还是有的。（鲁迅）

（14）生命是以时间为单位的，浪费别人的时间等于谋财害命，浪费自己的时间等于慢性自杀。

（15）社会上崇敬名人，于是以为名人的话就是名言，却忘记了他之所以得名是那一种学问或事业。（鲁迅）

8.4　紧缩复句

紧缩复句是一般复句紧缩的结果。"紧缩"一是句子紧凑，把原来句内的停顿取消了；二是有的紧缩复句关联词语缩减了。例如：

（1）只有你去，我才去。→（2）你去我才去。

（3）如果你喜欢，就拿去吧。→（4）你喜欢就拿去吧。

紧缩复句短小紧凑，是口语中比较常见的复句。紧缩复句看起来像一个一般的单句，但是它的组成成分之间具有复句的一些关系，大多数紧缩复句有一定的形式标志——关联词语。有的关联词语成对地出现，有的仅出现一个副词，有的一个关联词语也不出现，有的有一定的格式。

8.4.1　成对的关联词语构成的紧缩复句

8.4.1.1　"不……不……"
"不……不……"表示假设关系，意思相当于"如果不……就不……"。例如：

（1）咱们不见不散。

（2）不打不相识。

（3）我每天不运动一下不舒服。

8.4.1.2　"非……不可"
"非……不可"表示条件关系。例如：

（1）他非来送你不可。

（2）这样非出事不可。

8.4.1.3　"不……也……"
"不……也……"表示假设关系。例如：

（1）你不去也好。

（2）你不说我也明白。

（3）你不要钱我也要给。

8.4.1.4 "一……就……"

"一……就……"表示条件关系。例如：

（1）我一说你们就明白了。

（2）他一回来就睡觉了。

（3）天一亮就出发。

8.4.1.5 "再……也……"

"再……也……"表示假设关系，相当于"即使……也……"。
例如：

（1）困难再大也要坚持下去。

（2）药再苦也要喝下去。

8.4.2 单个关联词语构成的紧缩复句

8.4.2.1 "才"

"才"可以构成条件关系的紧缩复句。例如：

（1）多说、多练才能学好汉语。

（2）你买我才买。

（3）吃饱了才能干活。

8.4.2.2 "都"

"都"可以构成条件关系的紧缩复句。由"都"构成的紧缩复句相当
于"无论……都……"这样的无条件关系的复句。例如：

（1）你什么时候都可以来看我。

（2）想吃什么都买得到。

（3）说什么他都不相信。

8.4.2.3 "又"

有的副词可以构成多种关系的紧缩复句。"又"就可以构成多种关系

的紧缩复句。例如：

（1）她看了又看。（并列关系）

（2）我想走又不敢走。（转折关系）

（3）你走了他又能怎么样？（假设关系）

8.4.2.4 "也"

"也"可以构成假设、条件和转折等关系的紧缩复句。例如：

（1）你不说我也想得到是谁干的。（假设关系）

（2）他没学过也做得不错。（转折关系）

（3）照着画我也会。（条件或假设关系）

8.4.3 没有关联词语的紧缩复句

有的紧缩复句没有任何关联词语。例如：

（1）面善心不善。（转折关系）

（2）眼高手低。（转折关系）

思考与练习（30）

一、联合复句有哪些种类？偏正复句有哪些种类？

二、什么是多重复句？

三、在下面句子的括号中填入适当的关联词语。

1. 生活中若没有朋友，（　　　）像生活中没有阳光一样。

2. 生活若剥去理想、梦想、幻想，（　　　）生命便只是一堆空架子。

3. 你的选择是做或不做，（　　　）不做就永远不会有机会。

4. 人生重要的不是所站的位置，（　　　）所朝的方向。

5. 人只要不失去方向，（　　　）不会失去自己。

6. 人总是珍惜未得到的，（　　　）遗忘了所拥有的。

7. 如果你曾歌颂黎明，（　　　）也请你拥抱黑夜。

8. 上帝从不埋怨人们的愚昧，人们（　　　）埋怨上帝的不公平。

9. 世界上最倒霉的事不是你忘了带准考证，（　　　）当你满怀信心昂首阔步抵达考场，你却发现你迟到了三天。

10. 如果苦难对一个人来说是个过程，（　　）经历就是一笔财富；如果苦难是最终的结果，（　　）其经历无异于一场场灾难。

11. 信念值多少钱？信念是不值钱的，它有时甚至是一个善意的欺骗。（　　），你一旦坚持下去，它就会迅速升值。

12. 做不了大江大河，就做一条小小的溪流吧；做不了参天大树，（　　）做一株小小的野草吧；做不了顶天立地的英雄，就做一个平凡的百姓吧。只要不停地奔流、生长、努力，也一样走过山高水远，（　　）一样走遍天涯，（　　）一样活得光明磊落。

四、请完成下列句子。

1. 尽管你很聪明，但如果你不_____。

2. 不论你多么有钱，_____。

3. 既然你已经决定了，_____。

4. 假如天空中没有太阳，_____。

5. 只要你按照老师要求的去学习，_____。

6. 无论你走到哪儿，_____。

7. 读书不仅使人增长知识，_____。

8. 打雷时不要站在树下，以免_____。

9. 他既喜欢游泳，又_____。

10. 这家饭店不仅_____。

11. 与其买这种颜色的，_____。

12. 虽然他年纪还小，_____。

13. 明天即使下雪，_____。

14. 我们或者去吃饺子，_____。

15. 只有这个时候去，才_____。

16. 尽管你不爱听我唠叨，_____。

17. 除非他同意我带一个助手去，_____。

18. 除非让我坐飞机去，_____。

部分参考答案

思考与练习（1）

一、语法是语言基本单位的结构规则。

二、学习语法主要有以下三个目的：第一，帮助我们进一步了解汉语组词造句的规律，更快地掌握汉语，进一步提高汉语水平；第二，使我们能提高辨别正确的汉语和错误的汉语的能力；第三，为我们给其他人讲解汉语语法，甚至是研究语法打下基础。

三、语法有语素、词、短语和句子四级单位。

四、成词语素是该语素本身就是一个词的语素。不成词语素是本身不是词，只是一个构词成分的语素。

五、句子与词和短语的区别不在长短或词的多少，最短的句子可以由一个音节的词构成。词有的比个别句子长、包含的音节多，短语也可能比有的句子长、包含的词多。句子是能够表达一定意义，能单独运用，具有一定语气语调，末尾具有一个较大停顿的语法单位，是最高一级的语法单位。句子去掉语气语调以后就成了短语或词。词是能够独立运用的最小的语言单位，是比语素高一级的语法单位。短语是两个或两个以上的词按照一定的方式组成的语言单位，是比词高一级的语法单位。

六、
  1. <u>这</u> <u>是</u> <u>我们</u> <u>新 来 的</u> <u>经理</u>。
  2. <u>孔子</u> <u>是</u> <u>中国</u> <u>古代 一 位 伟大 的</u> <u>思想家</u> 和 <u>大 教育家</u>。
  3. <u>中华民族</u> <u>是</u> <u>一 个 古老 的</u> <u>民族</u>，<u>具有</u> <u>四千 年 文字 可 考 的</u> <u>历史</u>。<u>我们</u> <u>勤劳、勇敢 而 智慧 的</u> <u>祖先</u>，<u>在</u> <u>漫长 的 历史 发展 过程 中</u>，<u>创造</u> <u>了</u> <u>灿烂 的 古代 文化</u>，<u>为</u> <u>丰富 人类 的 科学、文化 宝库</u>，<u>做</u> <u>出</u> <u>了</u> <u>很 大 贡献</u>。
  4. <u>艺术</u> <u>应该</u> <u>对 社会 改革、人类 进步 有 所 帮助</u>，<u>要</u> <u>使</u> <u>人们 变 得 善 一些、好 一些</u>，<u>使</u> <u>社会 向 光明 前进</u>，<u>我</u> <u>就</u> <u>是</u> <u>为 这 个 目的 才 写作 的</u>。

七、
  1. 具：具体、具有、文具……
  2. 规：规定、规范、规格……
  3. 思：思考、思想、文思……
  4. 旅：旅客、旅行、军旅……
  5. 体：体现、体会、文体……
  6. 古：古代、古老、远古……
  7. 敌：敌人、敌对、仇敌……
  8. 必：必须、必定、势必……

思考与练习（2）

一、汉语表示语法关系和语法意义不依赖严格意义的形态变化，而是借助于语序、虚词等其他语法手段。

二、汉语的词类和句子成分之间不存在简单的对应关系，而是一对多的关系，一种词类的词常常可以充当多种句子成分。

三、他在唱歌。他喜欢唱歌。唱歌可以使人快乐。

四、汉语的"是"用在表示过去、现在、将来的句子中读音没有发生变化，这说明汉语缺乏印欧语系语言普遍存在的语法形态变化。

思考与练习（3）

一、给词分类的主要目的是方便讲解词的用法，方便说明短语或句子的特点。

二、汉语划分词类主要是依据词的语法功能。所谓语法功能就是词与词的组合能力以及词在句子中主要充当什么样的成分。因为汉语缺乏形态变化，大多数词从词的外部形态看不出它的词类。

三、介词、连词、助词、语气词是虚词。

四、说汉语充当主语和宾语的词是名词不对，因为动词、形容词也可以充当主语和宾语。

五、一个语音相同，书写形式也相同，分别具有两类或三类不同词类的语法特征，且意义上又有密切联系的词，是兼类词。

六、汉语缺乏形态变化，各类词做句子成分时没有词形变化，词类和句法功能不是一一对应的，所以词的兼类情况比较普遍。

七、语音相同而意义上没有联系的词叫同音词。

八、一个词属于A类，但有时为了满足某种表达的特殊需要，临时被用作B类词，这就是词类的活用。

思考与练习（4）

一、主谓、述宾、中补、偏正（定中、状中）、复指、联合。

二、名词性短语、动词性短语、形容词性短语。

三、

1. 述宾　　　　　2. 状中/偏正　　　　3. 中补

4. 中补　　　　　5. 述宾　　　　　　6. 主谓

7. 联合　　　　　8. 复指　　　　　　9. 复指

10. 状中/偏正　　11. 述宾　　　　　12. 中补

13. 主谓　　　　14. 定中/偏正　　　15. 主谓

四、

1. 干净衣服（定中/偏正）　　　2. 买书（述宾）

3. 开药（述宾）　　　　　　　4. 听仔细/听得仔细（中补）

5. 大教室（定中/偏正）　　　　6. 种的菜（定中/偏正）

7. 卖的书（定中/偏正）　　　　8. 走得快（中补）

五、

1. 动词性短语　　2. 动词性短语　　3. 名词性短语

4. 名词性短语　　5. 形容词性短语　6. 形容词性短语

7. 动词性短语　　8. 名词性短语　　9. 形容词性短语

10. 形容词性短语　11. 名词性短语　12. 动词性短语

六、

1. 经济发展（定中/偏正），发展经济（述宾）

2. 卖的西红柿（定中/偏正），卖西红柿（述宾）

3. 理由充足（主谓），充足的理由（定中/偏正）

4. 学习认真（主谓），认真学习（状中/偏正）

5. 研究语法（述宾），语法研究（定中/偏正）

6. 好书（定中/偏正），书好（主谓）

7. 新闻报道（定中/偏正），报道新闻（述宾）

8. 信仰宗教（述宾），宗教信仰（定中/偏正）

9. 仔细看（状中/偏正），看仔细/看得仔细（中补）

10. 很漂亮（状中/偏正），漂亮得很（中补）

11. 年轻极了（中补），极年轻（状中/偏正）

12. 欣赏音乐（述宾），音乐欣赏（定中/偏正）

九、

1. 绘画技法

（定中）

2. 难忘的春节
（定中）

3. 生活富裕

（主谓）

4. 关键时刻
（定中）

5. 看出来

（中补）

6. 梦想的世界
（定中）

7. 学习目的

（定中）

8. 建立英语学习网
（述宾/定中/定中）

9. 我们梦想的世界

（定中/主谓）

10. 资金来源
（定中）

11. 思考了一天
（中补/定中）

12. 进行了一系列探索
（述宾/定中）

13. 学习目的不明确
（主谓/定中/状中）

14. 不能实施
（状中/状中）

15. 不能很好地执行
（状中/状中/状中/状中）

16. 一本喜欢看的新书
（定中/定中/述宾/定中）

17. 掌握新技术
（述宾/定中）

现代汉语语法教程（第二版）

18. A. 密切 观察 他的 健康 状况

述		宾		
状	中	定	中	
			定	中

B. 密切 观察 他的 健康 状况

19. 看 新 拍 的 电影

20. 对 孩子 不 放心

状		中	
介	宾	状	中

21. 教学方法与学习氛围

联		合	
定	中	定	中

22. 孩子的 性格 不 好

23. 学习 中国传统文化

24. 维修和保养自己的汽车

25. A. 牢固树立 服务意识

述		宾	
状	中	定	中

B. 牢固 树立 服务意识

状		中	
	述	宾	
		定	中

26. 我们 都 喜欢 的 菜

27. 没有 丝毫寂寞和孤独

28. 有 广阔的世界眼光

29. 看 不见 自己的影子

述		宾		
中	补	定	中	
	状	中		

30. 没 看 清楚　他的脸

状	中		
	述	宾	
中	补	定	中

31. 孩子的 学习兴趣 浓

主		谓
定	中	
	定	中

32. 做了 很 多 汉语练习

述	宾		
	定	中	
	状	中	定	中

33. 文化 差异 很 明显

主		谓	
定	中	状	中

34. 掌握 市场动态

述	宾	
	定	中

十、

1. 动词性短语，述宾短语 　 2. 名词性短语，复指短语
3. 动词性短语，状中/偏正短语 4. 名词性短语，定中/偏正短语
5. 形容词性短语，状中/偏正短语 6. 动词性短语，中补短语
7. 名词性短语，定中/偏正短语 8. 名词性短语，定中/偏正短语
9. 动词性短语，状中/偏正短语 10. 动词性短语，述宾短语
11. 动词性短语，述宾短语 12. 动词性短语，述宾短语

十一、

1. 发现了敌人的哨兵

A.
述	宾	
	定	中

B.
定		中
述	宾	

2. 热爱人民的市长

A.
述	宾	
	定	中

B.
定		中
述	宾	

3. 关心别人的孩子

A.
述	宾	
	定	中

B.
定		中
述	宾	

4. 我们 三个一组

A.
主	谓
	主 谓

B.
主	谓
复	指

5. 骑了三年的自行车

A.

定		中
中	补	

B.

述		宾
中	补	

十二、

1. A. 我发现了小王在房顶上。　　B. 我站在房顶上发现的小王。

2. A. 坐在床上绣花。　　B. 把花绣在床上。

3. A. 这是他送来的蛋糕。　　B. 他送来蛋糕。

4. A. 小李的这个发型理得好。　　B. 小李理发理得好。

5. A. 恨他的老师被调走了。　　B. 他恨他的老师。

6. A. 关于他的笑话说不完。　　B. 他很会说笑话，他的笑话说不完。

7. A. 他写的小说看不完。　　B. 他买的小说看不完。

思考与练习（5）

一、

1. 我们去的地方‖找不到水。

2. 你要的书‖买到了。

3. 这本书‖对我来说太难了。

4. 我们‖永远也忘不了在中国待的这些日子。

5. 《红楼梦》‖是中国四大名著之一。

6. 二十世纪初发生的"五四"运动‖是中国近代史上的一件大事。

7. 儒家的政治主张‖是推行仁政。

8. 她‖躺在床上沉思着。

9. 我们‖都不知道她心里想的是什么。

10. 她的精彩表演‖赢得了一阵热烈的掌声和欢呼声。

二、

1. 他喜欢游泳。

2. 我喜欢看<u>别人下象棋</u>。

3. 鱼有<u>很高的营养价值</u>。

4. 他忘了<u>明天要考试</u>。

5. 我还以为<u>你们已经走了</u>。

6. 中国唐代出现了<u>一大批优秀的诗人</u>。

7. 孔子认为<u>人和自然是一体的</u>。

8. <u>锻炼身体并适当节制饮食</u>是最好的减肥方法。

思考与练习（6）

一、句型是根据句子整体结构的特点划分出来的。

二、句式是在句型的基础上根据句子某一部分的特点划分出来的。

三、句类是根据语气划分出来的。

四、

1. 祈使句	2. 陈述句	3. 陈述句	4. 疑问句
5. 感叹句	6. 感叹句	7. 祈使句	8. 疑问句

五、汉语疑问句首先可以分为特指问、是非问和选择问三大类。

六、特指问可以分为两类：疑问代词特指问、"NP呢"特指问。

七、是非问可以分为四类：语调是非问、"吗"是非问、"吧"推测是非问、正反是非问。

八、选择问的选择项可以多于两项。

九、带宾语的正反是非问中使用频率最高的是"V不VO"和"V没VO"型的正反问。

十、是非问中的语调是非问、"吗"是非问、"吧"推测是非问、正反是非问以及选择问中的肯定否定选择问可以用点头表示肯定的回答，用摇头表示否定的回答。

十一、问地点或处所的特指问主要用"哪儿、哪里、什么地方"来构成。

十二、问时间长短的特指问主要用"多长时间"来构成。

十三、问原因的特指问主要用"为什么"来构成。

思考与练习（7）

一、

1.看头	2.盖子/盖儿	3.塞子/塞儿
4.垫子/垫儿	5.学者	6.梳子
7.想头	8.空子/空儿	9.强者
10.弱者	11.胖子	12.尖子/尖儿

二、

1.停车场和电影院，东边，西边，商店，商店
2.后面，前面，后面，前面

四、

1.湖边/路边	2.桌子下面/桌子上面
3.到北京来之前	4.天亮（之）前
5.同学之间	6.北京城里，路上

五、

1.王东明是我们班**上/里**英语口语最好的。

2.（在）生词表**中/里**查不到这个词。

3.我们终于爬**上**长城了，大家高兴得在长城**上**欢呼了起来。

4. 一千多年以前，我们两国**之间**就有过许多往来。

5. 你用完字典后，请把它放在我的书桌**上**/**里**。

6. 你的汽车可以停在留学生楼**前面**/**后面**。

7. 请您帮我把这个包放在行李架**上**。

8. 22路公共汽车从路**那边**开过来了。

9. 我们最好到房子**里**说，外面冷。

10. 这家工厂试制**出**一种新型电视机。

11. 今天的电视新闻**中**/**里**有一个重要的经济新闻。

思考与练习（8）

一、

1. 应该/应当　　2. 想/要　　3. 会/能　　4. 可能

5. 能　　　　　6. 应该/会　　7. 能　　　8. 能

9. 会　　　　　10. 会/能　　11. 会

二、

1. 下来　　　2. 下来　　　3. 上　　　4. 下来　　　5. 来

四、

1. 这种布料摸**起来**很柔软。

2. 你吃完后，把饭菜盖**起来**。

3. 这本字典你拿**去**用吧，反正放在我这儿也没用。

4. 妈妈最近从国内给我寄**来**一件毛衣。

5. 那本小说你拿**来**没有，我明天就要还了。

6. 我想打个电话给她，你把她的电话号码记**下来**了吗？

7. 你回忆**起**他的样子**来**了吗？

五、

1. 在离开英国前，我已试着写小说。

2. 没有人会懂的，又何必研究呢。

3. 也许我能帮助你，你不妨说说看，看我有没有办法。

现代汉语语法教程（第二版）

4. 工作失误总是难免的，我不是已经批评马青了吗？

5. 瑞凤想了一会儿才说："他没对我讲什么。"

6. 一个人在家，很无聊，总想吃点儿零食。

8. 我要跟你商量一件事。

9. 他星期天常出去看朋友、逛街。

10. 星期天为了去看朋友，他一大早就起来了。

六、

1. 这幅画你能认出来（或"认出"）是谁画的吗？

2. 埃及的金字塔还有人们不能解释的一些神秘现象。

3. 医生检查了他的身体，说他很健康。

4. 我刚来北京，你妈妈让我给你带来一些家乡的特产。

5. 他喜欢文学，读过许多文学名著。

6. 你要的书我寄来了（或"寄去了"）。

7. 我每天练一个小时武术。

8. 他病了，但他又不想去医院看病。

9. 这种蘑菇不能生吃，要炒熟了才能吃。

10. 我明天要见一个朋友。

七、

1. 起来	2. 能	3. 起来	4. 能
5. 起来	6. 下来，下来	7. 起来，下来	8. 要，要/应该
9. 上	10. 下来	11. 下来	12. 下去
13. 能/会	14. 上/上来	15. 要	16. 会
17. 下来	18. 下去	19. 要/应该	20. 来
21. 出来	22. 会	23. 下来	24. 会
25. 要/会，要/会		26. 下来	27. 出来
28. 下来	29. 来	30. 出来	

思考与练习（9）

一、非谓形容词不能做谓语和补语，大多数也不能被"不""很"修饰。它们只能做定语，或与"的"组合，它们常常进入"是……的"句中。

二、状态形容词不能被程度副词"很、太、非常"修饰，也不能被否定副词"不"修饰，其双音节重叠形式为ABAB。

三、大多数形容词可以受程度副词"很、太、非常"修饰，也可以受否定副词"不"修饰（状态形容词和非谓形容词不能受这两种词的修饰）。

四、
1. 雪白雪白	4. 漂漂亮亮	5. 干干净净	6. 鲜红鲜红
7. 老老实实	8. 大大方方	10. 整整齐齐	11. 笔直笔直
12. 高高	13. 好好	14. 高高兴兴	15. 痛痛快快
17. 通红通红	18. 认认真真		

五、
1. 很白	2. 很伟大	3. 很富裕	5. 很机灵
6. 很直	8. 很聪明	9. 很红	11. 很愉快
12. 很大方	13. 很可笑	15. 很仔细	17. 很困难

十、

1. 我们学校前面的那条路笔直笔直的。
2. 医生说他的病是急性的，只要好好治疗很快就会好的。
3. 这里的水不凉，你用手试一试就知道了。
4. 外面马路上没有灯，漆黑漆黑的。
5. 这家商场很大，要逛几个小时才能逛完。

思考与练习（10）

一、十进制。

二、一万。

三、

1. 13567　　　　　2. 5023　　　　　3. 1824
4. 67815941　　　5. 450000　　　　6. 6003

四、

1. 两千　　　　　　　　　2. 三十万
3. 三万六千五百四十二　　4. 六百万
5. 两千零三十七　　　　　6. 四百七十八万九千六百一十二
7. 八亿七千六百二十四万三千一百九十八
8. 五万四千二百零一　　　9. 八万七千零九十二
10. 三分之二　　　　　　　11. 四分之三
12. 一又四分之三　　　　　13. 六分之五
14. 五分之四　　　　　　　15. 七分之二
16. 百分之二十三　　　　　17. 百分之九十八
18. 百分之九十九

五、

1. 三五个　　　　　　2. 五人左右　　　　　3. 八年左右
4. 十件左右/上下　　5. 近一百个/九十七八个　6. 三十二三条
7. 七八台　　　　　　8. 七十个左右/上下　　9. 三十四五岁
10.（接）近六十岁　11. 七十八九岁　　　　12.（接）近九十年

六、

1. 几/来　　　2. 两/几　　　3. 八十/把
4. 两/几　　　5. 来/多　　　6. 个把
7. 来/多　　　8. 来/多　　　9. 多/来

七、

1. 两　　　2. 两/二　　　3. 两　　　　　4. 二
5. 两/二　　6. 两　　　　7. 二/两，二　　8. 二，二

八、

1. 大，大伯　　2. 大，大姨　　3. 第一，第二，第三

九、

1.1990年（农历庚午年）出生的人属马。
2.2008年（农历戊子年）出生的人的属相是鼠。这一年出生的人的三个本命年分别是2020年、2032年、2044年。

思考与练习（11）

一、

1. 件/套	2. 只	3. 张	4. 间/幢/套/所
5. 碗/两	6. 个/位	7. 双	8. 个/位
9. 座	10. 瓶/滴	11. 场	12. 台/个
13. 匹	14. 封	15. 块/箱	16. 口
17. 两/瓶/箱/杯	18. 两/碗/粒	19. 束/朵	20. 本/册/套
21. 支	22. 棵		

二、

1. 趟/次	2. 眼	3. 遍	4. 声	5. 遍
6. 趟/次	7. 遍	8. 趟/次	9. 阵	10. 枪
11. 分钟/下	12. 口	13. 阵	14. 遍	15. 场

三、

1. 他们家有**两**辆自行车。
2. 大理有一**个**湖，当地人称它洱海。
3. 这**两**年来，我在中国交了不少朋友。
4. 我觉得这篇文章有（一）**点**儿难。
5. 学校食堂的菜我有（一）**点**儿吃腻了，今天我想自己做韩国菜吃。
6. 我认识这**个**人，他是一个医生。
7. 我的那**顶**帽子是我的朋友送给我的。
8. 我想这**次**有意义的旅游我会永远记住。

9. 这个菜有（一）点儿油腻，我不喜欢。

10. 到了大理你应当再到丽江去玩一趟，从大理到丽江只要三个小时多（一）点儿就到了。

11. 这里光线有（一）点儿暗，咱们到那边去看吧。

12. 你给我买的这双鞋有（一）点儿大（或"大了一点儿"），明年才能穿。

思考与练习（12）

一、人称代词、指示代词、疑问代词。

二、"咱们"包括听话人在内，不能和"你们"前后同时出现，"我们"可以不包括听话人，可以和"你们"前后同时出现；"咱们"用于口语。

三、不是，有的是非疑问用法，如任指、虚指，还有一些其他活用法，如"哪里哪里"谦辞的用法。

四、

1. 哪儿/怎么	2. 怎么样	3. 我们/咱们，哪儿
4. 为什么/怎么	5. 怎么	6. 什么
7. 怎么	8. 哪	9. 这么/那么
10. 怎么	11. 怎么，怎么	12. 谁，谁/你，你
13. 谁	14. 哪儿	15. 谁
16. 咱们/我们，哪儿	17. 怎么，怎么	18. 怎么，怎么
19. 谁，什么	20. 什么	

五、

1. 你们在哪儿学习汉语？

2. 你们上星期天去北京大学干什么？

3. 你们什么时候去逛书店？

4. a. 你什么时候去上海？ b. 你假期要去哪儿？

5. 你每天<u>几点</u>起床?

6. 王立平昨天去看<u>谁</u>?

7. 她每天早点要吃<u>几个</u>鸡蛋?

8. 这张照片是在<u>哪儿</u>照的?

9. 你以前当过<u>什么</u>? /你以前<u>做</u>过什么工作?

10. 你在从西安回北京的火车上<u>怎么</u>了?

11. 你是<u>怎么</u>回北京的?

12. 这儿的服务员态度<u>怎么样</u>?

六、

1. 你找的是老李呀,他修车技术可好了,谁都认识他。

2. 她昨天出去吹了冷风了,今天什么都没吃。

3. 她看了家里来的信以后,什么都没说,跑到里屋关起门哭了起来。

4. 刚来中国时,她觉得什么都新鲜。

5. 教练教你怎么做,你就怎么做。

七、

1. 这些手表怎么这么贵?

2. 怎么回事?他们为什么不在这儿吃饭?

3. 我几乎每个月都要去图书大厦,那儿经常会有新书。

4. 这本字典哪个书店都可以买到。

5. 你来这里旅游,应该买点儿什么东西回去送给朋友。

6. 他做的菜不怎么好。

思考与练习（13）

一、副词在句子中主要充当状语。

二、个别副词可以充当补语。

三、不对。因为有少数副词可以出现在名词谓语句的名词前,少数副词还可以在应答句中单独回答问题，个别副词还可以放在形容词后面充当补语。

四、

（一）

1. 都　　　　　2. 才，就　　　　　3. 就　　　　　4. 还

5. 也/才，也　6. 也　　　　　　　7. 才　　　　　8. 才，就

9. 才，就　　10. 才，就　　　　11. 都

（二）

1. 又　　　　　2. 更　　　　　3. 可，更　　　　4. 越，越

5. 只　　　　　6. 又　　　　　7. 只　　　　　8. 更

9. 可　　　　10. 越，越

（三）

1. 最，最　　　2. 稍微　　　　　3. 比较，最　　　4. 最

5. 稍微　　　　6. 更　　　　　　7. 比较

（四）

1. 没（有）　　2. 不　　　　3. 不，没（有）　4. 没（有）

5. 不　　　　　6. 没（有）　7. 不

五、

1. 不　　2. 没　　3. 不　　4. 不　　5. 不　　6. 没

7. 不　　8. 没　　9. 不　　10. 没　　11. 不　　12. 不

六、

1. 今天我出来得太急，**没**把伞带来。

2. 那么简单的题我**难道**还做不出来吗？

3. 等你下一次来的时候，我们**再**好好谈一谈。

4. 不知道她是怎么了，说着说着**突然**哭了起来，我也不知道该怎么劝她。

5. 你**也**知道，我并不喜欢吃肉，今后我来吃饭不要做那么多肉。

6. 我们立即**就**出发，你快一点儿。

7. 我每天早晨**都**要锻炼一下身体。

8. 不论怎么困难，她**都**决心把汉语学好。

9. 你们想去长城，我**也**想去。

10. 天都黑了，你**还**不快回家。

七、

1. 你们先走一步，我**就**去。

2. 他十五岁**就**参加工作了。

3. 他们说干**就**干。

4. 他这样的人，他**就**白给我干我也不要。[或：就他这样的人，他（就）白给我干我也不要。]

5. 你最好**就**着医生这会儿在，好好检查一下。

6. 早在儿童时期我们**就**认识了。

7. 书架上**就**有那几本书。

8. 看见他，那个小姑娘扭头**就**跑。

9. 我刚出门**就**碰上老李。

10. 这问题以前早**就**研究过了。

11. **就**专业知识来说，我远不如他。

12. 他一干起活来**就**什么都忘了。

13. **就**技术而言，我们厂的篮球队比你们强。

14. 他**就**再有钱我也不会嫁给他。

15. 再加一点儿**就**满了。

16. 那么难吃，你**就**请我吃我也不吃。

17. 这部作品**就**语言来看，不像宋朝的。

18. 小李**就**着医疗队来的机会，学了不少医学知识。

19. 他们**就**着宿舍周围砌了一个花坛。

20. 出去的时候**就**手关一下门。

21. 他**就**不来，我们也有办法。

22. 我们**就**不要她跟我们去。

23. 他不干**就**不干，要干就真像个干的样子。

24. 他不说**就**不说，一说就没完没了。

现代汉语语法教程（第二版）

25. 这东西他**就**拿去了也没用。

26. 比赛**就**比赛吧，输了也没关系。

27. 小黄从小**就**肯学习。

28. **就**着这场雨，咱们赶快把这些小树栽上。

29. 咱俩才抬一百斤，人家一个人**就**挑一百二十斤。

30. **就**再便宜我也不想买。

31. 我**就**有一本，你别拿走。

32. 你们在那儿等一会儿，我这**就**走。

33. **就**着现在太阳好，你把被子拿出去晒一晒。

34. 老师一教我**就**会了。

35. 天很快**就**冷了，我得为你准备棉衣了。

36. 他的病几年以前**就**已经确诊了。（或：他的病几年以前已经**就**确诊了。）

37. 我**就**再胖，也赶不上你。

38. 你等会儿，他马上**就**回来。

39. 他讲完我们**就**明白了。

40. 他既然不同意，那**就**算了。

41. 你不让干，我**就**要干。

42. 老赵**就**学过法语，你可以问他。

43. 老两口**就**有一个儿子。

44. 老赵**就**学过法语，没学过别的外语。

45. 昨天**就**他没来，别人都来了。

46. **就**这样，我们来到了西安。

47. 他**就**要了三张票，没多要。

48. 老周**就**讲了半小时，下边就讨论了。

49. 如果他去，我**就**不去了。

50. 他（**就**）是爱下棋，一下**就**没完没了。

八、

1. 你去北京参观访问，我们**也**去北京参观访问。

2. 大人**也**好，孩子**也**好，没有不夸她的。

343

3. 来（也）可以，不来也可以，你总得给我个信儿。

4. 我说的话，听（也）由你，不听也由你。

5. 风（也）停了，雨也住了。

6. 昨天你也去长城了？

7. 将来我也去边疆工作。

8. 老师也讲课，也提问题。

9. 我们也划船，也游泳。

10. 天（也）亮了，风也停了。

11. 他的个儿（也）高，力气也大。

12. 地（也）扫了，玻璃也擦了，东西也整理了。

13. 他会英语，也会汉语。

14. 馒头我（也）吃，米饭我也吃。

15. 我们（也）唱中国歌，也唱外国歌。

16. 我们中间有南方人，也有北方人。

17. 他前天来了，昨天也来了。

18. 这里的气候我也喜欢，也不喜欢，看怎么说呢。

19. 他有人看着认真干，没人看着也认真干。

20. 虽然已经下起大雨来了，足球赛也要按时举行。

21. 你不说我也知道。

22. 再怎么难也要完成这项任务。

23. 跑最后一名也要坚持跑完。

24. 三十人也没这台机器快。

25. 你说了我当然知道，你不说我也知道。

26. 谁也不说话，眼睛都盯着黑板。

27. 说什么咱们也不能灰心。

28. 只要大家团结一致，什么困难也能克服。

29. 洗也洗不干净了。

30. 听也没听进去几句。

31. 再修理也只能这样了。

32. 最远也就远二十米左右。

33. 顶多也不过十千米。

34. 他永远**也**不知道什么是累。

35. 反正**也**是晚上了，你们就明天再回去吧。

36. 你大小**也**是个负责人，怎么一句话**也**不说?

37. 人们都下地干活儿去了，街上人影儿**也**没有。

38. 他一心扑在工作上，有时候饭**也**忘了吃。

39. 他头**也**不抬，专心学习。

40. 一颗粮食**也**不浪费。

41. 这儿一点儿**也**晒不着。

42. 树叶一动**也**不动。

43. 音量**也**就是这样了，不能再大了。

44. 这张画**也**还拿得出去。

45. 我看**也**只好如此了。

46. （**也**）难怪她不高兴，你**也**太不客气了嘛!

47. 情况**也**不一定会像你说的那样吧!

48. 你**也**不是外人，我都告诉你吧!

49. 节目倒**也**不错。

50. 写了几次，总**也**写不好。

思考与练习（14）

一、介词主要的功能是与它后面的名词或名词性词语构成介词短语。

二、不能。

三、

1. 从	2. 向	3. 关于	4. 在	5. 对于
6. 从	7. 向	8. 向	9. 对	10. 在/从

四、

1. 他们出去时没**对**你说什么吗?

2. 你**从**什么时候开始学汉语的?

3. 我**在**报纸上看到了你说的那篇文章。

4. 你读过**关于**鲁迅散文的评论文章吗？

5. 他走的时候有话想**对**你说，但没说出来。

6. 我们应该**向**他这样的人学习。

7. 他**从**小就喜欢唱这些歌。

8. 你**在**他的家里看到了谁？

9. 我们不能**对**荒漠化的问题视而不见。

10.**对于/对**环境污染的问题，全社会都应该重视起来。

五、

1. 我**从**我朋友那儿借了一笔钱。

2. 你不**在**你走之前把这些手续办了吗？

3. 他一不小心**从**楼梯上摔了下来。

4. 你**对于**这个问题还有什么意见？

5. **对于**你的工资，领导会认真考虑的。

6. 车站上没有多少人。

7. 路那边开过来一辆公共汽车。

8. 我**对**他说了你的意见了。

9. 你能不能**向**他要一些鲜花来？

六、

1. 关于	2. 就	3. 关于	4. 向
5. 向	6. 向	7. 就	8. 向，向
9. 关于	10. 对/对于	11. 对于	12. 关于
13. 关于	14. 对/对于	15. 对/对于	16. 对/对于
17. 关于，对/对于	18. 关于，关于	19. 关于，对于/对	

思考与练习（15）

一、不能。

二、连词常常和副词配合使用。

现代汉语语法教程（第二版）

三、

    1. 你和他的关系现在怎么样？

    2. 你们学校和他们学校都是综合大学吗？

    3. 我二十年前就认识你们的父母和你们的老师了。

    4. 中国古代文学和当代文学你更喜欢哪一种？

    5. 小王的主意和老李的主意都很有价值。

    6. 中国的长城和埃及的金字塔一样都是人类智慧的结晶。

    7. 我们要保持并发扬优秀的民族传统。

四、

    1. 工程师找出了机器的毛病并制订了修理的方案。

    2. 他1999年毕业并留在了学校附属医院工作。

六、

    1. 与/和   2. 与/和   3. 和   4. 和，和 5. 和   6. 并/和

    7. 虽然   8. 虽然   9. 就   10. 如果   11. 对/对于   12. 对/对于

思考与练习（16）

一、结构助词"的"的主要功能是定语的标志，"地"的主要功能是状语的标志，"得"的主要功能是补语的标志。

二、

    1. 地   2. 得   3. 得   4. 的，地，的

思考与练习（17）

一、语气词一般用在句末。

二、可以分为四类：表示陈述语气的，表示疑问语气的，表示祈使语气的，表示感叹语气的。

三、普通话有三个疑问语气词："吗""呢"和"吧"。

四、一般是非问末尾的疑问语气词"吗"不能删去，推测是非问末尾的疑问语气词"吧"不能删去，"NP呢？"特指问末尾的疑问语气词"呢"不能删去。

五、疑问代词特指问末尾的疑问语气词"呢"可以删去，选择问末尾的疑问语气词"呢"可以删去，正反是非问末尾的疑问语气词"呢"可以删去。

六、

1. 吧	2. 吗/吧	3. 呢	4. 罢了	5. 吗
6. 吗	7. 罢了	8. 吧	9. 着呢	10. 嘛
11. 来着	12. 呢	13. 嘛	14. 啊	15. 吧

思考与练习（18）

一、

1. 你上星期去看展览了吗？

2. 他在北京住了三天就走了。

3. 你们学校的游泳池开了吗？

4. 他昨天起床后去图书馆看了一早晨的书。

5. 那本书我看完马上还给（了）他，又借了一本。

6. 那天从你家出来以后，我打了一个电话给他。

7. 我在这里待了三年（了），我明年准备回国了。

8. 昨天我吃了饭就去图书馆了。

9. 当他来的时候，我已经离开家了（或"我已经离开了家"）。

10. 到下个月的今天，他离开故乡就已经有三年了。

三、

1. 我很早以前就盼望来中国留学。

2. 开始学汉语时我感觉汉语语音太难（了）。

现代汉语语法教程（第二版）

3. 老太婆请金鱼为她造了一所新房子。

4. 我去你们家找你了。（或"我去你们家找过你"）

5. 过去我学过汉语。

6. 昨天吃晚饭以前，我去了北京大学。

7. 这是一个很好的机会，我决定要去中国南方旅游。

四、

1. 的　　2. 了，了　　3. 了，了，了　　4. 的，的

思考与练习（19）

一、

1. 他从小就喜欢听着音乐学习。

2. 你看着他一下，别让他跑了。

3. 你好好听着，我们不会让你在这儿害人的。

4. 他们还在那儿等着你呢，你快去！

5. 老师让你们等着，他有话跟你们说。

6. 我们正说着这事，他就进来了。

7. 你拿着这些药，我去倒水。

8. 昨天晚上，我看着书就睡着了。

9. 你别开着车打手机，这样很危险。

10. 她说着说着忍不住笑了起来。

11. 你看着路走，别只顾说话。

12. 你们先走着，我现在手上还有点儿活。

二、

1. 墙上挂着一幅山水画。

2. 他们俩在看电视。

3. 路两旁种着一些银杏树。

4. 他进去时领导在开会。

5. 那盲人站在商店门口拉着手风琴。

三、

1. 那老人握着我的手激动地说：“太感谢你了，年轻人！”

2. 晚会上，我们有的人跳舞，有的人谈话，有的人喝酒，有的人唱歌，大家玩得很开心。

3. 他激动地看着我，一句话也说不出来。

4. 那两个星期，他病了，没有来上课。

5. 他离开了心爱的岗位，心里怪难受的。

五、

1. 你不要躺**着**看书，会把眼睛弄坏的。

2. 咱们走**着**说，这样节约时间。

3. 妈妈**正**替你整理屋子**呢**（或“妈妈**在**替你整理屋子”），你去帮**着**整理一下。

4. 客厅的墙上挂**着**几幅他自己画的画。

5. 你小声点儿，孩子**在**睡觉。

6. 你爸**正**理发**呢**（或“你爸**在**理**着**发**呢**”），不方便接你的电话。

7. 他穿**着**一件米色的风衣。

8. 房间里工人**在**装空调。

思考与练习（20）

一、

1.过，了，了	2.过	3.过，过	4.了，了，了
5.了，了	6.过	7.过	8.了，了
9.过	10.过	11.了	12.过
13.过了，了	14.过，了		

二、

1. 他以前学过法语。

2. 这次事故伤了好几个人。

3. 你没去过八达岭长城吧？

4. 他好几年前弹过这首曲子。

5. 他唱的那首歌我以前听过。

6. 听他唱了几遍那首歌，我现在都会唱了。

7. 他学过画国画，现在还能画几笔。

8. 他写的小说我每一篇都读过（或"了"）。

9. 那些农民正在地里收麦子。

10. 孩子睡觉了（或"孩子睡着觉呢"），你别去影响他们。

11. 我去的时候，他们还没吃（完）饭呢。

12. 昨天他打电话来的时候，你在干什么？

三、

1. 正	2. 着	3. 了	4. 着
5. 着	6. 着	7. 过	8. 过

思考与练习（21）

一、汉语的起始体用"起来"加在动词或形容词后面表示。

二、汉语的继续体用"下去"加在动词或形容词后面表示。

三、

1. 我从没见过这样的怪事。

2. 他这人学习特别刻苦，学起来就很难停下来。

3. 我们都喜欢下象棋，有时下起来就一连下五六个小时。

4. 现在的人比以前的人讲究生活的情趣，有点经济条件的人玩起来很舍得花钱。

5. 他们说起以前的事来没完没了。

6. 他看着电视哭了起来，看样子那部电视剧太感人了。

7. 他进来的时候，我们大家正讨论（着）那篇小说。

8. 李大夫在（或"正"）给那个孩子检查身体，你们先在外面等一会儿。

9. 看了你的信，我们都为你所获得的成绩感到十分高兴。

10. 他在那么差的条件下写了那么多文章，我非常钦佩他自强不息的精神。

11. 这是我见过的最好的车。

12. 你们在新疆一定吃过烤羊肉吧？（或"你们在新疆一定吃烤羊肉了吧？"）

13. 你用着家里给你寄来的钱，而又不认真学习，你难道没有一点内疚吗？

14. 我相信，只要坚持干下去，你一定会成功的。

四、

1. 正/在	2. 正	3. 正	4. 正	5. 正
6. 着	7. 正	8. 正	9. 在	10.下去
11.下去	12. 起来	13.起，来	14. 下去	15. 起来

思考与练习（22）

一、补语一般在充当谓语中心语的动词或形容词后面，少数的在宾语后面。

二、带补语的是动词性或形容词性成分。

三、补语从语义上可以分为十类：结果补语、状态补语、程度补语、趋向补语、可能补语、动量补语、度量补语、时段补语、时点补语、处所补语。

四、

1. 你把那些书收〈起来〉。

2. 我看〈不完〉那本书。

3. 你走〈得动〉吗？

4. 我们已经晚了〈半小时〉了。

5. 听〈到〉那个消息，他气〈坏〉了。

6. 电脑被他拿〈去〉修了。

7. 去年北京热得〈不得了〉。

现代汉语语法教程（第二版）

8. 他叫什么名字，我想〈起来〉了。

9. 他今天送了一个快递〈来〉。

10. 昨天晚上，我实在难受得〈要命〉。

11. 他那天带〈回〉一个陌生人〈来〉。

12. 如果你接〈到〉一些熟人或素不相识的人发〈来〉的暧昧短信，你别太当回事。

13. 冬春换季，不少人显〈出〉"春乏"的懒散，加之节日期间整天饱食少动，许多人感觉腹胀。

14. 自己"高姿态"了〈几回〉，妻子也有汗颜流露，从此，家庭"战事"逐渐消〈去〉。

15. 夫妻间输了不失去什么，赢了也得〈不到〉什么，结果不是矛盾激化夫妻反目，就是双方心存芥蒂。

五、

1. 我一进家就看见（或"到"）桌上有一封信。

2. 你听到（或"见"）什么声音了吗?

3. 他一说完这句话，就出去了。

4. 来中国之前，我学过三年汉语，但还是不会说几句汉语。

5. 我上大学时，曾经去中国五岳中的华山玩过一趟（或"一次"）。

6. 我们在那儿谈一会儿话。

7. 再过两个月，我该回韩国去了。

8. 他把衣服放在床上。

9. 对不起，我给你们带来了一些麻烦。

10. 说完，他又喝起酒来。

11. 你们把那些书拿下来（或"下去"）。

12. 他走进那家饭店去。

13. 我爱我女儿爱得不得了。

14. 它好像掉进那个洞里去了。

15. 海龟说："我很想把你带回龙宫去。"（或"我很想把你带回龙宫"）

16. 他的妻子病得很严重（或"重"，或"厉害"）。

思考与练习（23）

四、

1. <u>他弟弟画的</u>画获得了一等奖。
2. <u>这家餐厅做的</u>饭菜特别可口。
3. <u>学校新建的</u>图书馆离我们住的地方很近。

五、

1. 我昨天看了<u>一部美国最近上映的</u>科幻片。
2. 我们特别喜欢吃<u>妈妈做的</u>饭。

思考与练习（24）

十五、

1. 你的眼镜被我打坏了。
2. 房间被我打扫干净了。
3. 抢劫者抢劫的全过程被银行的监控器拍下来了。
4. 我过去给她写的所有信件被她烧了。
5. 我的心被他伤透了。
6. 他被大家嘲笑，被大家看不起。
7. 我的那个精美的花瓶被他摔坏了。
8. 我爸爸被韩国的总公司派来北京的分公司工作。
9. 我工资的一大半被他一个月花了。
10. 他儿子躲着抽烟被我看见了。

思考与练习（25）

一、

1、2、3、4、5均填"把"。

二、

1. 你把护照拿出来。
2. 你把孩子带回老家去。

3. 他把昨天发生的事情记下了。

4. 老师把考试分数告诉了大家。

5. 他把衣服洗得干干净净的收了起来。

6. 他把房间搞得乱七八糟的。

7. 他把他的工作辞了。

8. 他儿子的成绩把他气坏了。

9. 打扫房间、洗衣服、做饭把她累得腰都直不起来了。

10. 她打算把那块丝绸料子做一件旗袍。

思考与练习（26）

二、

1. 他的牙疼。

2. 我妹妹的性格很好。

3. 我们学校的地理位置很好。

4. 我的数学作业做完了。

三、

1. 我写完论文了。

2. 他们装修好房子了。

3. 我洗好衣服了。

五、

1. 我明天在网上订飞机票。

2. 他修好那台空调了。

3. 我读过那几篇文章了。

4. 我现在试一试这件衣服。

思考与练习（27）

三、

1. 这些留学生是上星期来的北京。

2. 我是在韩国买的这本书。

3. 是我打扫的卫生间。

4. 我是在网上买的这本书。

四、

1. 玛丽是在哪儿出生的？

2. 大卫是什么时候到北京的？

3. 这本书是在哪儿买的？

4. 车是谁洗的？

5. 电脑是谁修好的？

思考与练习（28）

1. 他连他的亲生父亲都（或"也"）没有见过。

2. 我连一句法语都（或"也"）不会说。

3. 连老师都（或"也"）觉得这道题很难。

4. 这个字连幼儿园的孩子也认识。

思考与练习（29）

一、比较句可分为差比句和平比句两大类。

二、最典型的差比句是用"比"构成的。

三、

1. 这两本书内容一样。

2. 那两件衣服颜色一样。

3. 这幅画不如那幅画。

4. 北京春天的风比其他季节大多了。

5. 骑摩托比骑自行车快多了。

6. 我的这本书没有你的那本书好。

7. 我们学校的校园比他们的大多了。

思考与练习（30）

三、

1. 就

2. 那/那么

3. 但

4. 而是

5. 就

6. 而

7. 那么

8. 却

9. 而是

10. 那么，那么

11. 然而/但是

12. 就，也，也

主要参考文献

白梅丽（1987）现代汉语中"就"和"才"的语义分析，《中国语文》第5期。

北京大学中文系现代汉语教研室（1993）《现代汉语》，北京：商务印书馆。

伯纳德·科姆里（2010）《语言共性和语言类型（第二版）》（沈家煊、罗天华译），北京：北京大学出版社。

陈爱文（1986）《汉语词类研究和分类实验》，北京：北京大学出版社。

陈保亚（2009）《当代语言学》，北京：高等教育出版社。

陈绂（1998）谈汉语陪伴性物量词的由来及其应用原则——兼谈对外汉语教学中的量词教学，《语言文字应用》第4期。

陈前瑞（2008）《汉语体貌研究的类型学视野》，北京：商务印书馆。

戴耀晶（1997）《现代汉语时体系统研究》，杭州：浙江教育出版社。

丁崇明（2003）语法、词汇与功能结合的教学模式刍议，《云南师范大学学报（对外汉语教学与研究版）》第2期。

丁崇明（2004）"连……都……"结构句法封闭考察分析，《北京地区第三届对外汉语教学学术研讨会论文选》，北京：北京大学出版社。

丁崇明（2005）"V得好"歧义格式研究及其对动词的选择，《语言学与应用语言学研究》第1辑，北京：中国社会科学出版社。

丁崇明（2006）歧义格式"我也V不好"，《云南民族大学学报（哲学社会科学版）》第5期。

丁崇明（2007）留学生副词"也"语序的考察及其习得顺序，《汉语教学学刊》第3辑，北京：北京大学出版社。

丁崇明（2009）韩国汉语中高级水平学生语法偏误分析，《北京师范大学学报（社会科学版）》第6期。

丁崇明（2012）外国学生"了"习得考察及相关问题研究，《云南师范大学学报（对外汉语教学与研究版）》第4期。

丁崇明、荣晶（2007）汉语第二语言学习者应学的"把"字句及其变换，《语言文字应用》S1期。

丁崇明、荣晶（2018）"了"的一些制约因素、使用倾向与规则——服务于教学语法的一个个案研究，《云南师范大学学报（对外汉语教学与研究版）》第4期。

丁崇明、荣晶（2021）经典汉语语法专著体范畴回顾及创新性体貌系统推介，《云南师范大学学报（对外汉语教学与研究版）》第5期。

丁崇明、荣晶（2022）汉语方言进行体形式类型考察及跨语言比较，《中国方言学报》第9期，北京：商务印书馆。

丁崇明、荣晶、刘琪瑶（2021）现代汉语教学语法基础单句句式，《汉语学习》第5期。

丁崇明、沈建民、薛才德（1993）《实用语法修辞》，昆明：云南大学出版社。

丁声树等（1961）《现代汉语语法讲话》，北京：商务印书馆。

邓守信（1985）汉语动词的时间结构，《语言教学与研究》第4期。

樊洁（2018）《动词情状与"着"的语法意义研究》，北京师范大学博士学位论文。

范方莲（1963）存在句，《中国语文》第5期。

范晓蕾（2021）《普通话"了$_1$""了$_2$"的语法异质性》，北京：北京大学出版社。

方梅（1993）宾语与动量词语的次序问题，《中国语文》第1期。

房玉清（2001）《实用汉语语法》（修订本），北京：北京大学出版社。

郭锐（1993）汉语动词的过程结构，《中国语文》第6期。

郭锐（2002）《现代汉语词类研究》，北京：商务印书馆。

胡明扬主编（1996）《词类问题考察》，北京：北京语言文化大学出版社。

黄伯荣、廖序东主编（2002）《现代汉语》（增订三版），北京：高等教育出版社。

金立鑫（1998）试论"了"的时体特征，《语言教学与研究》第1期。

寇鑫、袁毓林（2017）汉语定语小句的类型及其句法表现，《语言教学与研究》第4期。

李劲荣（2007）"很雪白"类结构形成的动因和基础，《汉语学习》第3期。

李临定（1986）《现代汉语句型》，北京：商务印书馆。

李晓琪（2005）《现代汉语虚词讲义》，北京：北京大学出版社。

刘丹青（1996）东南方言的体貌标记，《动词的体》（张双庆主编），香港中文大学中国文化研究所吴多泰中国语文研究中心。

刘汉武、丁崇明（2016）汉越语时间副词进行体标记对比及其习得研究，《国际汉语教学研究》第3期。

刘汉武、丁崇明（2018）汉语延续体标记"下来""下去"在越南语中的对应形式，《国际汉语学报》第1辑，厦门：厦门大学出版社。

刘汉武、丁崇明（2019）汉语起始体标记"起来"在越南语中的对应形式，《世界华文教学》第5辑，北京：社会科学文献出版社。

刘月华、潘文娱、故韡（2001）《实用现代汉语语法》（增订本），北京：商务印书馆。

陆俭明（1984）关于现代汉语里的疑问语气词，《中国语文》第5期。

陆俭明（2000）"对外汉语教学"中的语法教学，《语言教学与研究》第3期。

陆俭明、马真（1985）《现代汉语虚词散论》，北京：北京大学出版社。

吕叔湘主编（1999）《现代汉语八百词》（增订本），北京：商务印书馆。

吕叔湘、饶长溶（1981）试论非谓形容词，《中国语文》第2期。

马庆株（1988）自主动词和非自主动词，《中国语言学报》第3期，北京：商务印书馆。

现代汉语语法教程（第二版）

马庆株（1992）《汉语动词和动词性结构》，北京：北京语言学院出版社。

孟琮、郑怀德、孟庆海、蔡文兰（1999）《汉语动词用法词典》，北京：商务印书馆。

荣晶（1989）汉语省略、隐含和空语类的区分，《新疆大学学报（哲学社会科学版）》第4期。

荣晶、丁崇明（2019）现代汉语方言完成体标记的类型分布，《方言》第1期。

荣晶、丁崇明（2020）汉语方言名词构词法的选择与制约，《中国方言学报》第8期，北京：商务印书馆。

邵敬敏（1996）《现代汉语疑问句研究》，上海：华东师范大学出版社。

邵敬敏主编（2001）《现代汉语通论》，上海：上海教育出版社。

施春宏（2010）动词拷贝句句式构造和句式意义的互动关系，《中国语文》第2期。

王之洁、丁崇明（2020）体貌标记"了$_1$"与"完$_1$"的替换研究，《云南师范大学学报（对外汉语教学与研究版）》第1期。

吴竞存、梁伯枢（1992）《现代汉语句法结构与分析》，北京：语文出版社。

邢福义（1984）说"NP了"句式，《语文研究》第3期。

邢福义（1987）复句的分类，《句型和动词》（中国社会科学院语言研究所现代汉语研究室编），北京：语文出版社。

邢欣（2004）《现代汉语兼语式》，北京：北京广播学院出版社。

徐晶凝（2009）时体研究的语篇、情态整合视角——以"在""着"为例，《语言学论丛》第40辑，北京：商务印书馆。

徐晶凝（2012）过去已然事件句对"了$_1$""了$_2$"的选择，《语言学论丛》第45辑，北京：商务印书馆。

徐通锵（2001）《基础语言学教程》，北京：北京大学出版社。

袁毓林（1993）正反问句及相关的类型学参项，《中国语文》第2期。

张伯江（1991）关于动趋式带宾语的几种语序，《中国语文》第3期。

张双庆主编（1996）《动词的体》，香港中文大学中国文化研究所吴多泰中国语文研究中心。

张旺熹（1991）"把字结构"的语义及其语用分析，《语言教学与研究》第3期。

张谊生（2000）《现代汉语副词研究》，上海：学林出版社。

赵金铭（2001）论汉语的"比较"范畴，《中国语言学报》第10期，北京：商务印书馆。

赵元任（1979）《汉语口语语法》（吕叔湘译），北京：商务印书馆。

周小兵（1990）汉语"连"字句，《中国语文》第4期。

朱德熙（1980）《现代汉语语法研究》，北京：商务印书馆。

朱德熙（1980）汉语句法里的歧义现象，《中国语文》第2期。

朱德熙（1982）《语法讲义》，北京：商务印书馆。

朱德熙（1985）《语法答问》，北京：商务印书馆。

朱晓亚（2001）《现代汉语句模研究》，北京：北京大学出版社。

左思民（1997）现代汉语的"体"概念，《上海师范大学学报（哲学社会科学版）》第2期。

Goldberg, Adele E. (1995) *Constructions: A Construction Grammar Approach to Argument Structure.* 中译本：《构式：论元结构的构式语法研究》，吴海波译，北京大学出版社，2007。

Hornby, A. S. (1984)《牛津现代高级英汉双解词典（第三版）》（*Oxford Advanced Learner's English-Chinese Dictionary*, 3rd edition），牛津大学出版社/启思出版有限公司。

Hornby, A. S. (1987) *Oxford Advanced Learner's Dictionary of Current English.* Oxford: Oxford University Press.

Hornby, A. S. (1995)《牛津高阶英汉双解词典（第四版）》（*Oxford Advanced Learner's English-Chinese Dictionary*, 4th edition），牛津大学出版社（中国）有限公司。

Matthew, S. D. (2005) Order of relative clause and noun. In Haspelmath, M., Matthew, S. D., Gil, D. and Comrie, B. (eds.) *The World Atlas of Language Structures.* Oxford: Oxford University Press.

Matthew, S. D. (2005) Order of adjective and noun. In Haspelmath, M., Matthew, S. D., Gil, D. and Comrie, B. (eds.) *The World Atlas of Language Structures.* Oxford: Oxford University Press.

现代汉语语法教程（第二版）

标点符号的用法

附录一

第一节　标点符号的种类及作用[①]

标点符号是书面语言的重要辅助工具，是书面语不可缺少的组成部分，它用来表示句子的停顿、语气，标明词语和句子的性质和作用。它可以帮助读者分清句子结构，确定句子的语气，从而进一步帮助读者理解句子的意义。

标点符号分为两大类：点号和标号。点号的作用是点断，主要表示停顿和语气。标号的作用主要是标明语句的性质和作用。常用的标点符号有17种。

表1　17种标点符号表

点号	分类	句末点号			句内点号						
	名称	句号	问号	叹号	逗号	顿号	分号	冒号			
	写法	。	？	！	，	、	；	：			
标号	名称	引号	括号	破折号	省略号	着重号	连接号	间隔号	书名号	专名号	分隔号
	写法	""	（ ）	——	……	.	—	·	《 》	＿	／

[①] 2011 年 12 月，中华人民共和国国家质量监督检验检疫总局、中国国家标准化管理委员会发布中华人民共和国国家标准《标点符号用法》，附录一根据该标准做了必要修改。

第二节　点号的用法

点号分句末点号和句内点号两种。句末点号表示一句话完了以后的停顿和句子的语气，句内点号表示一个句子内部的停顿。点号共有7种。

一、句号

句号的基本形式是小圆圈（。）。句号还有一种补充形式，即一个小圆点（．）。小圆点句号只用在科技文献和外文辞书中，这是为了避免句号与字母O和数字0相混。

（一）句号的用法

1. 句号表示陈述句末尾的停顿，表示陈述语气。例如：

（1）哪里有天才，我是把别人喝咖啡的工夫都用在工作上的。（鲁迅）

（2）如果说科学上的发现有什么偶然的机遇的话，那么这种"偶然的机遇"只能给那些学有素养的人，给那些善于独立思考的人，给那些具有锲而不舍的精神的人，而不会给懒汉。（华罗庚）

2. 语气舒缓的祈使句末尾也用句号。例如：

（3）你好好休息一下。

（4）请尝一尝这种点心。

（二）使用句号需注意的问题

1. 一个句子完了，该用句号就应当用句号；句子没完，就不应当用句号，否则会隔断句子的语气，影响文意的表达。例如：

（5）*丝绸之路始于汉初，盛于唐朝，强大的唐朝政府不断向外部增派使者，加强与外界的联系，各国商贾争相前往大唐经商，古道驼铃不绝于耳，丝绸之路上的商贸活动日益活跃。

这段文字不是一个句子，它由三个句子组成。第一个句子说的是丝绸之路起始和兴盛的时代，第二个句子说的是唐朝政府怎么样，第三个句子说由于各国商贾前往大唐，使商贸活动日益活跃。所以第二个逗号应改为句号，"联系"后的逗号也应改为句号。

  （6）*随着科技的发展，人为的噪声越来越多，越来越强。终于成为
     今天举世公认的一大公害。

例（6）是一个复句，"终于"后面的部分是这个复句的第二个分句的谓
语，其主语与前面相同（即"人为的噪声"），所以承前省略了。"终
于"前面用句号断开是不对的，应改为逗号。

  2. 句号有一定的灵活性。有些地方，既可以用逗号，也可以用句号。
如果着眼于分，就用句号；如果着眼于连，就用逗号。在这种两可的地
方，用不用句号要注意文体特点和读者对象。一般说来，在论说文中，
由于文章语句连接比较严密，读者文化程度相对高一些，可以少用句
号；而在文艺作品、通俗读物中，由于语句连接有一定的随意性，风格
明快，同时要考虑能适应各种文化程度的读者，所以在这种地方应多用
句号。

二、问号

（一）问号的用法

  1. 问号表示疑问句末尾的停顿，表示疑问语气（包括反问、设问等疑
问语气）。反问句尽管是无疑而问，不需作答，但它是一种比较特殊的
疑问句，末尾也要用问号。例如：

  （1）你是什么地方人？
  （2）你喜欢喝绿茶，还是喜欢喝红茶？
  （3）年轻人难道不应该把主要精力放在工作和学习上吗？

  2. 叹词表达疑问语气时，后面也用问号。例如"啊、嗯、咦、哦"有
时就表达疑问语气。例如：

  （4）咦？你怎么还没走？
  （5）嗯？你说的是哪家店？

  3. 问号也有标号的用法，表示有疑或不详。例如：

  （6）马致远（1250？—1321），大都人，元代戏曲家、散曲家。

（7）钟嵘（？—518），颖川长社人，南朝梁代文学批评家。

（二）使用问号需注意的问题

1. 疑问句末尾才能用问号，有些句子中虽然出现了疑问词，或者出现了常见的疑问格式VP不VP，或者句末有疑问语气词，但并不是疑问句，这样的句子不能用问号。例如：

（8）*你说一说你为什么来晚了？

（9）*你去问问他还要酒吗？

这两个句子都是祈使句，都不能用问号，例（8）用叹号，例（9）语气舒缓些，可以用句号。

2. 选择问句的问号放在句子末尾，选择项间如有停顿，应用逗号。其他疑问句几个句子连用，便可以每个句子都用问号。例如：

（10）你喜欢红色的，还是喜欢黄色的？

（11）你们什么时候放假？你们的成绩什么时候能知道？假期你回
　　　国吗？

3. 不宜并用两个或三个问号。有人为了表达强烈的疑问语气，喜欢并用两个或三个问号，这是不应提倡的，应严格限制。因为强烈的疑问语气可以用词语来表达，另外你用两个，我用三个，他用四个，会把标点符号的规范弄乱了。

三、叹号

（一）叹号的用法

1. 叹号表示句子的感慨语气。叹号主要用于感叹句末尾。

（1）这里的景色多么神奇呀！

（2）祖国万岁！人民万岁！

感情强烈的独立成分后面也可以用叹号，用了叹号后，便由插入语变成了独立的句子。例如：

（3）啊！他手中拿着枪。

（4）砰！砰！一个青年身子晃了一下，倒在血泊中。

（5）同志们！上级派人给我们送来粮食了。

例（5）中"同志们"本是独立成分中的呼应语，在感情激动或声音大时，它后面可以用叹号，这样就成了独立的句子。

2. 叹号也可以用在语气强烈的祈使句和反问句末尾。例如：

（6）滚！拿着你的东西滚！

（7）他们怎么会干出这种伤天害理的事来呢！

3. 个别感情特别强烈的陈述句末尾也可以用叹号。例如：

（8）李先生在昆明被暗杀，是李先生的光荣！也是昆明人的光荣！
（闻一多）

（二）使用叹号需注意的问题

1. 不可滥用叹号。只有个别感情特别强烈的陈述句末尾才能用叹号，不能因为句子表达了一定的感情便滥用叹号。例如：

（9）*艰苦奋斗的精神我们什么时候也不能丢！

2. 成分倒装的感叹句，叹号应放在句子末尾。例如：

（10）多么迷人啊，故乡的山山水水！

3. 不应并用两个或两个以上的叹号。感叹语气的加重可以用词语和一个叹号来表达，若感情强烈用增加叹号来表达，那么叹号并用的数目就没有限制了。

4. 少数句子可以并用问号和叹号，但不宜多用。带有强烈感情的反问句和带惊异语气的疑问句可以并用问号和叹号，但不是一定要用。例如：

（11）难道你不需要一点真正的感情，真正的爱？！

（12）"我表哥说，如果我肯到那个厂里去工作，每月给我一万块钱的工资。""一万？！"我惊呆了。

例（11）是带有强烈感情的反问句，例（12）是带有惊异语气的疑问句。

四、逗号

（一）逗号的用法

逗号表示句子内部的一般性停顿。如何理解这个"一般性"呢？表示句子内部停顿的点号共有四种：逗号、顿号、分号和冒号。和逗号相比，顿号、分号和冒号表示的都是句内某种特殊结构之间的停顿，所以逗号表示的是一般性的停顿。凡是句内不适合用顿号、冒号和分号的地方都可以用逗号。

1. 用于主语和谓语之间。主要用在比较长的主语后表示说话时的停顿。用在短主语后，为的是通过停顿来强调主语。主谓倒置的句子，中间也用逗号隔开。例如：

（1）积极发展农业社会化服务体系，是深化改革的一个重要任务。
（2）哲学，是时代的旗帜。
（3）快起来吧，孩子们！

2. 用在句首状语之后。例如：

（4）对于这种好大喜功，只考虑眼前利益不考虑长远利益的坏风气，我们一定要善于识别，坚决抵制。

3. 用在较长的宾语之前。例如：

（5）我认为，人只要能在自己所处的环境中最大限度地发挥自身的才智和潜能，即便最终并没有青史留名，也可以说是成功的人生。

例（5）中心理动词"认为"后面的宾语是一个复句形式，宾语较长，所以后面用了逗号。

4. 用在并列短语中。有两种情况，一是并列短语较长时要用逗号，二是短语内部已经用了顿号，再与其他短语并列时就要用逗号。例如：

现代汉语语法教程（第二版）

（6）地朴素而入时的衣着，秀丽而庄重的仪表，傲岸而洒脱的风度，再加上流畅、悦耳、宛如小溪出涧似的声音，使所有学生和前来旁听的同事们折服了。

5.用在分句之间。复句里分句之间的停顿，除有时用分号外，其他地方多数用逗号。例如：

（7）中国幅员辽阔，人口又多至 14 亿之众，你在此一方为一些人仰若星辰，换了地界就可能陨石般被人冷落在某个山旮旯。

6.用在独立语前后。有时也用在某些关联词语之后。例如：

（8）这瓶茅台酒，依我看，也是假酒。

（9）虽然，黑夜笼罩着他，但我仍看到了他脸上的忧伤。

7."首先""其次""第一""第二"等表示次序的词语后的停顿也用逗号。例如：

（10）老年人身体要好要做到以下几点：第一，生活要有规律；第二，根据自己的身体状况，适当进行体育锻炼；第三，要有一个良好的心态，一方面要心情愉快，另外要服老，不做不适合自己身体的事；第四，饮食要科学合理；第五，定期检查身体，有病的话在医生的指导下进行科学的治疗。

（二）使用逗号需注意的问题
切忌一逗到底，该用逗号则用，不该用就不用。

五、顿号

（一）顿号的用法
1.顿号表示句子内部并列的词语或并列短语之间的停顿。顿号的停顿小于逗号。例如：

（1）丝绸之路开辟后，除丝绸外，中国的蚕桑技术、烤烟技术、造纸术、活版印刷术、冶铜术和火药、指南针等先后传到中亚、西亚、罗马等地。

（2）美国的乡村歌曲多以赞美家乡、歌颂母亲、诉说工作的艰辛和人生的烦恼为内容。

2."一""二""三"等表次序的数词后面常用顿号。例如：

（3）让我们依次来讨论这两个问题：

一、怎样防止堵车？二、是否要限制私人轿车？

（二）使用顿号需注意的问题

1.语气紧凑的并列词语之间没有停顿，不能用顿号。如"工农商学兵""兄弟姐妹"等在语音上没有停顿，不能在中间加上顿号。

2.并列词语中间用了连词"和、跟、与、同、而"等，连词前不能再用顿号。例如：

（4）约翰·丹佛的歌曲结构别致，曲调简洁、优美而流畅，歌词质朴、亲切而富于人情味。

3.相邻的两个数表示概数，中间没有停顿，不能用顿号。如"七八个人""二十五六岁"。

4.句中词语之间的停顿有层次的差别，各个层次内部若有了顿号，层次之间的停顿不能用顿号。例如：

（5）*实用工体钢笔书法特别适合文秘、档案工作者、中、小学生使用。

例（5）中"文秘、档案工作者"是一个层次的组合，"中小学生"又是一个层次的组合，两个层次中都有了顿号，两者之间不能再用顿号，所以"工作者"后应改为逗号。

5.标有引号的并列成分之间，标有书名号的并列成分之间通常不用顿号。若有其他成分插在并列的引号之间或并列的书名号之间，宜用顿号。

（6）"日""月"构成"明"字。

（7）《红楼梦》《三国演义》《西游记》《水浒传》是中国长篇小说的四大名著。

现代汉语语法教程（第二版）

（8）李白的"白发三千丈"（《秋浦歌》）、"朝如青丝暮成雪"
（《将进酒》）都是脍炙人口的诗句。

六、分号

（一）分号的用法

1.分号用在复句中，用来表示并列分句的停顿。分号表示的停顿比逗号大，其主要功能是分清结构层次。例如：

（1）秋天的空气，是澄明的；秋天的溪水，是清澈的；秋天的白
云，是温柔的；秋天的红叶，是迷人的；而秋天的明月更是特
别皎洁。

例（1）中，分号用在并列分句中，而且这些并列分句都是类似的，各分句内都用了逗号把主语和谓语隔开。

有的并列分句，只有一个层次，一个分句内有逗号，另一个分句内无逗号，由于分号的停顿大于逗号，所以两个分句之间也可用分号。例如：

（2）这一年的清明，分外寒冷；杨柳才吐出半粒米大的新芽。

并列的多重复句中的第一层要用分号。例如：

（3）镇上的人们也仍然叫她祥林嫂，但音调和先前很不同；也还和
她讲话，但笑容却冷冰冰的了。（鲁迅）

2.非并列关系的多重复句之间的停顿有时也可以用分号。例如：

（4）教也好，学也好，研究也好，这些都在实践之内；尤其是关于
语言的事，没有人有理由说自己应该站在圈子以外。

例（4）中第一层是递进关系，中间用分号把两边分开。如果不用分号，这两层之间的关系不会那么明显，如果用句号就会把两层意思隔断，所以选用分号为宜。

3.单句内由多重复句形式充当宾语时，如果宾语前面使用了冒号，充当宾语的复句形式内可以使用分号。例如：

（5）"东虹轰隆西虹雨"这句谚语的意思是：虹在东方，就有雷无雨；虹在西方，将会有大雨。

（二）使用分号需注意的问题

1. 由两个分句构成的复句，如果分句内没有逗号，分句之间不能使用分号。例如：

（6）*语言是人类最重要的交际工具；语言是人类的思维工具。

2. 处于第二层次内的并列分句之间不要使用分号，否则就会搞乱复句的层次。

七、冒号

（一）冒号的用法

1. 冒号主要表示提示性话语之后的停顿，用来提起下文。

A. 提示性话语有时是"说、想、是、证明、认为"等动词，当使用这些动词而后面的宾语较长时，动词后有一个停顿，这时使用冒号，目的是引起读者对宾语内容的注意。例如：

（1）我们有一种冲出樊篱之感，让自己去想：草是绿的，太阳和星辰在没有人感知它们时，也是存在的；多元永恒的柏拉图理念世界是存在的，曾经是空洞的、逻辑的世界突然变得丰富多彩、充实完整了。

当然，如果这些动词后没有停顿、没有长宾语，不能用冒号，如果停顿不大就应该用逗号。

B. 有许多提示性话语并不用以上动词，但只要提示性话语后面有停顿，就可以用冒号。例如：

（2）许多地方都有这个风俗：冬至那天要吃汤圆。

例（2）前面部分提示了"有这个风俗"，后面对它进行解释说明。

C. 前面总说性的话语带有提示性，后面的内容对它分别解释说明，在总说性话语之后就用冒号，提示下文将分别解释说明前面的内容。例如：

（3）人们一般都叫他作软硬人：碰见老虎他是绵羊；如果对方是绵羊呢，他又变成了老虎了。

（4）北京紫禁城有四座城门：午门、神武门、东华门和西华门。

例（3）是一个解说关系的复句，后面的分说部分对前面的总说部分进行解释说明。例（4）是一个单句。

D. 前面列出一个词语，后面用上冒号，对前面的词语内容作具体的限定或解释说明，这样的冒号也是提示性的。例如：

（5）本公司展销期间全部商品优价销售。

时间：1月10日—1月25日
地点：北京国际会展中心

E. 发言稿、书信的称呼语后面用冒号，辞书中举例说明部分前面也用冒号，这也是具有提示作用的。例如：

（6）【车】chē 陆地上有轮子的交通工具：火车｜汽车。

2. 冒号还可以用在总括性话语之前，表示下文是对上文的总结。例如：

（7）他知道露水怎样洒在草叶上，露水的味道怎样香甜；他知道星星怎样眨眼，月亮怎样笑；他知道夜间的田野怎样沉静，花草树木怎样酣睡；他知道小虫们怎么样你找我，我找你，蝴蝶们怎样恋爱：总之，夜间的一切他都知道得清清楚楚。

（8）张华考上了北京大学，在化学系学习；李萍进了中等技术学校，读机械制造专业；我在中国电信当业务员：我们都有光明的前途。

例（7）、例（8）中前面的分句都是分说，冒号表示下面是对上面的总结。

（二）使用冒号需注意的问题

1. 句中没有较大的停顿不要用冒号。例如：

（9）*我们下一步有必要总结一下：我们在前段时间的工作中有哪些成绩，有哪些不足之处。

2. 非提示性的话语后面不要用冒号。例如：

（10）*当地群众送给这个部队一块刻着："最可爱的人"几个金灿灿的大字的匾。

（11）*墙上贴着："此处禁止小便"的告示。

例（10）、例（11）中的"刻着""贴着"没有提示性，后面也没有停顿，不能用冒号。

对话中"××说"或"××问"放在直接引用的话的中间或者句末不能用冒号。例如：

（12）*"你看清刚才喝茶的那个人了吗？"我问一个摆茶摊的汉子："他穿着什么样的鞋？"

（13）*"有啊！有这事。"他说：

3. 同一个句子中不要使用两个冒号。例如：

（14）*根据大家的要求，现将这一案件的调查情况公布于众：据广大群众反映：该公司所出售的药品有一部分是假药，已有三人服药后产生不良反应。

第三节　标号的用法

标号的作用是标明，主要标示某些成分（主要是词语）特定的性质和作用。包括以下10种：引号、括号、破折号、省略号、着重号、连接号、间隔号、书名号、专名号、分隔号。

一、引号

（一）引号的用法

1. 标明行文中直接引用的话。例如：

（1）歌德说："光有知识是不够的，还应当运用；光有愿望是不够的，还应当行动。"

（2）"满招损，谦受益"这句格言，流传到今天至少有两千年了。

直接引用是把别人的话照原样说一遍，这要用引号引起来，为的是与自己的话区别开来。另外有一种引用是间接引用，是把别人的话用自己的话转述一遍，这就不需要用引号。

2.标明需要着重论述的对象或具有特殊含义的词语。这里所说的特殊含义指不同于人们一般理解的含义，而是表示讽刺、否定、强调或者某种特定的意义，有一定的修辞作用。例如：

（3）好个国民党政府的"友邦人士"！是些什么东西！（鲁迅）

（4）实际上，任何人，在自己所不熟悉的环境里，都有可能变成"土包子"的。所以，出言讥讽他人为"土包子"时，能不为自己留一条后路吗？（尤今）

例（3）是鲁迅先生《"友邦惊诧"论》中的一句话，文中用了引号，表示了鲁迅先生对国民党反动派把日本帝国主义分子称为"友邦人士"的讽刺。例（4）是尤今的小品文《土包子》一文的最后一段话，作者用引号把"土包子"引起来，表现了对这种说法的否定。

3.文章中人物的绰号、用以借代其他人物事物的词语、事物的简称、某些特殊的专名以及拟声词、部分音译词等，也可以用引号。例如：

（5）到底读了几年的"人之初"，这字写得多秀气，多有劲。

（6）我孩子时候，在斜对门的豆腐店里确乎终日坐着一个杨二嫂，人都叫伊"豆腐西施"。（鲁迅）

例（5）中的"人之初"是《三字经》中一开头的话，这是用来借代旧时的启蒙识字读本，所以用了引号。

（二）使用引号需注意的问题

1.引号里面还要用引号时，外面一层用双引号，里面一层用单引号。例如：

（7）一个学生问老师："老师，'不速之客'中的'速'怎么解释？"

2.要注意引文末尾引号的位置：凡是把引用的话作为完整独立的话来用的，原话末尾的标点放在引号里边，不另加其他标点，如例（1）、例（7）；凡是把引用的话作为作者自己的话的一部分，标点在引号之外，

375

附录一　标点符号的用法

标点属作者写的这句话的标点，如例（3）、例（5）、例（6）。

二、括号

（一）括号的用法

括号主要用来标明行文中注释性的话语。例如：

（1）古时候河西三郡（凉州、甘州、肃州）都是边塞地方，常常有战争。

（2）一般认为汉藏语系除汉语外还有藏缅、苗瑶、壮侗（侗台）三个语族。

（3）可能是因为我经历过长期的艰难生活，使我对人性有较为深刻的了解。我知道真正的勇敢是什么，也明白真正的悲悯是什么。（莫言《瑞典学院演讲——〈讲故事的人〉》）

（4）陶渊明（365？—427），字元亮，又名潜，浔阳柴桑（今江西九江西南）人。

（5）北京是中国七大古都（西安、洛阳、开封、杭州、南京、北京、安阳）之一，也是世界闻名的至今仍保存比较完整的古老都市。

（6）同志们！我们胜利了！（欢呼声）

（7）舆前部的横木可以凭恃扶手，叫作式（轼）。

括号中注释性的话语种类很多，有的是进一步说明文中某个词语所指内容的，如例（1）；有的是补充某些词的别称的，如例（2）；有的是注明引文出处的，如例（3）；有的是注明某人的生卒年代的，如例（4）；有的是解释地名的，如例（5）；有的是注明周围环境的，如例（6）的括号中注明了听众的反应；有的是订正词语文字的，如例（7）订正了"式"的字形。另外还有的是注出外文原文、注出读音等。

（二）使用括号需注意的问题

1.括号可以分为句内括号和句外括号两种。这是从注释的范围分出来的。只注释句中的一部分词语的叫句内括号，如例（1）至例（7）中除了例（3）和例（6）外，其他的都是句内括号。句内括号应紧贴在被注释的词语之后，括号内的文字如果要使用标点，则最末一个标点（除问号、感叹号和省略号外）应省去。句外括号是注释整个句子的括号，要放在句末标点之后，句外括号内也可以用标点。

2.括号还可以括住表示次序的词，如"（一）""（二）"。表示次序的词用了括号后不能再加顿号或逗号。

3.括号除了最常用的形式圆括号"（）"外，还有方括号"[ ]"、六角括号"〔〕"、尖括号"〈〉"、方头括号"【】"和花括号"{ }"。括号内还要使用括号，一般要用不同形式的括号。

三、破折号

（一）破折号的用法

1.破折号主要标明行文中解释说明的语句。例如：

（1）计算机技术的发展，使一门新兴的尖端技术——模式识别应运而生。

（2）蝉的幼虫初次出现于地面，需要寻求适当的地点——树、篱笆、野草、灌木枝等——脱掉身上的皮。

如果注释的话语比较长，又是插在句子中的词语之间，在语义上有联系，为便于阅读，可以在前面和后面都用上破折号。如例（2）。

用在文章的副标题前和歇后语前后两部分之间的破折号，属于解释说明性的。

2.标明话题的突然转变。例如：

（3）"年年春节都这样过，真没劲儿。——你怎么样了？"张力对王萍说。

3.表示声音的延长或话语的中断。例如：

（4）"呜——"火车离开了车站。

（5）小王哭出几个字："这都是他——"

（6）这让我在中间怎么办呢？我——只有什么都不管。

例（5）话中断后就没再说了，例（6）话中断了片刻，又接着说。

4.表示列举事项。例如：

（7）根据研究对象的不同，环境物理学分为以下五个学科：

——环境声学；

———环境光学;

———环境热学;

———环境电磁学;

———环境空气动力学。

（二）使用破折号需注意的问题

1.破折号与括号用法不同:破折号引出的解释说明部分是正文的一部分,括号中的解释说明不是正文只是注释。

2.如果前面的话说完了,破折号前面要加标句末标点。

四、省略号

（一）省略号的用法

1.省略号主要用来标明行文中省略了的话。例如:

（1）刚走到楼口,我便听到她那十分熟悉但好久没能听到的歌声:

"亭亭白桦,悠悠碧空……"

（2）尤今小品处处见真情:友情、家情、母子情、国情、旅情、异

乡情、文字情、师生情、大自然情……

例（1）是引文的省略,例（2）是列举的省略。

2.省略号还可用来表示说话的断断续续。例如:

（3）你要……把孩子……培养……成人。

3.省略号还可以表示沉默不语。例如:

（4）"你怎么了? 谁让你受委屈了?"

"……"秀云低着头,眼泪直往下掉。

4.表示重复词语的省略。例如:

（5）"看一看,瞧一瞧,最新款式的衬衣……"街头摊点上的小贩

不停地吆喝着。

（二）使用省略号需注意的问题

1.省略号与点号连用需注意:

A.省略号前面若是一句话,它前面的句末点号要出现。

B. 省略号前若不是一个完整的句子，前面的句中点号一般不用，例如：

（6）有健康的身体，有良好的性格，有稳定的收入（，）……这些是城市大多数女青年的基本择偶要求。

C. 省略号后面的句号不再用，因为文字已省略了；省略号如果出现在未说完的疑问句或感叹句中，可以在省略号之后再用上问号或叹号。例如：

（7）"你怀疑……？"老李小声地问。

2. 引用别人的话，如果原话的整个句子都引用了，它前后即使有未引的部分，也不应用省略号；而如果没引完整的话语，只引了其中一部分，就用省略号表示未引的部分。

3. 用了"等""等等"就不应再用省略号。

4. 省略号的形式是占两个字的6个小圆点。表示整段话的省略也用这种形式，没有必要用占四个字的12个小圆点。

五、着重号

着重号表示提醒读者特别注意的字、词、句。着重号的形式是"．"，标示在相应的文字下面。例如：

像刚停落下来的鸟儿似的，他东张张西望望，心里极不安。（老舍）

使用着重号应注意：一般引用别人的话，如果自己认为某个词句需强调，要加着重号，应在括号内注明"着重号是笔者加的"。

六、连接号

（一）连接号的用法

连接号的基本作用是把意义相关的词语连接成一个整体。具体说来主要有这几种：

1. 连接意义上有一定联系的名词，构成一个意义单位。

（1）为证实他提出的这一理论，他打算做一系列生理–心理实验。

2. 连接相关的数目、时间、地点，表示起止。例如：

价格800—1000元不等

黑格尔（Hegel，1770—1831）

杭州东—北京南高铁列车

3. 连接阿拉伯数字组成的电话号码、门牌号码以及年月日等。例如：

联系电话：010-58808101

平安里华昌小区18-3-202

2021-05-18

4. 用于某些机电设备等产品的型号。例如：

幻影-2000战斗机

BCD-120电冰箱

5. 连接相关的项，表示不同的发展阶段。例如：

（2）人类的发展可以分为古猿—猿人—古人—新人这四个阶段。

（二）使用连接号需注意的问题

1. 一般连接号是占一个字位置的一个短横。在科技文献或外文、汉语拼音中用占半个字位置的"半字杠"连接号，例如"L-蛋氨酸""yǒngwǎng-zhíqián（勇往直前）""drinking-water（饮用水）"。在某些情况下可以使用波浪式连接号。例如"–10℃~–8℃"。

2. 读文章时连接号怎么处理？有三种情况：

A. 不读出来。如"氧化–还原反应""秦岭–淮河以北地区"。

B. 不读出来，但中间稍停顿一下。如"2021-05-18"。

C. 需要读出来。连接号连接相关的数目、时间、地点，表示起止，读作"至"或"到"。例如：

李白（701—762）

北京—纽约航班

部分机电设备等产品的型号中的连接号可以读作"杠"（gàng），也可以不读。如"IBM 6282-36D计算机""F-35战斗机"。

七、间隔号

间隔号标示某些相关联成分之间的分界。

1. 主要用来表示外国人或某些少数民族的名和姓的内部分界。例如：

伊曼努尔·康德　　　　　班禅额尔德尼·确吉坚赞

2. 表示月和日之间的分界。例如：

"一二·一"运动　　"9·11"恐怖袭击事件

3. 表示书名与篇（章、卷）名之间的分界，也可表示书名篇名并列词语之间的分界。例如：

《周礼·夏官·大司马》

《辞海·历史》

《猫·狗·鼠》

八、书名号

书名号主要用来标明书名、篇名、报刊名等。如"《三国演义》《人民日报》《读者》《阿Q正传》"。

书名号也用来标明戏剧名、影片名、电视剧名、歌曲名和文件名，还用来标示各类用文字、声音、图像等表现的作品的名称以及软件名。

书名号里面还要用书名号时，外面用双层书名号，里面用单层书名号。例如"《读〈阿Q正传〉有感》"。

九、专名号

专名号标明人名、地名、国名、民族名、字号名、官署名、年号、朝代名等专有名词。专名号只用在古籍或某些文史著作和辞书中，作用是把这些专名与一般的词语区别开来。例如：

（1）杜甫，字子美。祖籍襄阳（今属湖北），生于河南巩县。

有的书中用了专名号后，书名号改为波浪线。例如：

（2）唐王勃王子安集五滕王阁诗序："老当益壮，宁移白首之心?

穷且益坚，不坠青云之志。"

十、分隔号

分隔号标示诗行、节拍及某些相关文字的分隔。分隔号的形式是"／"。用法如下：

1. 诗歌接排时分隔诗行（也可使用逗号和分号）。例如：

（1）春眠不觉晓／处处闻啼鸟／夜来风雨声／花落知多少。

2. 标示诗文中的音节节拍。例如：

（2）横眉／冷对／千夫指，俯首／甘为／孺子牛。

3. 分隔供选择或可转换的两项，表示"或"。例如：

（3）动词短语中除了作为主体成分的述语动词之外，还包括述语动词所带的宾语和／或补语。

4. 分隔组成一对的两项，表示"和"。例如：

G2/G6高铁

5. 分隔层级或类别。例如：

（4）我国高等教育学历分为四个层级：专科学历／本科学历／硕士研究生学历／博士研究生学历。

某些行业还有一些使用范围比较小的符号，没有列入《标点符号用法》。语文界常用的有：

1. *，一般称为"星号"，也有的叫"注释号"。它有两个作用：一是放在语句首表示该语句不能成立，二是放在文章标题右上角表示注释。

2. ×，称为"隐讳号"，表示隐讳。如有些骂人的脏话用它来表示。

3. □，称为"虚缺号"，表示无此汉字或缺此字。

第四节 标点符号的灵活性

任何规范都有一定的灵活性。具体的言语是千变万化的，标点符号的用法在千变万化的言语中当然也会体现出一定程度的灵活性。标点符号的灵活性主要体现在以下几方面：

一、标点符号在运用中有时具有可选择性

标点符号的可选择性主要表现在以下三方面：第一，有的标点符号在句中的位置具有一定的可选择性，如有的逗号既可以在A位置上，也可以在B位置上；第二，有的标点符号的使用具有可选择性，在同一位置，有时既可以用符号A，也可以用符号B；第三，有的标点符号的使用具有非强制性，在同一位置，有时可以使用点号，也可以不使用点号。例如：

（1）时间会磨掉一切痕迹。

（2）时间，会磨掉一切痕迹。

例（2）中主语"时间"后用了逗号是为了强调主语。

（3）历史会告诉人们什么是最珍贵的。

（4）历史会告诉人们，什么是最珍贵的。

（5）历史会告诉人们：什么是最珍贵的。

（6）历史，会告诉人们什么是最珍贵的。

例（3）语速较快，中间没有停顿，比较起来是很平常的说法；例（4）中间用逗号，着重强调前面；例（5）用了冒号，强调的是后面的部分；例（6）强调的是"历史"。

在同一个位置上有时可以使用不同的标点符号，常见的主要有这几种情况：

1. 祈使句末尾要用叹号，但语气舒缓的祈使句末尾可以用句号。

2. 反问句末尾主要用问号，但语气强烈的反问句末尾也可以用叹号。

3. 陈述句末尾一般用句号，但个别含有强烈感情的陈述句末尾可以用叹号。

4. 提示性的话语之后，可以选用冒号或逗号。提示性比较强、较强调后面的部分则选用冒号。

5. 并列词语之间可以选用顿号或者逗号。并列词语不太长，各项内部没有顿号，各项间选用顿号；并列词语较长，或者各项内部有顿号，各项之间选用逗号。

6.需要强调的词语用着重号或引号都可以。用着重号单纯表示强调，强调的用意很明确；用引号强调的用意不是很突出，有时附带某种特殊的含义。

7.解释说明的语句，可以用括号，也可以用破折号，但两者不同，括号里的不是正文，破折号后的是正文。

二、句中的有些点号有一定的层级关系

标点符号的灵活性还表现为句中的有些点号有一定的层级关系，它们可以递升或递降使用。句中的点号分号、逗号、顿号分为三级，停顿的大小依次递减：分号>逗号>顿号。三种点号相互之间有一定的制约，如果改变其中某个点号，其他点号也要相应地调整。这也体现出某个地方不一定非使用某种点号，而是有一定的灵活性。例如：

> 木板旁边，水缸，脏水桶，盘、碗、碟、匙，各种瓶子，煤，柴，堆得乱七八糟，遍地皆是。

其中的顿号如果去掉，那么做主语的联合短语中的逗号就要改为顿号。

三、达到特殊的表意效果、修辞效果

标点符号的灵活性还体现在，有时可突破常规的用法，从而取得特殊的表意效果、修辞效果。标点符号的超常用法比较丰富，下面介绍一种。

把标点符号作为表意的手段，用它来表达人的内心活动；用标点符号这一视觉形象来代替声音，获得"无声胜有声"的特殊修辞效果。例如：

> 司长："老高，你们的目的看来是要跨河东进，建个新车间，彻底改变目前的生产布局，是吗？"
> "是的！"高树回答得很干脆。
> "能不能气魄更大一点？"
> "……"高树愕然。
> "搞一个配套的大工厂，使你们厂翻一番！"
> "！"高树怦然心动。

“不过，国家不给你们人民币。”

“？”高树惊讶。

“你们可以用美元！”

“！！”高树的呼吸急促起来。

（张小兵《事业之树》，载《新华文摘》1982年第12期）

此例引用的是报告文学《事业之树》中纺织部出口司司长与南通国棉二厂副厂长高树的谈话。在这段对话中，作者在四处把标点符号用引号引起来，用来表现高树在与司长对话中愕然、心动、惊讶、激动的心理活动，这样做比用语言经济、含蓄、形象、生动，使当时的场景跃然纸上，收到了“此时无声胜有声”的修辞效果。

需要注意的是：标点符号的灵活性并不是没有限度的，不能把灵活使用标点符号与标点符号的错用混为一谈。使用标点符号首先要强调规范，在有限的范围内可有灵活性。当然，标点符号的灵活性要考虑文体风格的差异，对于公文语体来说灵活性要小一些，对于论说语体来说灵活性要大一些，而对于文艺语体来说灵活性最大。

第五节　标点符号的位置

一、标点符号所占的位置

点号占一个字的位置。标号中引号、括号和书名号前后两部分各占一个字的位置，它们与点号连用时可以共占一个字的位置；省略号、破折号占两个字的位置。

二、转行要注意的问题

1.点号以及标号中引号、括号、书名号的后一半，都不能在一行的开头，只能挤在上一行的末尾。

2.引号、括号、书名号的前一半不能出现在一行的末尾，只能放在下一行的开头。

思考与练习

1.标点符号可以分为哪两大类？它们各自的作用是什么？

2.句号、问号和叹号各自的主要作用是什么？

3. 句号除了用于陈述句末尾外，还可以用于什么句子的末尾？

4. 叹号除了用于感叹句末尾外，还可以用于哪三类句子的末尾？

5. 顿号、逗号、分号各自的主要作用是什么？

6. 冒号主要用在哪两种情况下？

7. 表示解释说明的话语有时用括号，有时用破折号，这两种用法有什么区别？

8. 请给下面的句子加上标点。

（1）才美不外露＿＿①已属难能可贵＿＿②大智若愚＿＿③更是难上加难＿＿④

（2）历史是幽默的＿＿①只要有足够的时间和空间＿＿②它常愿意把其内在规律向人们再现一次＿＿③

（3）她的作品不但有深度＿＿①富哲理＿＿②而且轻松＿＿③活泼＿＿④诙谐＿＿⑤常常使人莞尔一笑＿＿⑥

（4）骄傲犹如烈酒＿＿①会冲昏理智的头脑＿＿②灰心犹如醋酸＿＿③会软化精神的钙质＿＿④

（5）在众多的汉字输入技术开发者中＿＿①那些集发明人＿＿②开发者＿＿③实业家于一身＿＿④融研究＿＿⑤生产＿＿⑥贸易为一体＿＿⑦兼具学者＿＿⑧活动家＿＿⑨组织者素质的人物最为活跃和突出＿＿⑩

9. 改正下列句子中使用不当的标点符号。

（1）喜欢吹嘘的人犹如一面大鼓。响声再大也是腹中空，谦虚扎实的人好像一个秤砣。体积虽小却压着千斤重。

（2）不用背单词、不用学语法、只要在人的大脑里植入一个输入了外语生词和语法规则的生物芯片。就能听懂外语，就能说出外语。这是人类的一个美好愿望。

（3）用事实说话，就是要通过具体的情况；具体的数字；具体的做法；具体的经验；具体的问题，来说明主旨。揭示规律。

（4）你给他讲一讲这台电脑是怎么操作的？

（5）我明天会准时来的！

（6）领导怎么交代的我不知道？

（7）时间：是最宝贵的；比金钱还宝贵！

现代汉语语法教程（第二版）

（8）直尺以自己的行动向人们揭示了一条做人的准则："要想衡量别人，自己先要正直。"

（9）"出门在外、有什么事要多动脑筋思考一下"妈妈叮嘱道："可不能老是直来直去的。"

（10）西藏资源十分丰富：有丰富的矿藏，木材，药材等等……

（11）《"红楼梦"的艺术特色》一文对你写论文有一定的参考价值。

（12）关于如何提高企业的经济效益？文章提出了五条措施。

（13）他提出："我们一起去上海旅游"，大家都表示赞成。

常用名量词搭配表

名词	量词
A	
阿姨	个，位
爱好	个，种
B	
白菜	棵
班	个
板	块
办公室	个，间
办法	个，套
包子	个，笼，屉
报社	家，个
报纸	张，份
杯子	个
碑	块，个，座
被单	床
被面	床，幅
被子	床
鼻子	个，只
比赛	场，项

名词	量词
笔	支，管
鞭炮	个，挂，串
鞭子	条，根
边	条
扁担	根，条
标语	条，幅
表（表格）	张，个
表（手表）	只，块，个
宾馆	家，个
冰	块，层
饼干	块，包
病	场，种
玻璃	块
布	块，幅，匹
布告	张，个
部队	支
C	
材料	份，包，袋，（一）些
菜	棵，盘，碗，份，种，样

餐厅	家，个	葱	棵，根
苍蝇	只，个	醋	瓶，勺，碟
草	棵，株，根，丛	错误	个
草地	片，块	错字	个
铲子	把		
产品	种，个		

D

唱片	张，套	答案	个，份（多道题的）
钞票	张，沓，叠	答卷	份，张
车	辆	大陆	块
车床	台	大米	粒，斤，碗，袋
车厢	节，个	大使馆	家，个
车站	个，座	大衣	件
成分	种	大夫	个，位，名
城	座	代表	个，位，名
城市	座，个	袋子	个
秤	杆（传统秤），台（电子秤）	单词	个
		单位	个，家
尺子	把	蛋糕	个，块，牙
翅膀	只，个，对，双	刀	把
虫	条（长形的），只（非长形的）	岛	座，个
		稻草	根，捆
锄头	把	稻子	株，捆
厨房	个，间	道	条
处分	个	道路	条
船	条，只，艘	道理	条，个
窗户	扇，个	灯	盏，个
窗帘	块，个	灯管	根，支
床	张，个	凳子	张，个，条（长形的）
词（语词）	个	笛子	支，管
词（诗词）	首	地	块，片
磁带	盒，盘	地雷	颗，个

地图	张，幅，本，册	饭店	家，个
点心	块，盒，包	方法	个，种
电冰箱	台，个	方向	个
电池	节	房间	个
电话	部，个	房子	所，间，栋，幢，套
电脑	台	飞机	架
电视机	台，个	飞行员	位，个
电视剧	个，部，集	肥皂	块，条
电视台	个，家	费用	笔，（一）些
电梯	部	粉笔	支，根，盒
电线	根，条，段，截，卷	风	阵，场，股
电影	个，场，部	风景	处
电影院	个，家	蜂蜜	罐，瓶，勺，斤
钉子	个，颗，枚	夫人	位，个
东西	件，样	服务员	个，位
动作	个	斧子	把
洞	个		

豆腐	块，盒，斤	**G**	
豆子	粒，颗，斤	甘蔗	根，节
读者	个，位，群	感觉	种
对象	个	缸	口，个
队伍	支，路	钢笔	支
		港口	个
E		膏药	张，块，贴，盒
耳朵	个，只，双	歌	首，支，个
耳环	个，只，对，副	胳膊	条，只，个，双
	（两个）	哥哥	个
		革命	场，次
F		工厂	个，家，座
翻译	个，位	宫殿	座，个
饭	顿，餐，份，口，碗，	工具	件，样，套
	两，斤	工人	个，名，群

现代汉语语法教程（第二版）

工序	道	蝴蝶	只，个，对
工资	份，笔	狐狸	只，个
工作	件，项，个	胡子	撮，绺，把
公共汽车	辆	护照	本
功课	门	花	朵，瓣，束
公寓	个，座	花生	粒，颗，斤，包
沟	条，道	画	张，幅，轴，套
狗	条，只，群	话	句，段，（一）席，
姑娘	个，位，群		（一）番
鼓	个，面	黄瓜	条，根，斤
骨头	根，节，块，堆	黄油	块，盒
故事	个，段，篇，则	灰	层，撮
瓜	个，斤	会话	段
瓜子儿	颗，粒，包，袋，斤	婚姻	段，次
挂面	把，包，斤	活动	项，个
棺材	口，个，具	火	团，把
关口	道	火柴	根，盒，包
管子	根，段，截	火车	列，节
罐头	盒，听（罐装的）	火箭	枚，支（古代的）
光	道，（一）线，束	货物	件，批
广告	则，个，条		
规律	条，个	**J**	
锅	口，个	鸡	只，个，群
		机场	个，座
H		机器	台
汗	滴，把	计划	个，项
汗珠	滴	技术	门，项
河	条	记忆	（一）段
合同	份，个	记者	个，名，位
黑板	块	家具	件，组，套
湖	个	家庭	个

假条	张，个		军队	支
剪子	把		军舰	艘，只，条
剑	把			
箭	支		**K**	
建筑	座，个		咖啡	杯，袋，听
江	条		看法	个，种
姜	块，片		科学	门
讲座	个，场		课	堂，节，门
酱油	瓶，勺，斤，桶		课程	门
交易	笔，宗		课文	篇，段
角	只，个，对		客人	位，个
脚	只，双		口袋	条，个
饺子	个，盘，碗，斤		口号	个，句
教室	个，间		裤子	条
教训	个，条		快餐	份
轿子	顶，乘，抬		筷子	支，根，双
街	条，道		筐	个，副
解释	个，种		矿山	个，座
劲儿	（一）把，（一）股		困难	个，（一）些
京剧	出，段，场			
精神	（一）种，（一）股		**L**	
经验	条		垃圾	堆，袋，筒
井	口，眼，个		喇叭	个，支
镜子	面，块，个		蜡烛	支，根
酒	瓶，杯，碗，罐，		来信	封
	坛，两，斤，口		篮子	只，个
橘子	个，瓣，斤，堆		狼	只，条，个
剧场	个，家		老虎	只，个
剧院	家，座，个		老鼠	只，个，群，窝
锯子	把		烙饼	张，块，牙
决定	个，项		雷	个，声，阵

现代汉语语法教程（第二版）

篱笆	道
理论	种
理由	个，条
礼堂	个，座
礼物	件，份
力量	股，种
历史	段
例子	个
粮食	颗，粒，袋
邻居	个，位，家
楼	层，栋，幢
楼房	座，栋，所，幢
路	条
路线	条，个
录像	段
旅馆	家，个，座
轮船	艘
轮子	个，只
锣	面，个
骡子	匹，个
骆驼	匹，个，峰

M

麻袋	条，个
马	匹
马达	台，个
码头	个，座
麦子	棵，株，斤
馒头	个，两，斤
猫	只，个
毛	根，绺，撮

毛巾	条
毛线	根，支，团，股
矛盾	个，对
帽子	顶，个
眉毛	道，双，对
门	扇，个，道
米	粒，袋，斤
蜜蜂	只，窝，箱，群
秘密	个
棉花	团，株，棵，斤
面	团，袋，斤
面包	个，片，袋，斤
面条	把，包，斤，碗
名胜	处
命	条
命令	条，道，个
模样	个，种
母亲	位，个
木头	根，块

N

能力	种
泥	块，滩，坨，层
年级	个
鸟	只，个，窝，群
尿	泡
牛	头
牛奶	杯，袋，斤
女人	个
女士	位

	O	汽车	辆
藕	节，根，斤	汽油	桶，升，箱
		铅笔	支，根
	P	钱	笔，沓，元（块），角，分
牌	副，张		
盘子	个，摞	枪	支，杆，条
螃蟹	个，只	墙	面，堵，垛，道
炮	门，尊	锹	把
炮艇	艘，只	桥	座，个，架
盆	个	亲戚	个，门，家
朋友	个，帮，群，（一）些	琴	把（胡琴、提琴），个，架（钢琴、风琴）
皮	张，块，层		
琵琶	面，个		
啤酒	杯，瓶，听，扎	蜻蜓	只，个
劈柴	块，捆，担	青蛙	只，个
票	张	情况	种，（一）些
品种	个，种，样	球	个
乒乓球	个，盒	球场	个，块
苹果	个，斤	蛆	条
瓶子	个	群众	个，（一）些
坡	个，道	裙子	条
葡萄	颗，粒，串，棵，架，斤		
			R
		热水瓶	个
	Q	人	个，帮，伙，口
妻子	个	人才	个，（这）种
棋	副，盘	人家	个，户，家
棋子	个	任务	项，个
旗	面，杆	日记	篇，段，本
企业	个，家	日期	个
气	股，团，缕，口	肉	块，片，斤，盘

现代汉语语法教程（第二版）

嗓子	副，个，（这）种	试验	个，项
扫帚	把	事业	项，种，个
森林	个，片，处	收入	笔，项
砂子	粒，把，撮，堆	收音机	台，个
山	座	手表	块，只
山口	道，个	手巾	块，条
山脉	条，道	手榴弹	颗，个
闪电	道	手术	个，台
扇子	把	手套	副，双，只
伤	处，块	手指	个
伤疤	块，条，道	手镯	个，只，对，副
商场	家，个，座	书	本，册，部，卷，套，摞
商店	个，家	书包	个
商品	个，件，批	书店	个，家
上衣	件	蔬菜	种，捆，（一）些
烧饼	个，块	梳子	把
勺子	把，个	树	棵，株，行，排
少年	个，群	树林	片
蛇	条	树枝	根
舌头	条，个	刷子	把，个
神经	根，条	霜	场，层
牲口	头	水	滴，汪，滩，口，瓶
生日	个	水泵	台
生意	笔	水车	台，架
绳子	条，根	水果	种，斤
诗	首，句，行	水库	个，座
尸体	个，具	水桶	个，只，副
石头	块	水闸	道，座
市场	个	说明	份，段
试卷	份，张，套	司机	个，位

词	量词		词	量词
思想	种		土	把，撮，层，堆
速度	种		土地	片，块
宿舍	间		土豆	个，斤
塑像	个，座，尊		兔子	只，个
蒜	头，瓣		腿	条，只，双
算盘	把，个		拖拉机	台，辆
隧道	个，孔			
锁	把		**W**	
唢呐	个，支		瓦	块，片，垄
			袜子	双，只
T			碗	个，摞
塔	座，个		围巾	条
台阶	级，个		尾巴	个，条
态度	种		味儿	股，种
痰	口		卫星	颗，个，枚
坦克	辆		文件	份，个
毯子	条		文物	件
汤	碗，锅，勺，口		文章	篇，段
糖（糖果）	块，颗，斤		文字	种，段
梯子	个，架		蚊帐	个，顶
题	道，个，组		蚊子	个，只，群
田	块		屋子	间
田野	片		午饭	顿
铁路	条，段		武器	件，批，种
铁丝	根，段，条，截，卷		物质	种
通知	个，份			
头发	根，绺，撮		**X**	
头巾	块，条		西餐	份，套
图	张，幅		西瓜	个，块，牙，斤
图书馆	个，座，家		席子	领，张，卷
			洗衣机	台，个

戏	出，台，个，场	眼泪	滴，串，行
虾	个，斤，盘	雁	只，行，队
弦	根	秧苗	根，棵，株，亩
线	条，根，股，支，团	羊	只，头，群
香	盘（盘香），支，炷	腰带	根，条
香肠	根，斤	药	副，服，剂，味，
香蕉	根，个，把，斤		丸（以上为中药）；
香烟	支，根，盒，条		片，粒（以上为片
香皂	块		剂）
箱子	个	钥匙	把，串
相片	张，帧	叶子	片
消息	则，条，个	衣服	件，身，套
行动	个，种，项	医院	所，家，个，座
形式	种	仪器	台，架，件
形象	种	仪式	项，种
形状	个，种	椅子	把，个
兴趣	种，个	意见	个，条，点
学费	笔	银行	个，所，家
学问	门	影片	部，个
学校	所，个	影视剧	部，集
学院	所，个	影子	个
		邮票	张，枚，套

Y

		鱼	条，尾
鸭子	只，个	渔网	个，副，张
牙齿	颗，个，排，口	雨	阵，场，滴
牙膏	支，管，条	鸳鸯	对，只，个
牙刷	把，支	原则	个，项，条
烟	股，缕	月饼	个，块，牙，斤，盒
颜色	种	乐器	件，种
眼睛	只，个，双	乐曲	首，支，段
眼镜	副	云	朵，块，片，团

运动（体育）	场，项	制度	条，项，个
运动（政治）	场，次	钟	个，座
		中药	副，味，剂，碗
Z		种子	颗，粒，把，斤
杂志	本，份，期，卷	猪	口，头
灾荒	场，次	珠子	粒，颗，串，挂
早晨	个，（一）天	竹子	根，节
炸弹	颗，个	主意	个
债务	笔	主张	项，个
展览	个，届	柱子	根
站	个	砖	块，摞
战斗	场，次	专业	个，种
战线	条	锥子	把
战争	场，次	桌子	张，个
账	本，笔	子弹	粒，颗，发
针	根，个，枚	字	个，行，笔
枕头	个，对	钻	台，把
政策	项，个，条	钻石	粒，颗
政府	届	嘴	张，个
证明	份，个	作品	部，篇（散文），个
知识	（一）些，（一）点儿	作者	个，位
职业	个，种，项	做法	个，种
纸	张，片，刀，沓，卷， 令，捆，页	座位	个，排

现代汉语语法教程（第二版）

常用离合词表

爱国	报案	播音	成婚	出来	打赌
碍事	报仇	补假	成名	出力	打工
安家	报到	补课	乘凉	出门	打架
安心	报失	补票	逞能	出名	打开
把关	背债	裁员	吃饭	出气	打雷
罢工	背书	参军	吃惊	出去	打牌
摆阔	备课	参战	吃苦	出事	打破
败家	逼债	操心	吃亏	出题	打拳
败兴	比武	插话	吃素	出院	打仗
拜年	毕业	插手	充电	除名	打针
拜师	闭幕	插嘴	抽空	触电	打字
搬家	避难	掺假	抽签	传话	带路
办案	避暑	唱戏	出榜	传球	带头
办公	贬值	超车	出差	闯祸	担心
办学	变卦	吵架	出厂	吹牛	当面
帮忙	变心	撤兵	出丑	辞职	倒车
包车	变样	撤职	出国	凑钱	捣鬼
保本	变形	称心	出海	搭话	道歉
保密	标价	撑腰	出嫁	打败	得病
保命	表态	成材	出口	打的	得分

点名	犯病	害羞	降价	开票	碰壁
点头	犯法	合影	降级	开头	碰面
调头	犯罪	滑冰	降温	看家	拼命
跌跤	放假	画图	交差	看病	评理
订婚	放心	画像	交税	看见	签名
定型	放学	化妆	交心	考取	签字
定性	分工	怀孕	教书	旷课	破财
定罪	服药	还手	接班	离婚	破案
丢脸	复婚	换班	结婚	理发	起来
丢人	付款	换钱	解渴	练功	起床
动工	负伤	回话	借款	聊天	潜水
动情	改道	回来	借债	留心	亲嘴
动手	干杯	回去	进货	留学	请假
读书	赶车	回信	进来	留影	请客
赌钱	干活儿	汇款	进去	露面	求婚
夺标	搞鬼	会客	晋级	录音	求情
发病	告状	集邮	尽力	落脚	取景
发财	革命	记仇	经手	冒险	劝架
发愁	耕地	记分	敬酒	冒雨	缺课
发呆	弓腰	记功	敬礼	免费	缺货
发疯	估价	加班	就业	免税	让步
发火	鼓掌	加价	救命	摸底	让路
发热	刮脸	加热	鞠躬	纳税	让座
发誓	挂号	加薪	举例	念书	饶命
发言	关门	兼职	捐款	拍手	绕道
发音	逛街	减产	开车	拍照	惹祸
罚款	过冬	减价	开工	排队	忍心
罚球	过关	见面	开会	跑步	认罪
翻身	过节	讲话	开口	赔本	任课
返工	过夜	讲价	开门	赔钱	入门
贩毒	害病	讲课	开刀	碰杯	撒谎

现代汉语语法教程（第二版）

塞车	失业	烫发	下班	引路	争气
散场	试车	提高	下课	用功	值班
散会	收场	提价	下来	用心	执政
散心	收回	调味	下令	游泳	中标
扫地	守门	跳舞	下棋	有名	中毒
扫兴	受罚	听话	下去	有数	中奖
刹车	受骗	听课	献礼	遇到	种地
伤心	受气	停车	献花	阅卷	注音
上班	受伤	停业	像样	越过	住院
上菜	受罪	通话	消毒	遭难	祝酒
上当	授课	通信	消气	遭灾	抓紧
上街	梳头	投标	卸货	造句	转车
上课	输血	投稿	行礼	造谣	转弯
上来	输液	投票	醒酒	增产	转账
上去	摔跤	推倒	休假	扎针	走路
上色	睡觉	推翻	压倒	眨眼	组团
上锁	说话	退休	压价	站队	坐牢
上台	说谎	完成	延期	站岗	作案
上学	送礼	晚点	演戏	张嘴	做工
上药	诉苦	违法	验光	掌权	做梦
射门	谈话	问好	养病	涨价	做主
升学	谈心	误点	摇头	招工	
生气	算命	吸毒	咬牙	招生	
省事	探路	洗手	要饭	着急	
省心	探亲	洗澡	要命	照样	

43种基础单句句式汇总表

序号	句式名称	句式构成	例句
1	单动词谓语句	S$_{NP}$+V	爸爸去。那本书出版了。
2	形容词谓语句	S$_{NP/VP}$+AP	这件衣服漂亮。
3	程度状语形容词谓语句	S$_{NP/VP}$+ 状语$_{程度}$ +AP	这件衣服非常漂亮。
4	带宾主谓句	S$_{NP1}$+V+O$_{NP2/VP}$	我看报。他喜欢玩游戏。
5	动词性主语带宾主谓句	S$_{VP}$+V+O$_{NP}$	多走路有好处。
6	小句作宾句	S$_{NP 施事}$+V+O$_{小句}$	他父母希望他读博士。
7	名宾判断句	S$_{NP1}$+ 是 +O$_{NP2}$	杰克是美国人。
8	谓宾判断句	S$_{NP/VP1}$+ 是 +O$_{VP2}$	他是瘦。逛街是耗时间。
9	主语含定语的主谓句	S$_{定语 +N}$+VP	做好的鱼放在冰箱里。我刚买的手机丢了。
10	宾语含定语的主谓句	S+V+O$_{定语 +N}$	我看过余华写的小说。这是刚建好的房子。
11	主后非介词短语状语句	S$_{NP/VP}$+ 状语$_{非介词短语}$+（状语$_{非介词短语}$）+VP+（O）	他刚来。他昨天刚来北京。
12	无宾带补主谓句	S$_{NP}$+V/A+ 补语 $_{V/A/Adv.}$	牙长出来了。饭香极了。
13	动补宾主谓句	S$_{NP1}$+V+ 补语 $_{V/A}$+O$_{NP2}$	我看完书了。
14	宾语在双音节趋向补语间的句子	S$_{NP1}$+V+ 补语$_1$+ O$_{NP2}$+ 补语$_2$	他拿出一本书来。
15	趋向补语在宾语后的句子	S$_{NP1}$+V+O$_{NP2}$+ 补语$_{趋向动词}$	他拿了一本书出来。他买菜来。
16	"得"字状态补语句	S$_{NP/VP}$+V+ 得 + 补语$_{AP/小句}$	风刮得树左右摇摆。
17	可能补语句	S$_{NP1}$+V+ 得 + 补语$_{V/A}$+（O$_{NP2}$）	你吃得了这些饭吗？
18	动量补语句	S$_{NP}$+V+（O）+动量补语$_{NP 动量短语}$	他叫了一声。
19	时量补语句	S$_{NP}$+V+（O）+ 时量补语 $_{NP 时量短语}$	我等了十分钟。

（续表）

序号	句式名称	句式构成	例句
20	处所补语句	S_{NP}+V+处所补语$_{介词+NP处所}$	那幅画挂在客厅。
21	主语为受事的主谓谓语句	$S_{NP受事}$+$NP_{施事}$+V+（补语）	衣服我洗干净了。
22	主语为施事的主谓谓语句	$S_{NP施事}$+$NP_{受事}$+V+（补语）	我作业写完了。
23	"被"字句	$S_{NP受事}$+被+$NP_{施事}$+V+（补语）	电脑被他借走了。
24	无施事"被"字句	$S_{NP受事}$+被+V+（补语）	车胎被扎破了。
25	"把"字句	$S_{NP施事}$+把+$NP_{受事}$+V+（补语）	你把空调关了。他把包挪开了。
26	双宾句	$S_{NP施事}$+V+$O_{近宾语（有生）}$+$O_{远宾语（无生/有生）}$	爸爸送她一台电脑。
27	存现句	$NP_{处所}$+V+NP	墙上挂着一幅画。
28	连谓句	$S_{NP施事}$+VP_1+VP_2+（VP_3）	他走过去打开窗户。
29	兼语句	$S_{NP施事}$+$V_{使令}$+$NP_{兼语}$+VP	领导派小王去上海。
30	能愿动词主谓句	$S_{NP/VP}$+$V_{能愿}$+VP	我愿意去。你能来吗？
31	"是……的"强调句	$S_{NP1/VP1}$+是+VP_2/NP_2+的	他是昨天到的。去西藏是我定的。
32	介词短语状语在主语后无宾主谓句	$S_{NP/VP}$+状语$_{介词短语}$+VP/AP	他对上海很熟。他在屋里睡觉。
33	介词短语状语在主语后主谓宾句	$S_{NP/VP}$+状语$_{介词短语}$+V+O	他在球场踢足球。
34	含两个介词短语状语的主谓句	$S_{NP/VP}$+介词$_1$+NP_1+介词$_2$+NP_2+V+（O）	他在球场和同学踢足球。
35	句首状语主谓句	状语+S_{NP}+VP	昨天他走了。对他我了解一点。
36	句首及主语后有状语的主谓句	状语$_1$+S_{NP}+状语$_2$+VP	对他我很了解。
37	不含比较数量差异的"比"字句	$S_{NP1/VP1}$+比+NP_2/VP_2+A	我弟弟比我高。
38	含比较数量差异的"比"字句	$S_{NP1/VP1}$+比+NP_2/VP_2+A+数量短语	我弟弟比我高两厘米。
39	平比句	$S_{NP1/VP1}$+和+NP_2/VP_2+一样+A/VP_3	这件衣服和那件一样大。坐高铁和坐飞机一样贵。
40	重动句	S_{NP1}+V+NP_2+V+（得）+补语	他唱歌唱得很好。

附录四 43种基础单句句式汇总表

403

序号	句式名称	句式构成	例句
41	名词谓语句	S_{NP1}+ NP_2	鲁迅浙江绍兴人。今天星期一。
42	动宾无主句	V+O_{NP}	出太阳了。吃饭了。谢谢您。
43	否定句	S+ 否定词 +VP/AP	我不去。这条鱼不大。我没吃饭。

英汉语言学术语

absolute 独立成分

acquisition 习得

action verb 动作动词

adhere to 附着

adjective 形容词

adverb 副词

adverbial 状语

affix 词缀

agent 施事

alternative question 选择问句

ambiguity resolution 歧义消除

ambiguity 歧义

animate 有生的

A-not-A question 正反问句

apparent 显性的

apposition 同位语

appositive construction 同位结构

approximate number 概数

aspect category 体范畴

aspect 体

assistant 辅助

attributive 定语

auxiliary 助动词

ba-construction "把"字句

bound morpheme 附着语素[黏着语素]

bound 附着（的）

capacity 能力

cardinal number 基数

case 格

causative verb 使令动词

comparative 比较的

complement 补语

complex sentence 复句

component 成分

compound 合成

condition 条件

conjoin 连接

conjunction 连词

constraint 限制

content word 实词

context 语境

co-ordinate clauses 并列分句

co-ordinating conjunction 并列连词

co-ordintling construction 并列结构

decimal system 十进制

declarative 陈述句

disyllabic 双音节的

ellipsis 省略

emphasize 强调

empty word 虚词

exception 例外

exclamation 感叹

exclamatory sentence 感叹句

existential 存在句

feature 特征

free morpheme 自由语素

frequency 频率

frequently 屡次

function 功能

gender 性

govern 支配

grammatical category 语法范畴

grammatical function 语法功能

grammatical relation 语法关系

grammaticalization 虚化

head 中心语

homophone 同音词

IC (immediate constituent) 直接成分

idiom 成语[熟语]

imperative 祈使句

impersonate 拟人

inanimate 无生命的

indirect object 间接宾语

Indo-European language 印欧语言

inflection/inflexion 屈折变化

intensifier 程度副词

interrogative 疑问

intonation 语调

intransitive verb 不及物动词

junction 连接

level of structure 结构层次

lexical ambiguity 词汇歧义

linguistic unit 语言单位

locution 惯用语

main clause 主句

match (correspond) 对应

M-D (modifier-head) construction 偏正结构

measure word 量词

measure 计量

modifier 修饰语

modify 修饰

monomorphemic word 单纯词

mood 语气

morpheme 语素

morphology 形态（学）

multiple 倍数

negation 否定

negative sentence 否定句

nominal 名词性

non-subject-predicate sentence 非主谓句

noun 名词

noun phrase 名词性短语

nouns of locality 方位词

number 数

numberal 数词

object 宾语

one-word sentence 独词句

onomatopoeia 拟声词

part of speech 词类

passive 被动

personal pronoun 人称代词

phrase 短语[词组]

place (position) 地点[位置]

predicate 谓语

predication 谓词

prefix 前缀

preposition 介词

progressive 进行体

pronoun 代词

proper name 专有名词

punctuation 标点符号

purpose 目的

reduplication 重叠（的）

rhetorical figures 修辞格

sentence pattern 句型

serial verb construction 连动结构

spoken language 口语

structural ambiguity 结构歧义

structural analysis 结构分析

structure 结构

subject 主语

subordinate clause 从属句[从句；子句]

suffix 后缀

synonym 同义词

syntactic constituent 句法成分

syntactic relationship 句法关系

syntactic rule 语法规律[句法规则]

syntactic structure 句法结构

syntax 句法

topic 主题[话题]

transitive verb 及物动词

verb 动词

verb phrase 动词短语

verbal 动词性

V-O (verb-object) construction 动宾结构

word order 词序[语序]

yes-no question 是非疑问句

索　引

408

索引

现
代
汉
语
语
法
教
程
（
第
二
版
）

初版后记

1999年年底，北京师范大学对外汉语教育学院（2000年更名为"汉语文化学院"）常务副院长陈绂教授让我2000年春季学期开始为留学生汉语言本科专业四年级学生讲授"现代汉语"下半段，由于市面上没有专门为外国留学生写的现代汉语教材，陈院长要求我边开课边为留学生写一本汉语言专业的本科现代汉语教材。由于下学期给留学生讲"现代汉语"只讲授语法，不讲授修辞，故把书名定为《现代汉语语法教程》。

我2000年春天开始本书的写作时，可恨的CIH病毒肆虐全球，我辛辛苦苦写成的初稿和一些其他文稿电子版被毁于一旦，使我中断了本书的写作。我重新开始本书的写作还要感谢北京大学出版社的编辑邓晓霞女士。她听说我在北师大用自己写的语法教材初稿为留学生开语法课讲授了6遍之后与我约稿，并希望我尽快写完本书后交给北京大学出版社出版。我也要感谢沈浦娜主任非常支持出版这本语法书。她们的决定促使我把精力和时间重新投入到本书的修改与扩充上来。

现在这本书在我在北京师范大学为汉语言专业本科留学生讲授了17遍之后，终于与读者见面了，有很多人是我必须感谢的。我首先要感谢陈绂教授，如果不是陈老师交给我这项任务，我是不会主动写这本书的。我还要再次感谢本书的责任编辑邓晓霞。她非常认真地编辑本书，提出了很宝贵的修改意见。我还要感谢北京师范大学我的一些同事和我的一些研究生。我刚接受这门课的讲授任务时，向原先讲这门课的汝淑媛老师了解学生学习的情况。1999年年底，我写出教材大纲后，向赵清永老师、白荃老师、卢华岩老师等征求过意见，他们提出了很宝贵的意见。2005年尚平老师替我上过十周课，我的研究生薛杨两次在我短期出国时替我上课，她们都给指出了一些疏漏。我已经毕业的研究生曹晋、路云、廖庆睿、邹工成、侯芳、张则顺、甄珍、刘梦彬，在读研究生王健、柳美英、张丽丽、怀雅楠、孙素清、刘一杉、张金锐以及在读博士生薛杨都曾帮助我校对这本书，他们都提出了一些非常宝贵的意见。我在欧洲和国内各类汉语教师培训班进行教师培训时，中外汉语教师也给我提出了一些宝贵的意见，特别是国家汉办清华科技园出国教师培训三班的老师们提出了一些十分有益的意见。我还要感谢我的夫人荣晶博士，书中很多地方我征求过她的意见并和她一起讨论过。我还要感谢我的博士导师山东大学的钱曾怡先生和我的早已过世的硕士导师山东大学的马松亭先生。马先生为我研究语法打下了基础。钱老师指导我进行方言语法的研究，她的治学方法与严谨的精神使我受益匪浅。

　　我还必须感谢我敬爱的母亲和我已经仙逝的父亲。我身上或许有些许坚韧和认真，让我能把这本书写完。这应该是他们作为医生的那种令人感佩的敬业精神与认真态度影响的结果。2005年我腿部受伤，夫人在美国做访问学者，八十多岁的母亲只身一人从遥远的故乡春城昆明赶来北京照顾我和女儿，使我有时间能撰写修改并扩充本书。我还要感谢我的岳母，在我受伤之初她老人家从河北赶来照顾我和女儿。最后，我要感谢我的两位姐姐，她们一直在故乡昆明代我尽孝道，使我能专心进行学习与研究。

　　尽管我从1999年在中文系教授了10年"现代汉语"课程后到北京师范大学转行从事对外汉语教学已经接近9年了，但是我自己在以汉语为第二语言的语法研究方面还只是刚刚开始，研究得还很不够。本书有的地方还不深入，有的地方可能有更好的表述的角度和方法，有的内容还有待于今后进一步地深入研究并不断地吸取时贤成果之后修改完善。恳请海内外各位专家、各位同仁及各位读者提出宝贵的意见，以便日后修订再版时加以改进。

丁崇明

于北京师范大学励耘10楼

2008年10月